Márcio Suzuki
O sonho é o monograma da vida

Schopenhauer – Borges – Guimarães Rosa

editora■34

11 Prólogo

17 **O sonho é o monograma da vida**

19 **O apaixonado e lúcido Schopenhauer**
23 **O mundo fantasmagórico**
As páginas do livro
36 **Caráter e ação**
A essência do homem num único ato
53 **Fatalismo, fisiologia, dramaturgia onírica**
Finalismo inconsciente
Fisiologia e dramaturgia
A dramaturgia inconsciente
74 **Os sonhos e a brevidade do conto**
82 **Individualidade e tipicidade**
O mesmo que é outro
97 **A história como sonho coletivo**
Os sonhadores, o único Sonhador
A grande e a pequena história
As formas da história
121 **A flor do Paraíso**
O palácio dos sonhos
129 **A diversidade onírica e o sonho monotemático**
134 **A metáfora em expansão**
A memória de todos
148 **A metáfora em Aristóteles**
Averróis e Borges
Alegoria e romance
Metáfora e história

160 **O arquétipo platônico e os ciclos eternos**
168 **Todos os homens são o mesmo homem**
　　As duas versões do tempo
178 **O agora eterno; o eterno, agora**
　　O *nunc stans*
189 **O falso e o verdadeiro Aleph**
　　Êxtase estético e *basura* realista
　　O verdadeiro Aleph
211 **O programa fantástico-idealista de Borges**

221 **O fatalismo jagunço**
　　O fim fatal
　　A pura beleza e a pura maldade

275 Agradecimentos

Para Davi Arrigucci Jr.

Pois as coisas perfeitas na poesia não parecem estranhas; parecem inevitáveis. E assim mal agradecemos o escritor por seu esforço.
J. L. BORGES

De resto, a literatura não é outra coisa que um sonho dirigido.
IDEM

Prólogo

Em seu *Ensaio autobiográfico*, Borges relembra que leu Schopenhauer pela primeira vez quando ainda era estudante no Collège Calvin, em Genebra. Leu-o em alemão, idioma que acabara de aprender como autodidata. Recorda também que, depois do retorno da família a Buenos Aires em 1921, ele, o pai Jorge Guillermo e o escritor Macedonio Fernández se reuniam para ler e conversar sobre as obras do filósofo. Infelizmente, como de hábito, Borges não entra em mais detalhes sobre o que confabulavam nessas tertúlias, limitando-se a dizer que liam os livros em espanhol e que Macedonio, após uma ou duas páginas, já começava a pensar por conta própria, como costumava fazer também com Hume, Berkeley e William James, autores de dileção do pai de Borges. Embora deixe a curiosidade do leitor no ar, seu relato revela o essencial: o impacto que a filosofia schopenhaueriana produziu sobre ele. Impacto que se faz notar em seus escritos da década de 1920, no livro de poemas *Fervor de Buenos Aires*, publicado em 1923, e nos ensaios de *Inquisições* (1925) e *Idioma dos argentinos* (1928), coletâneas posteriormente renegadas pelo escritor.

Em sua biblioteca pessoal, Borges tinha livros de e sobre Schopenhauer, alguns dos quais com anotações de seu próprio punho. Em 1950, comprou os dois tomos de *O mundo como vontade e representação* na edição das obras completas em alemão organizadas por Eduard Grisebach. A página de rosto do primeiro volume traz, além da assinatura do escritor e do ano da aquisição, também a localização "Rincón Viejo", nome da fazenda de Adolfo Bioy Casares em Pardo, na Província de Buenos Aires (figura 1). A data é importante, pois no início dos anos 1950 Borges volta a estudar intensamente Schopenhauer e faz largo uso dessa sua releitura para escrever os ensaios de *Novas inquisições* (1952). As obras completas editadas por Grisebach são mencionadas em tom nostálgico no conto "Guayaquil", de *O informe de Brodie*, numa reminiscência que pode remontar à sua leitura juvenil do filósofo na Suíça.

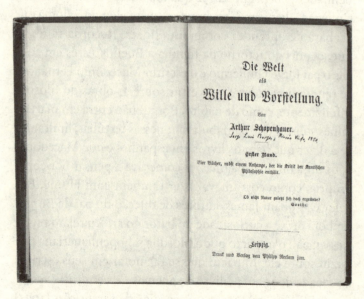

1. Página de rosto do primeiro volume de *O mundo como vontade e representação*, da edição em seis tomos das *Sämtliche Werke* [*Obras completas*] de Schopenhauer editadas por Eduard Grisebach (Leipzig: Philipp Reclam jun., 1859).

O mesmo primeiro volume da edição de Grisebach contém duas anotações do escritor na folha de guarda ao final (figura 2). Uma delas (a que indica as páginas 33 e 35) se refere ao trecho inicial de *O mundo como vontade e representação*, destacando ali a diferença e até oposição (*sed contra*) entre o ponto de vista da representação e o ponto de vista da Vontade. A outra ("... *das Schauspiel im Schauspiel*" — "... o teatro no teatro") remete a uma frase do parágrafo 52 do livro, na qual se lê: "Se o mundo todo como representação é apenas a visibilidade da Vontade, então a arte é a explicitação dessa visibilidade, a *camera obscura*, que mostra mais puramente os objetos e os faz ver melhor, o teatro no teatro, a cena dentro da cena no *Hamlet*". Borges encontrou já muito cedo na metafísica idealista de Schopenhauer uma explicação para a continuidade, a indiferenciação, a homogeneidade entre o real e a ficção: a obra literária não passa de um teatro no interior do grande teatro que é o mundo.

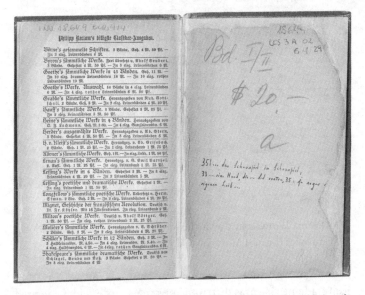

2. Guarda da terceira capa do primeiro volume de *O mundo como vontade e representação*, edição de Grisebach.

13

> PROA
>
> con ímpetu, con gran fervor de mocedad. En conjunto *Hélices* me parece una bella calaverada retórica.
>
> MACEDONIO FERNÁNDEZ — *El Recién venido* — inédito aún.
>
> No sin alguna felicidad ha equiparado un juicio reciente el acto teologal de la creación y el arte literario que aumenta con sus realidades verbales la realidad universal. En ambos casos trátase de un alucinamiento, pues que podemos considerar el vivir como la dolorosa fábula con que se arrebata Dios a sí mismo, pluralizado en almas. Este cotejo de la deidad y el poeta ya lo emprendió un eminente metáfora Schopenhauer, señalando que la ilusión pequeña del arte hallábase enclavada en la universal ilusión a semejanza del teatro dentro del teatro que en Hamlet vemos.
>
> Hoy me interesan los teje manejes mediante los cuales puede trastrocarse novelescamente la vida. En la urdimbre fantástica que continuándola de Poe practican diestramente Wells y los arrabales de Wells, la cotidianeria del vivir es exacta y la alucinación alcánzase introduciendo una contingencia absurda cualquiera que después — devanada con la flexible precisión de una fórmula — basta para dar en tierra con la rigidez anterior. Lo propio puede afirmarse de Swift: en sus intentonas químicas, por asombrosas que sean, no hay más que un solo instante de fuerte actividad imaginativa: única desviación que tuerce por un cauce maravilloso todo el decurso de la obra. Otros escribidores hay que intentan levantarse a fantásticos, apilando con este fin demonios súcubos y aquelarres. De ellos cabe decir que se valen de imaginaciones ajenas y son deudores vergonzantes de los embelecos del tiempo. Quevedo, en los episodios que dan principio a la *Hora de Todos*, parece realizar una suerte de creación continua y sin trabas, pero a poco se advierte su trastienda de moralizador estoicismo y el libro que empezó con travesuras, fina con esplendores austeros y arremetidas al gobierno. En cuanto a Gómez de la Serna, no hace sino puntualizar la vida con insistencias de maniático. Su excelencia estriba en su estilo, no en su visión que es ahogadora, espesa y carnal...
>
> Ensanchando los anteriores ejemplos, quiero apuntar que la novela imaginativa no es más que el aprovechamiento desaforadamente lógico de un capricho. Sólo conozco una excepción. En las digresiones de Macedonio Fernández, paréceme ver una fantasía en incesante ejercicio: actividad que briosamente va diseñando universos, no legislados y fa-
>
> tales como un problema de ajedrez, sino arbitrarios y burlones como la mejor partida de truco. Para justipreciarlo, basta ser una individualidad perfilada, impar y distinta, como tú — ¡oh, lector! — que al igual de todos, ejerces la plausible singularidad de ser alguien.
>
> JORGE-LUIS BORGES.
>
> SALVADOR REYES. — *El Barco Ebrio*, — Santiago de Chile, 1923.
>
> Tomamos este libro del compañero Reyes con el agrado con que se recibe un alarde de simpatía o un franco acicate; pronto prevemos que él encierra la límpida vibración de un alma juvenil que da su entusiasmo al viento, en forma de canción peregrina.
>
> Y no nos defrauda su lectura. Campea por todo el libro un tal entusiasmo, sabe decir tan bien las cosas este amigo Reyes, que desde el primer momento nos atrae, nos subyuga. Ah, cómo quisiéramos ir por esos mares que cruzó Reyes como brumoso viajero; cómo quisiéramos sentir en el alma la caricia de ese viento marino que acuñó las canciones del poeta con el santo amor de una novia buena; cómo quisiéramos decir de la nostalgia, luego, en una notable *Evocación*:
>
> Se mano iba desnuda
> al encuentro de todos los adioses
> por la emoción doliente de las rutas...
> y contar un día, en rueda de amigos que
> humilló la vida;
>
> Yo vengo de tan lejos
> que el polvo de la noche
> ha quedado prendido a mis cabellos.
>
> He quemado en mi pipa
> las canciones antiguas
>
> Y estoy solo.
>
> En otro tiempo quise
> resucitar la estrella vespertina
> y encender en el viento
> los amores errantes.
>
> (Hacer de esta luna amarilla
> el rostro de un pierrot en agonía)
>
> Pero soñaba tanto
> que una vez, un amor
> se anudó a mi garganta.
>
> Y he llorado;
>
> Quise atar en el viento
> la canción de la vida!
>
> Y después? Bah!... Qué nos podría interesar lo demás? Nuestra vida estaría justificada, ante nosotros mismos y ante Dios, porque fué un poema completo que nada pudo truncar.... —
> R. A. O.
>
> ## LA CANCIÓN ALEGRE
>
> *a Herminia Divito.*
>
> Fuerte y alegre en el ala de tu risa
> irás por los caminos pájaro suelto.
>
> Los caminos se abrirán a tu paso
> para darte su ofrenda de Sol
> en el incendio de cada árbol.
>
> Cuántos besos duermen en tus labios
> como las horas calladas en el Tiempo
> canciones que no se cantaron y se cantarán
> tristes o alegres
> quién sabe.
>
> Tus manos se dan al viento en el deseo
> de una caricia imposible
> que no me dejas recoger
>
> Oh, la alegría de tu risa
> lámpara encendida
> que ha de iluminar al mundo y a Dios mismo
>
> Tu nombre se aquieta como un rezo
> en la caricia de mi alma
> que ya no sabe cómo quererte.
>
> Quisiera encontrarte siempre
> en cada camino
> en cada hora
> en cada huella
> poema viviente que repartes alegría
> con el santo fervor de un mediodía
> que no ve porque alumbra demasiado
>
> ROBERTO A. ORTELLI.

3. Página de *Proa* com a "anotação" sobre *El recién venido* de Macedonio Fernández (Buenos Aires, ano 1, n. 3, jul. 1923).

Reiterada nas leituras de trinta anos mais tarde, a ideia de uma ficção dentro da ficção já girava na mente de Borges desde a década de 1920. No número 3, ano 1, da revista *Proa*, ele lançara mão dela para falar do livro *El recién venido*, de Macedonio Fernández (então inédito, pois a publicação só ocorreria em 1929) (figura 3). O parágrafo inicial dessa "anotação" (*acotación*) diz:

> Um juízo recente comparou, não sem alguma felicidade, o ato teologal da criação à arte literária que aumenta a realidade universal com suas criações verbais. Trata-se, em ambos os casos, de uma alucinação, pois podemos considerar o viver como a fábula dolorosa com que Deus arrebata a si mesmo, pluralizado em almas. Esse cotejo da deidade com o poeta já foi empreendido com exímia metáfora por Schopenhauer, ao assinalar que a pequena ilusão da arte se encontra encravada na ilusão universal, à semelhança do teatro dentro do teatro que vemos em *Hamlet*.

Junto com a ideia do teatro no interior do teatro, o jovem Borges ensaia aqui um primeiro delineamento de sua concepção de que a arte literária é uma continuação do ato original de criação, de que o autor é uma espécie de divindade, assim como a divindade não é senão uma pluralidade de escritores. A visão panteísta anunciada nessas linhas se cristalizará a partir do início da década de 1930, recebendo forma explícita em "Tlön, Uqbar, Orbis Tertius", de *Ficções* (1941-1944). A passagem dos textos juvenis aos contos e ensaios da maturidade ocorre, assim, quando Borges se dá plenamente conta do potencial fantástico presente no fatalismo onírico-voluntarista de Schopenhauer. Glosando sua famosa sentença, pode-se dizer que, no seu caso, a metafísica constitui não tanto um ramo mas a própria raiz ou o tronco de que surge a literatura fantástica.

***

Os escritos de João Guimarães Rosa não estão tão entranhados de metafísica schopenhaueriana como as obras de Jorge Luis Borges. No caso do escritor mineiro, as referências e os documentos testemunhando a leitura do filósofo alemão são bem mais escassos, embora entre seus livros conservados na Biblioteca do Instituto de Estudos Brasileiros da Universidade de São Paulo se encontrem dois volumes por ele anotados que dão conta de que efetivamente o leu com interesse. Ainda que não haja evidências factuais, tudo leva a crer que também teve em mãos outros textos de Schopenhauer.

Como quer que seja, o schopenhauerianismo rosiano não é menos *intenso* do que o de seu congênere argentino, pois tem ao menos uma grande afinidade com ele. Ambos compartilham da convicção central da filosofia voluntarista de que é inútil resistir aos fados, de que toda a preparação e prevenção racional é impotente diante dos desígnios inexoráveis do destino. Certamente há nessa proximidade uma diferença importante: o sertanejo observa o ritmo dos prognósticos, respeita o caráter premonitório dos sinais, sonhos e profecias, tema que recebeu cuidadoso tratamento nos *Parerga e paralipomena*, em que Schopenhauer assinala que são formas de antecipar os ditames daquela Vontade ao mesmo tempo sábia e cega, que governa necessariamente o curso de vida, a sina dos homens. Tão valente quanto o *gaucho*, o jagunço é, porém, mais moroso, desconfiado, enquanto as personagens borgianas correm mais rápido para o desenlace de suas histórias. A cadência é diferente, a essência, porém, a mesma. Mais ou menos célere, oferecendo mais ou menos resistência, cada um será irremediavelmente arrastado àquilo que já estava desde sempre previsto para ser cumprido em seu destino. Para maior ou menor espanto de si próprio. O *Grande sertão: veredas* e o universo borgiano guardam essa marca característica na qual se reconhece a verve do grande metafísico alemão.

O sonho é o monograma da vida

O apaixonado e lúcido Schopenhauer

Na produção literária de Borges, "Tlön, Uqbar, Orbis Tertius" ocupa uma posição destacada. O conto de abertura de seu primeiro livro inteiramente ficcional é uma espécie de guia de viagem ao universo insólito em que adentrará o leitor. Mas também é certamente a mais filosófica de todas as narrativas fantásticas borgianas, singularizadas já em geral por forte presença do pensamento e da especulação. O conto está repleto de filósofos, muitos dos quais explicitamente nomeados, como Leibniz, Berkeley (duas vezes), Hume, Meinong e Bertrand Russell. Outros dois são perfeitamente identificáveis: a teoria das três imagens do mundo — verbal, adjetiva e substantiva — de Fritz Mauthner é trazida à baila para explicar as línguas dos dois hemisférios de Tlön, e a filosofia do "como se" de Hans Vaihinger serve de parâmetro para dar uma ideia dos "jogos dialéticos" dos sistemas especulativos daquele planeta. As metafísicas tlönianas padecem de um paradoxo radical: precisamente por não serem críveis, elas se multiplicam, da mesma forma que os substantivos, inexistentes na "conjectural *Ursprache*" de Tlön (o fato de ninguém acreditar na realidade deles faz seu número ser infinito). Uma mesma aspiração, no entanto, unifica tantos sistemas distintos: "Os metafísicos de Tlön não buscam a verdade nem sequer a verossimilhança:

buscam o assombro. Julgam que a metafísica é um ramo da literatura fantástica".¹

As doutrinas dos filósofos "terrestres" são referidas para ajudar a iluminar de algum modo teorias similares aventadas no outro planeta. A psicologia ali imperante, análoga ao associacionismo berkeleiano-humiano, ensina que a explicação de um fato não é capaz de dar a razão ou a causa desse fato, mas apenas o vincula a outro, e esse "monismo ou idealismo total invalida a ciência".² Uma escola propõe que o tempo não existe, outra, que ele já transcorreu por inteiro; defende-se que a história do universo é escrita por um deus subalterno a fim de se entender com um demônio; que o universo só acontece a cada trezentas noites, e que, "enquanto dormimos aqui; estamos despertos noutra parte, e assim cada homem é dois homens".³

O materialismo é considerado a doutrina mais escandalosa já surgida no planeta. Para facilitar o seu entendimento, um heresiarca tlöniano imaginou uma "argumentação especiosa" visando a demonstrar a identidade dos seres. Seu sofisma, que goza em Tlön do mesmo renome que as aporias eleáticas na Terra, consistiu em mostrar que nove moedas de cobre perdidas e reencontradas eram as mesmas moedas.⁴ Apesar de inconsistente e mesmo incompreensível para a maioria (a natureza da

---

1 J. L. Borges, "Tlön, Uqbar, Orbis Tertius", in *Ficções*. Trad. de Davi Arrigucci Jr. São Paulo: Companhia das Letras, 2015, 2ª ed., p. 22. Id., *Ficciones*, in *Obras Completas (1923-1949)*. Barcelona: Emecê, 1989, vol. I, p. 436; Id., *Obras Completas*. Barcelona: Emecê, 2009, vol. I, p. 836. Para facilitar o cotejo, as traduções em português virão seguidas das duas edições em espanhol: a edição de 1989, em três tomos, mais difundida e seguida de reedições, será citada com a abreviação OC, seguida do volume e da página; a chamada "edição crítica", também em três tomos, com notas de Rolando Costa Picazo e Irma Zangara, será abreviada como EC, seguida do volume e da página.
2 Ibid.; OC I, p. 436; EC I, p. 835.
3 Ibid., p. 23; OC I, p. 437; EC I, p. 836.
4 Ibid.; OC I, p. 437; EC I, p. 836.

língua de Tlön resiste, inclusive, à sua formulação), a falácia verbal da identidade das coisas em que se apoia o argumento não pôde ser facilmente refutada. Foram necessários cem anos desde sua enunciação para que um pensador não menos brilhante que o heresiarca materialista (mas de tradição ortodoxa) formulasse a "hipótese muito ousada" segundo a qual existe um único sujeito — e esse "sujeito indivisível é cada um dos seres do universo" e estes são, por sua vez, "órgãos e máscaras da divindade".[5] Essa "conjectura feliz" foi determinante para a "vitória total" do "panteísmo idealista" naquele planeta, panteísmo que se basearia, segundo o décimo primeiro tomo de sua enciclopédia, em três razões capitais: "A primeira, o repúdio do solipsismo; a segunda, a possibilidade de conservar a base psicológica das ciências; a terceira, a possibilidade de conservar o culto dos deuses".[6] O narrador adverte em seguida que, como os outros metafísicos daquele orbe, o brilhante refutador do materialismo tem um equivalente ou duplo entre os filósofos terrestres conhecidos: "Schopenhauer (o apaixonado e lúcido Schopenhauer) ensinou uma doutrina muito parecida no primeiro volume de *Parerga und Paralipomena*".[7]

A metafísica schopenhaueriana corresponde, no orbe terreno, àquele ápice ocorrido na "história da filosofia" de Tlön, ocupando, assim, uma posição estratégica no conto. Pode-se naturalmente pensar que o recurso a ela, como aos outros sistemas filosóficos, é mais um expediente "literário" de um escritor dado a jogos especulativos e abstratos. As páginas que seguem procurarão convencer o leitor do contrário: Borges tem alto apreço pelos pensadores citados no conto, e a Schopenhauer está reservado um lugar único no rol quase infindo de referências encontradas nas obras do escritor argentino. É bem verdade que sua metafísica voluntarista aparece um tanto transfigurada,

---

5   Ibid., p. 25; OC I, p. 438; EC I, p. 837.
6   Ibid.; OC I, p. 438; EC I, p. 837.
7   Ibid.; OC I, p. 438; EC I, p. 837.

mas a concepção de um panteísmo idealista — a hipótese que afirma audaciosamente que um sujeito é todos, e que estes são máscaras e órgãos dele —[8] é fruto de uma leitura tão consistente quanto pode ser uma elaboração *fielmente inventiva*. Borges cria o seu Schopenhauer, mas com tal apego e estima à letra e espírito de seus textos, que uma releitura destes ajuda, inversamente, a entender melhor a "macroestrutura" do planeta Tlön, que diz muito do modo borgiano de conceber o mundo. Talvez não seja exagero afirmar que a grande "virada" no seu percurso — quando renega os textos de juventude e começa a escrever os ensaios e, depois, os livros de contos que o celebrizaram — está em grande parte ligada a um entendimento cada vez maior do teor fantástico guardado naquela metafísica. O escritor assinalou diversas vezes que o mundo para ele, o mundo tal como o via e entendia, era o mundo que lhe foi apresentado pelo autor de *O mundo como vontade e representação* — o "apaixonado e lúcido Schopenhauer".[9]

---

8   Ibid.; OC I, p. 438; EC I, p. 837.
9   Em seu livro sobre a expressão da irrealidade em Borges, Ana María Barrenechea, contestando aqueles que julgam os textos borgianos excessivamente intelectualizados, escreve que poucos viram que seu "rigor intelectual muito frequentemente convive com o mais exaltado apaixonamento". Atenta às inflexões estilísticas que revelam o pensamento do autor, a crítica e linguista argentina acrescenta que se poderia aplicar a ele "a fórmula que ele cunhou para Schopenhauer: apaixonado e lúcido". Ana María Barrenechea, *La expresión de la irrealidad en la obra de Jorge Luis Borges y otros ensayos*. Buenos Aires: Ediciones del Cifrado, 2000, p. 22.

O mundo fantasmagórico

*A questo modo noi siamo de' burattini,
ed il mondo è una commedia.*

FRANCESCO DE SANCTIS[1]

O hábil pensador responsável por vencer o materialismo e instaurar o panteísmo idealista em Tlön realizou uma verdadeira proeza ao conseguir, com sua argumentação, nada menos que superar o solipsismo, preservar a psicologia necessária à manutenção das ciências e salvar o culto aos deuses. É difícil precisar exatamente onde se encontra nos *Parerga e paralipomena* (publicados em 1851, com o subtítulo *Pequenos escritos filosóficos*) uma apresentação da doutrina schopenhaueriana que corresponda a esses traços mencionados no conto, até porque não se pode rigorosamente afirmar que ela seja panteísta e talvez menos ainda inteiramente idealista.[2] Uma varredura pela obra

---

1 "Schopenhauer e Leopardi", in *Saggi Critici*. Nápoles: A. Morano, 1888, p. 261.
2 Embora aceite, com os panteístas, a doutrina do um e do todo (*hén kaì pân*), Schopenhauer julga absurdo pensar que Deus esteja *neste* mundo, pois seria inimaginável um deus que quisesse ser ele mesmo atormentado pelas misérias terrenas, que quisesse morrer por livre e espontânea von-

borgiana buscando referências diretas e alusões indica que o escritor certamente leu boa parte dos livros publicados pelo autor de *O mundo como vontade e representação*, tendo tido também acesso aos manuscritos póstumos dele.[3] Como quer

tade a cada segundo nessa pequena Terra. Cf. A. Schopenhauer, *O mundo como vontade e representação*, in *Sämtliche Werke* (Org. de W. F. von Löhneysen. Darmstadt: Wissenschaftliche Buchgesellschaft, 1974, vol. II, p. 825) e *Parerga e paralipomena*, II, in *Sämtliche Werke*, op. cit., vol. V, p. 121. Para simplificar, essa edição das obras será citada abreviadamente a partir de agora como a sigla SW, seguida de volume, parágrafo (por vezes ou quando houver) e página. Essa mesma edição foi republicada exatamente com os mesmos volumes e paginação pela editora Suhrkamp de Frankfurt em 1986. Quanto à posição de Schopenhauer em relação ao idealismo da representação e ao realismo da Vontade, ver "Esboço de uma história da doutrina do ideal e do real", in *Parerga e paralipomena*, SW, vol. IV, p. 31.

[3] Um trabalho bastante exaustivo, com observações importantes, sobre as leituras que Borges fez de Schopenhauer pode ser encontrado no artigo de Roberto Paoli, intitulado "Borges y Schopenhauer". *Revista de Crítica Literaria Latinoamericana*, Lima, ano 12, n. 24, 1986, pp. 173-208. No que diz respeito à posição ímpar do filósofo no *corpus* borgiano, o estudioso italiano, especialista em literatura hispano-americana, não hesita em afirmar: "a personalidade que sobressai e domina em Borges é indubitavelmente a de Schopenhauer, que se destaca não só em relação aos demais alemães mas também, me atreveria a dizer, em relação a todas as demais fontes, incluindo as de língua inglesa". Ibid., p. 175. A tese pode soar exagerada, mas há muitos e bons argumentos para defendê-la. Sem fazer referência ao estudo de Paoli, o artigo posterior "De Borges a Schopenhauer", de Ivan Almeida, em *Variaciones Borges* (Pittsburgh, vol. XVII, 2004, pp. 103-41), também tenta rastrear as marcas da leitura do filósofo alemão na obra do escritor argentino. Uma seção do pequeno livro de David E. Wellbery, *Schopenhauers Bedeutung für die moderne Literatur* (Munique: Carl Friedrich von Siemens Stifung, 1998), é dedicada a Borges. (O autor agradece a Allan Alves de Souza pela referência.) Trabalho indispensável para conhecer em geral as leituras realizadas por Borges é o de Laura Rosato e de Germán Álvarez, *Borges, libros y lecturas* (Buenos Aires: Biblioteca Nacional, 2017 [2010], ed. rev., ampl.): os livros de Schopenhauer que Borges possuía em sua biblioteca e doados

que seja, os textos a que o conto parece remeter são muito provavelmente dois: "Especulação transcendente sobre a aparente intencionalidade no destino do indivíduo" e "Ensaio sobre a vidência". Esses dois escritos serão analisados com algum vagar mais adiante, porque são fundamentais para a compreensão do idealismo fantástico borgiano. Mas, a fim de entender melhor o que está em questão neles — a *ligação do sonho com o destino individual* e a *dramaturgia onírica* —, será recomendável reconstituir em termos mais gerais as leituras que o escritor argentino fez do filósofo. Nesta reconstituição se procurará dar relevo à relação que Schopenhauer postula existir entre *vida e sonho*, assim como àquilo que entende por *caráter ligado à ação*. Não só a metafísica, a estética schopenhaueriana também foi fundamental para que o escritor argentino chegasse à constituição da sua poética.

Schopenhauer se vê às voltas com a questão do sonho já desde *O mundo como vontade e representação*. No apêndice a sua obra principal, dedicado à crítica da filosofia kantiana, há uma passagem conhecida na qual comete o "sacrilégio" (para os kantianos) de equiparar a explicação de Kant sobre a idealidade dos fenômenos percebidos à natureza ilusória do mundo ensinada por vedas e puranas na doutrina do véu de Maia:

> pois a obra de Maia é apresentada justamente como este mundo visível no qual estamos, uma magia provocada, uma aparência sem consistência, sem ser em si, comparável à ilusão ótica e ao sonho, um véu que envolve a consciência humana, um algo do qual é igualmente falso e igualmente verdadeiro dizer tanto que é quanto que não é.[4]

à Biblioteca Nacional Mariano Moreno são referidos e as anotações do escritor, transcritas nas páginas 304 a 312.
4 A. Schopenhauer, *Crítica da filosofia kantiana*. Trad. de Maria Lúcia Mello e Oliveira Cacciola. São Paulo: Abril, 1980, p. 88.

Trocando em miúdos, correlacionar mundo dos fenômenos e sonho é colocar no mesmo patamar kantismo, hinduísmo e bramanismo.[5] A bem da verdade, no entanto, o pensamento kantiano não se detém no mesmo ponto em que se encontra a sabedoria oriental, mas vai além, pois é Kant quem sabe verdadeiramente explicar pela primeira vez em termos filosóficos claros o caráter ilusório, onírico e mesmo fantasmagórico do mundo real:

> Tal conhecimento claro e tal exposição tranquila e lúcida *dessa índole onírica* [*traumartig*] do mundo inteiro é propriamente a base de toda a filosofia kantiana, é sua alma e o maior de todos os seus méritos. Levou-a a efeito, com lucidez e habilidade admiráveis, desmontando e exibindo, peça por peça, toda a maquinaria de nossa faculdade de conhecimento, por meio da qual se engendra a fantasmagoria [*Phantasmagorie*] do mundo objetivo.[6]

Essa análise não deixa de causar desconforto ao especialista da obra kantiana, mas não é demais lembrar que houve um tempo (de meados do século XIX às primeiras décadas do século XX) em que prevaleceu a ideia de que, dada a impenetrabilidade de seu conteúdo e de sua escrita, a filosofia de Kant podia ser conhecida na versão mais popular que lhe fora dada na obra de Schopenhauer. Nesta, a distinção kantiana entre fenômeno e coisa em si aparecia traduzida na diferenciação entre o mundo ideal, fantasmagórico, da representação e o mundo "real", substancial, da vontade. Um Kant filtrado por Schopenhauer: este parece ter sido também o caminho de leitura feito inicialmente

---

5 Essa fusão do idealismo com as religiões orientais ajudará a entender a assimilação posterior que Borges faz do panteísmo schopenhaueriano ao panteísmo dessas mesmas religiões.

6 A. Schopenhauer, *Crítica da filosofia kantiana*, op. cit., p. 89. Grifos acrescentados.

por Borges, conforme relata o escritor argentino em dois momentos do início de seu *Ensaio autobiográfico*. Começando a aprender alemão como autodidata, nos anos de colégio em Genebra, Borges é levado a se interessar pela filosofia alemã graças ao *Sartor Resartus*, de Carlyle. É nesta época que se dá sua tentativa frustrada de ler a filosofia kantiana: "No início, tentei ler a *Crítica da razão pura*, de Kant, mas fui derrotado, como acontece à maioria das pessoas, incluído quase todos os alemães".[7] Entretanto, nem tudo está perdido. Ainda em sua estadia na Europa, ele toma contato com a obra de Schopenhauer:

> Enquanto vivíamos na Suíça, comecei a ler Schopenhauer. Hoje, se tivesse de escolher um único filósofo, eu o escolheria. Se o enigma do universo pudesse ser formulado em palavras, penso que essas palavras estariam na obra dele. Eu o li muitas vezes em alemão e, em companhia de meu pai e de seu grande amigo Macedonio Fernández, também em espanhol.[8]

Se é cabível pensar que o enigma do universo possa ser expresso em palavras, Schopenhauer foi aquele que chegou mais perto desse feito. Essa formulação, que repete quase *ipsis litteris* uma passagem do ensaio sobre "Os avatares da tartaruga",[9] está muito longe de ser gratuita; ela é mesmo capital. Não lhe dar a devida escuta é correr o risco de perder a amplitude, a radicalidade, a força filosófica do pensamento borgiano, e do quanto este se compenetrou das ideias schopenhauerianas.

---

[7] J. L. Borges com Thomas di Giovanni, *Ensaio autobiográfico (1899-1970)*. Trad. de Maria Carolina de Araujo e Jorge Schwartz. São Paulo: Companhia das Letras, 2009, p. 17.

[8] Ibid., pp. 31-32.

[9] J. L. Borges, "Os avatares da tartaruga", in *Discussão*. Trad. de Josely Vianna Baptista. São Paulo: Companhia das Letras, 2008, pp. 133-34; OC I, p. 258; EC I, pp. 429-30.

Quanto a Macedonio Fernández, cabe referir o que é dito no mesmo *Ensaio autobiográfico*, pois com ele se vê melhor a relação da filosofia com o mundo onírico. Escreve Borges: "Os leitores de Hume e de Schopenhauer encontrarão pouquíssimas coisas novas em Macedonio, mas o notável é que chegasse a suas conclusões por si próprio".[10] Logo em seguida, ele acrescenta:

> Imagino Macedonio lendo uma ou duas páginas daqueles filósofos [Hume, Schopenhauer, Berkeley e William James], para em seguida começar a pensar por sua conta. Ele não só sustentava que somos feitos da mesma matéria dos sonhos, como estava convencido de que vivíamos num mundo de sonhos.[11]

Essas passagens breves e diretas servem para dar uma primeira impressão do tremendo impacto provocado pela obra schopenhaueriana sobre o jovem Borges, que a leu também em companhia de ninguém menos do que o pai idealista, Jorge Guillermo, e do autor de *No toda es vigília la de los ojos abiertos*. Não será exagero dizer que o fantástico borgiano foi em grande medida urdido nessas leituras. O enigma do universo não teria encontrado melhor formulação do que naquela que se poderia denominar, a partir de Borges, a metafísica *onírico-voluntarista* do filósofo alemão.[12]

---

10 Id., *Ensaio autobiográfico (1899-1970)*, op. cit., p. 32.
11 Ibid., pp. 31-32. Sobre a importância de Schopenhauer para o pensamento de Macedonio, cf. Roberto Paoli, "Borges y Schopenhauer". *Revista de Crítica Literaria Latinoamericana*, op. cit., pp. 176-77. A afirmação "somos feitos da mesma matéria dos sonhos" é uma citação de Shakespeare: "*We are such stuff as dreams are made on*" (*A tempestade*, IV, 1), citada outras vezes por Borges, mas também por Schopenhauer em *O mundo como vontade e representação*, SW, vol. I, p. 49.
12 Não será mero exercício de curiosidade saber que edições Borges leu em alemão na Suíça e, depois, em espanhol na companhia de Macedonio Fernández e de seu pai. Das obras completas publicadas no original, a editada em seis volumes por Eduard Grisebach parece ser a mais próxima

As páginas do livro

*[...] sei o impossível que é escrever uma
página sem ter escrito um volume.*

J. L. BORGES[13]

Como se assinalou há pouco, Schopenhauer tira proveito dos dois elementos contidos na distinção kantiana entre *fenômeno* e *coisa-em-si*, transformando-os nas duas noções principais de sua metafísica, a *representação* e a *vontade*. Para ele, no entanto, a filosofia kantiana não foi tão radical quanto poderia ter sido.

---

afetivamente do escritor. No conto "Guayaquil", de *O informe de Brodie*, Eduardo Zimmermann, o historiador judeu-alemão exilado na Argentina, olhando "quase amorosamente" os títulos da biblioteca do narrador, diz: "— Ah, Schopenhauer, que sempre menosprezou a história... Tive em Praga essa mesma edição, organizada por Grisebach, e acreditava que fosse envelhecer na amizade desses volumes manuseáveis...". J. L. Borges, "Guayaquil", in *O informe de Brodie*. Trad. de Davi Arrigucci Jr. São Paulo: Companhia das Letras, 2017, p. 72; OC II, p. 442; EC II, p. 736. A Biblioteca Nacional da Argentina conserva o exemplar pertencente a Borges (com anotações) do primeiro volume desta edição das *Obras completas* (*Arthur Schopenhauers sämtliche Werke*. Leipzig: Philipp Reclam jun., 1859). O segundo volume, também anotado, está conservado na biblioteca pessoal de Xul Solar, depositada no museu da Fundação Pan Klub dedicado ao artista. Cf. Laura Rosato e Germán Álvarez, *Borges, libros y lecturas*, op. cit., p. 304. Pela datação, as obras anotadas conservadas na Biblioteca Nacional Mariano Moreno indicam que Borges aprofundou a leitura de Schopenhauer posteriormente à publicação de *Ficções*, em 1944. De fato, como se verá ao longo deste livro, no *Aleph* (1949) e em *Outras inquisições* (1952) se contam diversas menções explícitas a Schopenhauer. Mas seus estudos já haviam sido intensos antes, como indicam as referências ao filósofo nos ensaios da década de 1930, quando se consolida a leitura peculiar que Borges faz do conjunto da obra schopenhaueriana. A presença do filósofo, no entanto, já se faz notar claramente nos escritos anteriores, depois renegados pelo autor.

13 *Textos recobrados (1931-1955)*. Barcelona: Emecé, 2007, p. 131.

Kant elucidou, certamente, o que ocorre num dos dois lados do mundo — a representação —, ao mostrar que os fenômenos não são absolutamente nada de real, mas somente simples aparência, meras imagens ideadas pelo intelecto humano na forma do espaço, do tempo e da causalidade. O verdadeiro espírito do kantismo estaria, por isso, na primeira edição da *Crítica da razão pura*, em que se faz a defesa de uma postura *visceralmente idealista*, como não se havia visto antes na história da filosofia. Aquilo que até Galileu, Descartes e Locke era tido como um elemento real, concreto, do mundo — as chamadas qualidades primárias — passa agora a ser explicado como construtos *a priori* do intelecto, sem nenhum correlato na objetividade. Entretanto, temendo ser confundido com Berkeley, Kant teria recuado do seu idealismo na segunda edição da *Crítica*, com um rearranjo da obra que desfigura completamente a radicalidade de sua proposta original.

Noutras palavras, para Schopenhauer, Kant não foi tão consequente em seu idealismo como deveria ter sido. Não conseguiu ver que a questão epistemológica crucial — a "pergunta pela realidade do mundo externo" —[14] podia ser solucionada com recurso a um argumento simples, o do sonho. Comparado às explicações sobre a origem do conhecimento exterior, calcadas na descrição do aparato lógico-cognitivo do sujeito, o sonho tem a vantagem de ser um fenômeno passível de constatação empírica, e não perde, mesmo assim, o seu valor especulativo, tendo, além disso, um "sentido muito mais compreensível" do que explicações abstratas. Pois, no final das contas,

> temos sonhos, e a vida toda não é, porventura, um sonho? — ou mais precisamente: há algum critério preciso [para distinguir] entre sonho e realidade? Entre fantasmas e objetos reais?[15]

---

14 A. Schopenhauer, *O mundo como vontade e representação*, sw, vol. I, p. 47.
15 Ibid., pp. 47-48.

A assimilação da filosofia kantiana a um sonho já havia sido antecipada na Alemanha por um filósofo muito respeitado pelos contemporâneos e bem conhecido de Schopenhauer. No livro *David Hume sobre a crença*, de 1787, Friedrich Heinrich Jacobi havia mostrado que Kant não conseguiu provar que sua filosofia era um realismo, mantendo-se preso ao sonho idealista que ele mesmo imputara à filosofia dogmática de Leibniz e Wolff.[16] No entanto, a diferença da posição schopenhaueriana, tanto em relação a Jacobi como a toda a filosofia ocidental anterior, é que ela inverte por completo os dados do problema, ao afirmar que *a espessura ontológica do sonho não é menor, mas equivalente à do mundo dos fenômenos*. Séculos e séculos de filosofia no Ocidente são postos de cabeça para baixo: a vigília não é mais o ponto de referência, o ancoradouro, o terreno da clareza e distinção, e o sonho não está mais relegado ao âmbito do efêmero, do obscuro e impalpável. Com Schopenhauer, a questão começa a ser considerada por um ângulo totalmente outro, pois não lhe interessa apenas comparar o sonho com aquilo que é apresentado pelos sentidos mas também com a *vida*. A tópica *La vida es sueño*, de Calderón de la Barca, é de fato recorrentemente referida pelo filósofo, concebida não apenas como imagem, mas fundada em argumentos.[17]

A argumentação schopenhaueriana ganha consistência quando assinala que não há demonstração possível para a diferença entre sonho e realidade, entre a imagem onírica e a percepção presente, já que ninguém pôde ou jamais poderá comparar a "vivacidade" ou "nitidez" do dado sensível com uma representação sonhada; o máximo que se pode obter é comparar a percepção atual com uma representação onírica *lembrada*,

---

16 Sobre isso, ver a remissão de Schopenhauer a Jacobi e à ascendência que este exerceu sobre a filosofia alemã da época no "Prefácio à primeira edição", in *O mundo como vontade e representação*, sw, vol. I, p. 13.
17 Ibid., p. 50.

o que retira toda a força do argumento.[18] Mesmo Kant não foi de todo consequente nesse ponto, pois tentou mostrar que, à diferença da experiência real, o sonho não seria comandado pelas leis da causalidade, mas isso significa não ver que o sonho também segue, à sua maneira, o princípio de razão suficiente, que dá conta de explicar inclusive seus pormenores. O único aspecto em que se pode constatar uma diferenciação entre os dois estados é que a *ponte* entre um e outro se rompe ao acordar e, se é assim, o máximo que se poderia dizer a respeito é que

> o sonho *longo* (a vida) tem um nexo completo em si, de acordo com o princípio de razão, mas não um nexo com os sonhos *curtos*, embora cada um destes tenha em si um nexo semelhante.[19]

Vida e sonho são definidos por um de seus termos, isto é, o sonho, e a diferença entre eles é apenas de duração ou extensão. Não há outro critério para distinguir o estado de vigília do estado de sonho senão o despertar, pelo qual se sente que a continuidade entre os eventos do sonho *curto* e os do sonho *prolongado* foi interrompida. Essa discussão será retomada mais tarde por Schopenhauer. O importante é notar que, já desde *O mundo como vontade e representação*, o que lhe interessa fundamentalmente é a relação entre sonho e vida.

Em seu temor ontológico, em sua busca de porto seguro, os filósofos (Kant incluído) se envergonham da identificação entre vigília e sonho. Muito diverso é o que se vê entre os orientais e entre poetas como Píndaro, Sófocles, Shakespeare e Calderón

---

18 Ibid., p. 48. A terminologia fenomenológica pode ser de alguma ajuda: o presente é sempre percepção atual, o que vale, segundo Schopenhauer, *para a percepção atual do sonhador*. Ao rememorar o sonho, o sujeito que rememora não se encontra numa consciência perceptiva, mas numa consciência rememorativa e, por isso, ele não pode dar conta do que efetivamente ocorre no presente da experiência onírica.

19 Ibid.

de la Barca. Deixando-se inspirar por esses poetas, de quem cita o testemunho, Schopenhauer aventa uma imagem altamente sugestiva:

> Depois dessas várias passagens dos poetas talvez também me seja consentido exprimir-me por um símile. Vida e sonhos são páginas de um único e mesmo livro. A leitura com nexo significa vida real. Mas quando a respectiva hora de leitura (o dia) chegou ao fim e é tempo de descansar, frequentemente ainda folheamos ociosamente e abrimos, sem ordem e concatenação, ora uma página aqui, ora outra ali; com frequência é uma página já lida, com frequência uma não lida, mas sempre do mesmo livro. Uma página assim lida isoladamente é, decerto, sem nexo com a leitura integral em sequência; entretanto, ela não fica muito atrás por isso, quando nos lembramos que também o todo da leitura em sequência se inicia e acaba de improviso e que, portanto, ele deve ser visto somente como uma página individual maior.[20]

Pode-se imaginar qual não foi a reação de Macedonio Fernández e de Borges ao ler essas linhas do primeiro volume de *O mundo como vontade e representação*. A vida é um livro composto de muitas páginas, que pode ser lido em sequência ou salteado: a leitura sequencial é a própria vida, a leitura aleatória, o sonho, mas o volume não se esgota em si mesmo, pois também ele é parte de uma biblioteca maior.[21]

---

20 Ibid., p. 50.
21 Algo mais ou menos análogo ocorre com o tomo décimo primeiro da Enciclopédia de Tlön: aquele "vasto fragmento metódico da história total de um planeta desconhecido" deixa entrever a armadura do todo, que era "articulado, coerente, sem visível propósito doutrinário ou tom paródico". J. L. Borges, "Tlön, Uqbar, Orbis Tertius", in *Ficções*. Trad. de Davi Arrigucci Jr. São Paulo: Companhia das Letras, 2015, 2ª ed., p. 18; OC I, p. 434; EC I, p. 834. Cf.: "A princípio se acreditou que Tlön era um mero caos, uma irresponsável licença da imaginação; agora se sabe que

O sonho como página do livro da vida, e a vida como um sonho longo.[22] Que a concepção onírica da vida tenha sido decisiva para que Borges entendesse a natureza do mundo ficcional e seu prolongamento no mundo real, disso dá testemunho uma passagem da resenha sobre o *Ulisses* de Joyce, publicada em *Inquisiciones*, em 1925. Nessa resenha, Borges lança mão da argumentação e do símile schopenhauerianos para explicar a estética do romance:

> O *Ulisses* é variadamente ilustre. Seu viver parece situado num só plano, sem esses degraus ideais que vão de cada mundo subjetivo à objetividade, do caprichoso sonho do eu ao transitado sonho de todos. A conjectura, a suspeita, o pensamento flutuante, a recordação, o que se concebeu preguiçosamente e executou com eficácia gozam de iguais privilégios nele, e a perspectiva é ausência. Esse amálgama do real e dos sonhos bem poderia invocar o beneplácito de Kant e de Schopenhauer. O primeiro deles não deu com outra distinção entre os sonhos e a vida que a legitimada pelo nexo causal, que é constante na cotidianidade e que não existe de sonho a sonho; o segundo é um cosmos e as íntimas leis que o regem foram formuladas, ainda que de modo provisório. Para mim é suficiente recordar que as contradições aparentes do Décimo Primeiro Tomo são a pedra fundamental da prova de que existem os demais: tão lúcida e tão justa é a ordem que nele se observou". Ibid., p. 19; OC I, p. 435; EC I, p. 834.

[22] A fiar numa anotação de Schopenhauer, trata-se de uma experiência realmente ocorrida. A descoberta do símile teria sucedido assim: "Isso me ocorreu quando despertei, num lugar pouco conhecido para mim, de um cochilo cheio de sonhos depois do almoço, e duvidei seriamente se esse despertar ainda fazia parte daqueles sonhos ou do sonho da realidade". A. Schopenhauer, *Der handschriftliche Nachlaß*. Org. de Arthur Hübscher. Munique: Deutscher Taschenbuch Verlag, 1985, vol. I, n. 505 (1815/1816), p. 340. Os manuscritos póstumos de Schopenhauer serão citados abreviadamente a partir de agora como HN, volume, número do fragmento ou (quando estiver discriminada) a natureza da anotação e seu número, data e página.

não encontra mais critério para diferenciá-los senão o meramente empírico que o despertar proporciona. Acrescentou, com prolixa ilustração, que a vida real e os sonhos são páginas de um mesmo livro, que o costume chama de vida real à leitura ordenada, e sonho àquilo que o descuido e o ócio folheiam.[23]

Nessa primeira tentativa borgiana de falar sobre o romance de Joyce, a doutrina onírica apresentada no primeiro volume de *O mundo como vontade e representação* é repetida com todas as letras, incluindo a diferença de apreciação da natureza do sonho em Kant e em Schopenhauer. No *Ulisses* quase não haveria intervalo ou "degraus" separando mundo subjetivo e objetivo, o sonho privado de cada um e o sonho transitado por todos. A partir dessa resenha de meados da década de 1920 o intercurso entre o sonho individualmente vivido e o sonho coletivo será recorrente na obra borgiana, fornecendo-lhe uma pista importante para o entendimento da relação entre ficção e realidade.

Mas, a rigor, a presença da concepção schopenhaueriana do sonho nos escritos de Borges já pode ser notada alguns anos antes. No poema "Amanhecer", publicado em 1923 em *Fervor de Buenos Aires*, alude-se à "tremenda conjectura / de Schopenhauer e Berkeley / que afirma que o mundo / é uma atividade da mente / um sonho das almas / sem base nem propósito nem volume".[24]

---

[23] J. L. Borges, "El *Ulises* de Joyce", in *Inquisiciones*. Madri: Alianza, 2008, pp. 24-25.

[24] Id., "Amanhecer", in *Primeira poesia*. Trad. de Josely Vianna Baptista. São Paulo: Companhia das Letras, 2007, p. 63; OC I, p. 38; EC I, p. 97. A relação entre livros e sonhos receberá uma dolorosa inflexão quando o escritor se tornar cego. É o que se lê nestes versos do "Poema dos dons": "Da cidade de livros [Deus] tornou donos / estes olhos sem luz, que só concedem / em ler entre as bibliotecas dos sonhos / insensatos parágrafos que cedem as alvas a esse afã". J. L. Borges, *O fazedor*. Trad. de Josely Vianna Baptista. São Paulo: Companhia das Letras, 2008, p. 57; OC II, p. 187; EC II, p. 300.

Caráter e ação

Além dos sonhos, a ideia de *caráter* é outro ingrediente da metafísica schopenhaueriana que Borges vai incorporar à sua poética. Ela desempenha ali uma função capital. Na metafísica, na moral e na estética schopenhauerianas, o caráter se diferencia em caráter inteligível e caráter empírico. Ambos estão ligados à Vontade, mas de modos distintos: os atos da Vontade podem ter uma motivação, um fundamento exterior a ela, e neste caso o sujeito é *mutável*, pois escolhe o que quer a cada nova situação; mas também se pode dizer que os atos "puros" da Vontade não obedecem a nenhum motivo externo, sendo direta e inteiramente manifestações dela própria. Neste último caso, o sujeito não tem ascendência sobre o que quer: ele é *imutável*, porque quer somente aquilo que já está inscrito desde sempre em sua própria essência. Não há outra explicação possível para o seu querer, que é cego, infundado: quer porque quer, e o que quer já está determinado em seu caráter inteligível ou inato.[1]

Para Schopenhauer, um dos maiores equívocos filosóficos em todos os tempos foi acreditar que a essência do homem estava na alma. Esse equívoco levou a imaginar que haveria uma

---

[1] Ver, por exemplo, A. Schopenhauer, *O mundo como vontade e representação*, SW, vol. I, p. 167.

substância pensante autônoma e que esta seria capaz de decidir por si só as escolhas a fazer, as ações a realizar ou evitar. Tal inversão de prioridade relegou o funcionamento volitivo a um plano secundário em relação às operações intelectivo-cognitivas. Mas o que se dá é justamente o contrário: o homem age com conhecimento apenas em circunstâncias pontuais, sendo comandado mesmo por uma força que em grande parte desconhece. Com o primado da alma imaginou-se que o homem fosse "sua própria obra", construída à luz do conhecimento. Mas, na verdade, o homem é

> sua própria obra antes de todo conhecimento, e este só sobrevém meramente para iluminá-la. Por isso, ele não pode decidir ser um tal ou qual, nem tampouco pode ser um outro; mas *é*, de uma vez por todas, e conhece, sucessivamente, *o que é*.[2]

O ser, a natureza do indivíduo, já está dada desde sempre e para todo o sempre. Mas ele só vem a conhecer quem é sucessivamente, no curso de sua vida, pelas atitudes e decisões que toma. Schopenhauer tenta explicar assim a relação entre a influência dos motivos e o conhecimento paulatino do caráter:

> É somente graças a essa grande influência do conhecimento sobre o agir, mas permanecendo a Vontade imutável, que o caráter aos poucos se desvela e se destacam seus traços diferenciais. Por isso, [a influência do conhecimento] se mostra diferente em cada idade de vida, e a uma juventude violenta, selvagem, pode se seguir uma velhice assentada, moderada, varonil. Especialmente a maldade de caráter se pronunciará cada vez mais poderosamente com o tempo; mas às vezes também paixões a que nos entregamos na juventude são refreadas voluntariamente mais tarde apenas porque só então motivos opostos se tornaram conhecidos. Por isso, todos nós somos

2 Ibid., p. 403.

também inocentes de início, o que significa meramente que nem nós nem os outros conhecem a maldade de nossa própria natureza; esta só aflora junto com os motivos, e só com o tempo os motivos são conhecidos.[3]

Os homens só se conhecem aos poucos, à medida que se revelam os motivos particulares que os levaram a agir desta ou daquela maneira. Sucede que a trajetória não é bem linear, provocando não raro muito espanto no final:

> Aprendemos por fim a nos conhecer a nós mesmos como totalmente diferentes daqueles que achávamos que éramos *a priori*, e então com frequência nos espantamos com nós mesmos.[4]

Esse espanto que cada indivíduo sente com o próprio curso de sua vida será de capital importância para entender uma das formas essenciais do assombro no fantástico borgiano. Mas para chegar a compreender melhor a natureza desse assombro é preciso conhecer como a doutrina do caráter é introduzida na estética de Schopenhauer.

Ao tratar do romance, da epopeia e do drama no livro III de *O mundo como vontade e representação*, Schopenhauer afirma que esses "gêneros poéticos objetivos" têm dois meios de chegar a seu fim, que é exibir a "ideia da humanidade": "pela apresentação correta e profunda de caracteres relevantes e pela invenção de situações significativas, nas quais eles se revelam".[5] Ou seja, não basta que o escritor apresente caracteres verdadeiros e fidedignos, tais como os mostra a natureza; ele precisa, além disso, colocar cada indivíduo numa situação marcante na qual suas características particulares possam aflorar em toda a sua

---

3 Ibid., p. 407.
4 Ibid.
5 Ibid., p. 351.

plenitude. Como o artista em geral, o escritor precisa ir além do que lhe dá a mera realidade:

> Na vida real e na história, o acaso só raramente provoca situações dessa natureza, e ali elas estão isoladas, perdidas e ocultas por uma porção de insignificâncias. A total relevância das situações é o que deve distinguir o romance, a epopeia, o drama, da vida comum, tanto quanto a combinação e escolha de caracteres relevantes.[6]

Diferentemente do que ocorre na realidade e na história, na literatura não é preciso esperar o desfecho de uma vida ou dos acontecimentos para compreender o verdadeiro caráter de um indivíduo. Pois o escritor deve inventar situações significativas, extremas, a fim de que o conhecimento do caráter se dê sem necessidade de percorrer "uma vida inteira". O que é essencial para inteligir o caráter se perde na vida corriqueira, estando ali disperso em meio a situações sem grande valor.

Alguns anos depois da publicação da primeira edição de *O mundo como vontade e representação*, em que aparecem essas ideias, Schopenhauer redige um ousado esboço de poética no qual tenta pôr em questão um dos princípios basilares da poética aristotélica. O fragmento, datado de 1821, se intitula "Ueber das Interessante" ["Sobre o interessante"], e seu objetivo é discutir a diferença entre o que seria uma apresentação épica ou dramática *pura* e uma apresentação *interessada*.[7] Num romance ou numa peça dramática interessada, o acento recai no "andamento da ação". Se este é bem concebido e tramado, a curiosidade do espectador ou leitor permanece sempre acesa pela tensão e surpresa.[8] Entretanto, o que torna o desenvolvi-

---

6 Ibid.
7 A. Schopenhauer, "Ueber das Interessante", HN, vol. III, Foliant I (1821), pp. 61-68.
8 Ibid., p. 64.

mento da ação *interessante* não é necessariamente o que faz a obra literária ser *bela*.[9] As ações (e paixões) extraordinárias não devem ser confundidas com o interesse na continuidade da intriga:

> Caracteres significativos podem ser apresentados, as profundezas da natureza humana podem ser neles desvendadas, tudo isso pode ser tornado visível em ações e paixões fora do comum, de modo que sejamos colocados, pela imagem, diante da essência do mundo e do homem em traços os mais fortes e nítidos, sem que nosso interesse no curso dos acontecimentos seja propriamente estimulado em alto grau pelo progresso contínuo da ação, pelo entrecho e desenlace das circunstâncias. As obras imortais de Shakespeare têm pouco de interessante, a ação não vai adiante em linha reta, ela hesita, como em todo o *Hamlet*, ela se espraia lateralmente em largura como no *Mercador de Veneza*, enquanto o comprimento é a dimensão do interessante, e as cenas se conectam de maneira solta, como no *Henrique IV*.[10]

O drama deve se concentrar em momentos de alto significado, que exprimem a essência do homem e do mundo, e não se diluir no desenvolvimento da intriga. As tramas shakespearianas conflitam com os requisitos propugnados por Aristóteles para a execução de uma boa tragédia.[11] A rejeição de Schopenhauer

---

9   Ibid., p. 65.
10 Ibid., pp. 65-66.
11 Ibid., p. 66. Ao comentar a noção de unidade da ação trágica, Schopenhauer escreve que a "melhor e mais certeira refutação das unidades de Aristóteles é a de Manzoni no prefácio a suas tragédias". Ibid. Ele possuía em sua biblioteca um exemplar, bastante anotado, das *Opere Poetiche* de Alessandro Manzoni, com prefácio de Goethe (Jena: Frommann, 1827). Cf. A. Schopenhauer, HN, vol. v, p. 483. Também constava em sua biblioteca a edição de Immanuel Becker das obras, em grego, de Aristóteles (Berlim: Reimer, 1831-1836). Cf. Id., HN, vol. v, p. 7. Ele leu e anotou a

à concepção aristotélica de que o essencial da peça trágica está na unidade da ação se deve à sua definição da bela obra de arte como manifestação imediata de Ideias, uma vez que, enquanto objetivações diretas da Vontade, as Ideias são imperecíveis, eternas, não estando submetidas, como os fenômenos "fantasmagóricos" do mundo, aos conceitos de tempo, espaço ou causalidade. Um argumento engenhoso para mostrar que os trágicos gregos não se preocupavam com a intriga estaria, segundo Schopenhauer, justamente no fato de escolherem "situações dramáticas já tratadas",[12] ou seja, mitos já por demais conhecidos do público, que, por isso, não tinham a surpresa da trama como motivação do interesse. Não só os trágicos gregos e Shakespeare, também os dramas de Goethe não se rendem à facilidade das peripécias. Algo semelhante sucede com as "obras primas da narrativa", que raramente buscam excitar curiosidade em relação ao desenlace. Isso não vale apenas para Homero, mas ainda mais para Dante e para os romances imortais de Dom Quixote, de Tristram Shandy, da Nova Heloísa e do Wilhelm Meister: neles, o "objetivo principal não é despertar nosso interesse; no *Tristram Shandy*, o herói tem apenas oito anos já no fim do livro".[13]

Mesmo que Schopenhauer não leve adiante esse rascunho de poética, ele serve para dar uma dimensão da acuidade de seu pensamento estético. A ideia de que o enxugamento da trama ao essencial, como forma de explicitar o que não se vê comumente nos acontecimentos ordinários, será aprofundada

---

De arte poética, assinalando os princípios que aqui contesta. Sobre o capítulo VII, 13 ele escreve: "Os quadros de Zêuxis não apresentam caracteres. Na tragédia, a *ação* é mais necessária do que os caracteres. Também é mais fácil dar conta da linguagem e dos caracteres do que da ação". A. Schopenhauer, HN, vol. II, Studienhefte (1811-1818), p. 391.

12 Id., "Ueber das Interessante", HN, vol. III, Foliant I (1821), p. 66.
13 Ibid.

em textos posteriores seus. Ela será de crucial importância para a poética do fantástico borgiano.

A essência do homem num único ato

Nos Suplementos ao *Mundo como vontade e representação*, publicados em 1844, Schopenhauer volta a analisar o drama e a discutir qual seria nele a relação entre caráter e ação. Em sua análise se percebe ainda o pano de fundo aristotélico:

> O fim do drama em geral é nos mostrar a essência e existência do ser humano. Então nos pode ser mostrado o lado triste ou alegre dela ou também as suas transições. Mas a expressão "essência ou existência do ser humano" já contém o germe para a controvérsia de saber se o principal é a essência, ou seja, os caracteres, ou a existência, isto é, o destino, o acontecimento, a ação. Seja como for, *ambos estão tão firmemente fundidos um no outro, que o conceito deles pode certamente ser separado, mas não a sua apresentação*. Pois somente as circunstâncias, destinos, situações levam os caracteres à exteriorização de suas essências, e somente dos caracteres surge a ação da qual provêm os acontecimentos. Certamente, um ou outro pode ser mais ressaltado na representação; nesse sentido, a peça de caráter e a peça de intriga constituem os dois extremos.[14]

Depois de radicalizar no fragmento sobre o interessante, Schopenhauer parece ter chegado agora a uma solução mais conciliatória. A arte dramática (mas também o romance) oscila entre os extremos da peça voltada para a apresentação do caráter ou para o desenvolvimento do entrecho; no primeiro caso, o mais importante é a essência do homem, no segundo, sua existência

---

14 A. Schopenhauer, *O mundo como vontade e representação*, sw, vol. II, Suplementos, § 37, p. 555. Grifos acrescentados.

ou destino. O ideal está, segundo ele, em que não haja separação entre caráter e ação, mas fusão completa entre essência e existência. A ação não deve se perder em rodeios, mas ser expressão direta do caráter.

Para a boa compreensão de toda essa questão é imprescindível referir aqui a figura do escritor romântico Jean Paul, que será decisiva para a transformação da poética schopenhaueriana. Jean Paul (pseudônimo de Johann Paul Friedrich Richter, 1763-1825) foi um dos raríssimos contemporâneos de Schopenhauer a elogiar a primeira edição de *O mundo como vontade e representação*, que passou quase despercebida ao público da época.[15] Schopenhauer, por seu turno, foi leitor das narrativas do escritor, assim como da sua *Escola preparatória de estética* e da *Pequena pós-escola*.[16] Como se verá em seguida, ele se avizinha bastante da estética de Jean Paul no tratamento que

---

15 Na sua *Pequena pós-escola à escola preparatória de estética* [*Kleine Nachschule zur ästhetischen Vorschule*], Jean Paul escreve que o livro de Schopenhauer é uma "obra filosófica genial, audaciosa, multifacetada, cheia de perspicácia e profundidade, mas com uma fundura frequentemente desesperada e sem fim — comparável ao lago melancólico na Noruega em cujo paredão circundante de penhascos escarpados jamais vemos o sol, mas apenas o céu constelado no fundo, por onde não passam nenhum pássaro e nenhuma onda. Por sorte, posso apenas elogiar, sem precisar subscrever o livro". Jean Paul, *Werke in zwölf Bänden*. Munique: Hanser, 1975, vol. IX, pp. 507-08. A menção de Jean Paul a Schopenhauer é comentada por este na conclusão do escrito *Sobre a vontade na natureza*, na qual observa que o escritor romântico não foi afetado pela política de silêncio sobre sua obra articulada pelos filósofos de profissão. A. Schopenhauer, *Sobre a vontade na natureza*, SW, vol. III, p. 478. A passagem também é assinalada e comentada no exemplar que Schopenhauer possuía em sua biblioteca da *Escola preparatória*. Id., HN, vol. V, pp. 419 e 421.

16 Schopenhauer cita a *Escola preparatória* quando discute suas ideias sobre o gênio e sobre o cômico em *O mundo como vontade e representação*, SW, vol. II, Suplementos, pp. 487 e 492. Ver também A. Schopenhauer, *Philosophische Vorlesungen*, in *Sämtliche Werke*. Org. de Paul Deussen. Munique: Piper, 1913, p. 392.

esta dá ao sonho, tema que nela está igualmente ligado à discussão do caráter.

Em Jean Paul, como também será o caso em Schopenhauer, há uma relação intrínseca, uma reversibilidade, entre personagem e caráter, isto é, entre o que seria da ordem da ficção e o que faria parte da moral ou da ética. Essa cumplicidade do estético e do ético tem que ver com o conceito de caráter inato em Jean Paul, que está de alguma maneira próximo ao de caráter inato ou inteligível de Schopenhauer.

No "programa" de sua *Escola preparatória de estética* consagrado ao tópico (parágrafos 56-61), Jean Paul procura mostrar que o caráter "se exprime pelas ações ou pelas falas", que são sempre individuais.[17] Diferentemente do que costuma ocorrer na vida, em que a ação deixa ver o coração, na poesia é o coração que determina a ação. É preciso haver uma necessidade interna ao caráter para que ocorra *precisamente esta ação* e não outra qualquer; em suma, o caráter define a ação. Assim, o gesto, a expressão facial, a entonação só podem advir de um único indivíduo, e não de outro. Cada caráter é dotado de uma fala particular, de termos que lhe são peculiares, e que Jean Paul designa como as "palavras de raiz" (*Wurzelworte*)[18] de certa pessoa; são palavras que manifestam o que é próprio, característico, dela.

A imbricação entre caráter e sua expressão nos atos, gestos e falas está relacionada, em Jean Paul, *ao primado da vontade sobre o entendimento*, exatamente como ocorre em Schopenhauer, porque não são as ideias que ditam o que a vontade tem de fazer, mas é esta que cria as ideias. Jean Paul tem uma frase que condensa muito bem essa correlação, e que antecipa a metafísica voluntarista schopenhaueriana: "Na vigília fazemos aquilo

---

17 Jean Paul, *Vorschule der Ästhetik*, in *Werke in zwölf Bände*, op. cit., vol. VIII, § 61, p. 227.
18 Ibid.

que queremos; no sonho, queremos aquilo que fazemos".[19] Essa ênfase no caráter imutável constitui uma inflexão significativa em relação à poética de Aristóteles, que considerava, como se sabe, o mito ou a ação como tendo primazia sobre o caráter.[20] O que se postula com Jean Paul é *a fusão, a identificação do caráter com a ação, da personagem com sua história*, que antecipa, como fica claro, as observações de Schopenhauer.

Que a personagem deva ser concebida em íntimo vínculo estético-moral, não significa que o escritor deva pregar ou moralizar. Todo escritor, diz Jean Paul, gera já desde o começo "os seus anjos e diabos particulares", e a riqueza ou pobreza de suas criaturas fala a favor ou contra a grandeza dele.[21] Não se deve, portanto, desprezar os caracteres moralmente condenáveis que cria, nos quais se pode encontrar ainda força e virtude, como no sedutor Lovelace, do romance *Clarissa: ou a história de uma jovem*, de Richardson.[22] A criação das personagens, de qualquer modo, põe à luz o que se passa no mais fundo da mente do escritor:

> Por isso, em lugar algum se revela mais o íntimo mais doentio de um poeta do que em seu herói, a quem ele sempre mancha, contra vontade, com os crimes secretos de sua natureza.[23]

---

19 Ibid., p. 212. Caberia lembrar que a *Escola preparatória de estética* foi publicada em 1804.
20 Aristóteles, *Poética*. Trad. de Eudoro de Souza. São Paulo: Abril, 1973, 1450a 8, p. 448. É verdade que a ação trágica se efetua por "personagens que agem e que diversamente se apresentam, conforme o próprio caráter e pensamento". Ibid., 1449a 35, p. 448. Entretanto, a tragédia está essencialmente ligada à ação e não ao caráter: "Sem ação não poderia haver tragédia, mas poderia havê-la sem caracteres". Ibid., 1450a 23, p. 448.
21 Jean Paul, *Vorschule der Ästhetik*, in *Werke in zwölf Bände*, op. cit., vol. VIII, § 61, p. 212.
22 Ibid., p. 214.
23 Ibid., p. 216.

Analogamente ao que ocorre com um sonhador, pensa Jean Paul, o escritor escreve e age também em grande parte à sua revelia, contra a vontade. E é assim que ele mesmo, a sua natureza, também se revela nos momentos, nas palavras significativas com que constrói suas personagens.

Schopenhauer desenvolve a seu modo a estética da personagem de Jean Paul. Nos *Parerga*, traça uma comparação sugestiva, lançando mão de seus conhecimentos morfológicos. Pois assim como Goethe afirma que é possível reconhecer a planta por meio de uma de suas folhas, e Cuvier pretende que se pode intuir a figura toda de um animal a partir de um único osso, assim também a individualidade de uma pessoa pode ser revelada *numa única ação*:

> É espantoso como a individualidade de cada homem (isto é, esse caráter determinado com esse intelecto determinado) determina exatamente, tal qual um corante penetrante, todas as ações e pensamentos dele, mesmo os mais insignificantes; em decorrência disso, todo o curso de vida, isto é, a história externa e interna de um resulta fundamentalmente diferente da de outro. Assim como o botânico reconhece a planta inteira numa *única* folha, assim como Cuvier construía o animal inteiro a partir de um *único* osso, assim também se pode obter um conhecimento correto do caráter de um homem a partir de uma *única* ação característica sua e, portanto, se pode construí-lo de certo modo a partir dela, inclusive também quando essa ação diz respeito a uma ninharia, e com frequência aí é o melhor; pois em coisas importantes as pessoas tomam cuidado, enquanto em ninharias elas seguem sem muita ponderação a própria natureza.[24]

---

24 A. Schopenhauer, "Zur Ethik", in *Parerga e paralipomena*, II, SW, vol. V, § 118, p. 273.

De maneira semelhante ao que ocorre nas ciências, nas quais o caso particular representa a espécie inteira, o que se busca com a apresentação cuidadosa de um indivíduo na literatura ou na arte é mostrar que ele "vale por mil", isto é, ele deve revelar a "ideia" do gênero humano,

> de modo que um acontecimento, uma cena da vida humana, descrita correta e completamente, ou seja, com a apresentação dos indivíduos nela envolvidos, traz ao conhecimento distinto e profundo a ideia da humanidade, apreendida por algum aspecto. Pois, assim como dentre a infinita riqueza do mundo das plantas o botânico arranca e disseca uma única flor para nela nos demonstrar a natureza da planta, assim também, da confusão infinda da vida humana que ali se perde em movimento incessante, o poeta seleciona uma única cena e mesmo, frequentemente, uma voz ou sensação, para ali nos mostrar o que é a vida e a essência de um homem. Por isso, vemos como grandes espíritos, Shakespeare e Goethe, Rafael e Rembrandt, não consideraram indigno deles nos apresentar e exibir intuitivamente, com a maior exatidão e no empenho mais sério, um indivíduo que não é sequer excepcional.[25]

Em meio à grande confusão da vida, arte e literatura selecionam e exibem indivíduos com seus traços singularizantes, a fim de revelar a humanidade em toda a sua diversidade. E para caracterizar a singularidade de cada indivíduo basta uma cena, um gesto, uma voz capaz de exprimir a essência daquele ser humano.

Essa reinterpretação da poética aristotélica ecoará diretamente na maneira como Borges compreende a personagem de ficção, para a qual também não há distância entre o caráter e sua manifestação estético-moral. Ele muito provavelmente

---

25 Id., "Zur Metaphysik des Schönen und Ästhetik", in *Parerga e paralipomena*, II, SW, vol. V, § 208, p. 497.

não leu a *Escola preparatória* de Jean Paul, mas a inspiração schopenhaueriana pode começar a ser percebida quando comenta, por exemplo, a *Völsunga saga* da literatura escandinava, que ele avalia assim:

> A *Völsunga saga* é uma das epopeias máximas da literatura. Os resumos, inevitáveis num trabalho didático, a falseiam indevidamente, acentuando sua índole primitiva. A obra, no entanto, é menos bárbara que o argumento, imposto ao autor pela tradição. O que se passa com os resumos da *Völsunga* é o mesmo que com os resumos de *Macbeth*; a primeira impressão que costumam deixar é a de um caos de crueldades. Esquecemos que o tema era familiar aos contemporâneos e que se assombrar com a morte de Gunnar no fosso das serpentes teria sido como se assombrar porque num quadro o homem morre na cruz. Como Shakespeare ou como os trágicos gregos, o autor da *Völsunga* aceitou fábulas prodigiosas e antigas e se entregou à tarefa de imaginar pessoas ajustadas às exigências do mito. Alguém poderá descrer da muralha de fogo e do espinho do sono; ninguém pode não crer em Brunilda, em seu amor e em sua solidão. *Os fatos da saga podem ser falsos, os caracteres são reais*.[26]

Borges parece repetir a argumentação schopenhaueriana do fragmento sobre o interessante (os gregos não se interessavam tanto pela intriga, que já conheciam de sobra). Com efeito, os tragediógrafos gregos, Shakespeare e o autor anônimo da saga escandinava só teriam procurado recriar o mito *de olho no caráter da personagem*. Esse gesto não relega o mito a um plano secundário, mas sua força só se manifesta efetivamente

---

26 J. L. Borges com Delia Ingenieros, *Antiguas literaturas germánicas*. Cidade do México / Buenos Aires: Fondo de Cultura Económica, 1965, 2ª ed., p. 130. Grifos acrescentados.

se aparece vinculada aos caracteres.[27] Não podendo ser senão verdadeiros, críveis, para ser o que são, os caracteres devem aparecer como o *índice de realidade* dentro do universo da fabulação (os fatos da saga podem não ser reais, mas os caracteres são). Esse *índice do real* na ficção será comentado mais tarde, quando for o momento de estudar a visão metafórico-simbólica do escritor argentino.

A passagem do livro sobre as literaturas germânicas antigas não é um comentário lateral, episódico. Uma frase do ensaio sobre a poesia gauchesca, publicado em *Discussão* (que é de 1932), já indicava muitos anos antes que a união indissociável entre caráter e sua expressão é a via que se deve tomar para que a arte narrativa tenha eficácia:

> Em minha curta experiência de narrador, tenho comprovado que saber como fala um personagem é saber quem ele é, que descobrir uma entonação, uma voz, uma sintaxe particular, é ter descoberto um destino.[28]

A passagem é bem conhecida e muito citada, mas agora se pode perceber melhor talvez o seu lastro schopenhaueriano (e, por tabela, jean-pauliano). A natureza peculiar do trabalho ficcional é selecionar, na dispersão um tanto anódina de fatos comuns, traços distintivos que permitem revelar não só quem é a personagem mas também o seu destino. Como se tentou mostrar, a revelação da natureza do indivíduo é algo que, para Schopenhauer, ocorre ao longo do curso de sua vida, mas, na literatura e na arte, ela pode e deve acontecer em momentos

---

27 Ver ainda o que o narrador diz em "O duelo": "Devo prevenir o leitor de que os episódios importam menos que a situação que os causa e os caracteres". J. L. Borges, *O informe de Brodie*. Trad. de Davi Arrigucci Jr. São Paulo: Companhia das Letras, 2017, p. 55; OC II, p. 431; EC II, p. 727.
28 Id., "La poesía gauchesca", in *Discussão*. Trad. de Josely Vianna Baptista. São Paulo: Companhia das Letras, 2008, p. 14; OC I, p. 181; EC I, p. 360.

significativos e mesmo numa única ação. Os acontecimentos comuns estão sujeitos a decisões pontuais, sobre as quais o conhecimento pode agir; mas o intelecto é impotente para transformar e modificar o caráter do indivíduo, que há de atuar e se manifestar, à revelia dele mesmo, quando for o momento, sejam quais forem os contra-argumentos ou obstáculos que se lhe oponham. O encadeamento que liga o sujeito a seu destino se situa fora da série causal, fora do tempo e do espaço (daí por que Schopenhauer precisava repensar a poética aristotélica). Mas nem por isso o laço que se estabelece entre eles é frágil, contingente, mas, ao contrário, firme, necessário, indissolúvel, determinado desde sempre e com rigorosa pontualidade. Como explica Schopenhauer:

> Muito longe, portanto, de o caráter ser obra de escolha e reflexão racional, o intelecto nada mais tem a fazer na ação do que colocar os motivos perante a Vontade: mas então ele tem de assistir, como mero espectador e testemunha, como o curso de vida se configura a partir de sua atuação sobre o caráter dado, curso de vida cujos acontecimentos sobrevêm a todos eles, na verdade, com a mesma necessidade que os movimentos do mecanismo de um relógio.[29]

Os eventos que pontuam a trajetória individual têm a precisão dos ponteiros de um relógio. O intelecto não tem como mudar o seu mecanismo, pois tudo já está anteriormente traçado pela Vontade. Uma das consequências do equívoco em assumir que a alma é uma substância independente do corpo é a crença de que toda ação, todo gesto, é *causado* por uma decisão da inteligência, decisão esta que, embora tomada no plano mental, seria capaz de provocar no corpo os movimentos necessários à consecução da ação. Toda essa explicação é bastante artificial e insuficiente para Schopenhauer, pois se situa no mero nível

---

29 A. Schopenhauer, *Parerga e paralipomena*, II, SW, vol. V, pp. 277-78.

do fenômeno, isto é, da ilusão e das aparências. O que ocorre, na verdade, é que não há nenhuma causa, nenhuma distância, nenhum tempo separando o querer e o agir. Aliás, é somente e justamente por isso que um único gesto, uma única ação bem captada pode revelar o caráter inteiro do indivíduo que a executa. Noutras palavras: *não há diferença ou defasagem entre o ato volitivo e a ação do corpo*. Eles não são sequer simultâneos, o que implicaria já uma temporalização; eles são a mesma coisa:

> Todo ato verdadeiro da vontade [do sujeito] é imediata e infalivelmente também um movimento do seu corpo: ele não pode querer realmente o ato, sem perceber ao mesmo tempo que este aparece como movimento do corpo. O ato da vontade e a ação do corpo não são dois estados diferentes, conhecidos objetivamente, que o elo de causalidade conecta, eles não se encontram em relação de causa e efeito; são, ao contrário, uma só e mesma coisa, dada apenas de duas maneiras completamente diversas: uma vez, de modo totalmente imediato e, outra, na intuição para o entendimento. A ação do corpo não é outra coisa que o ato objetivado, isto é, o ato da Vontade que ocorre na intuição.[30]

30 A. Schopenhauer, *O mundo como vontade e representação*, SW, vol. I, pp. 157-58. Ou como bem parafraseia Francesco de Sanctis: "Entre meu corpo e meu querer não existe relação de causa e efeito, porque assim cairemos na lei da causalidade; o ato da vontade e o movimento correspondente do corpo não são dois estados objetivamente diferentes, mas a mesma coisa em dois modos diversos, uma vez como imediata, e outra como imagem oferecida ao intelecto. Assim, o movimento do corpo não é senão o ato objetivado da vontade, ato feito imagem [...]". Francesco de Sanctis, "Schopenhauer e Leopardi", in *Saggi Critici*, op. cit, p. 263. Ver também A. Schopenhauer, HN, vol. IV, 1, n. 4 (1832), p. 113: o entendimento não se espanta com o "maior dos prodígios" — o fato de o corpo não seguir a lei fundamental da causalidade —, porque esse prodígio é corriqueiro: "A vontade quer um ato [...] sem que um elo intermediário, alguma ligação exista: isso ocorre, ao contrário, como o que há de mais

Borges também assimilou muito bem essa lição. Com efeito, é da compreensão do caráter incausado da vontade schopenhaueriana que parece vir em grande parte sua percepção de que o conto em sua brevidade é muito mais eficaz do que um romance psicológico, que precisa de centenas de páginas para explicar o que não pode ou não deveria ser explicado. A eliminação da cadeia causal, dos nexos explicativos, o vínculo imediato entre caráter e ato, que é uma resposta imediata do corpo, a revelação do destino numa única ação, é a condição do assombro. Este advém da percepção de que o que está feito é absolutamente inexplicável, mas ao mesmo tempo absolutamente necessário. Se é assim, um passo importante já está dado para compreender como opera o *fantástico* borgiano.

Mas as coisas ficam ainda mais interessantes quando tudo isso volta a se ligar ao sonho. É o que se tentará mostrar a seguir examinando os textos do primeiro volume dos *Parerga e paralipomena* — ali onde Borges afirma ter encontrado o duplo terrestre do panteísmo idealista de Tlön.

> incompreensível, e exatamente como uma palavra mágica provoca uma modificação que lhe é totalmente heterogênea (como também, com efeito, toda *magia* é justamente uma exteriorização imediata de poder da vontade, inteiramente homogênea àquela que ela exerce sobre o corpo, e esta última é tão pouco explicável por alguma causalidade como o ato mágico)".

Fatalismo, fisiologia, dramaturgia onírica

Sonho, caráter e destino são conceitos analisados em dois ensaios dos *Parerga* — "Especulação transcendente sobre a aparente intencionalidade no destino do indivíduo" e "Ensaio sobre a vidência". O título longo e técnico do primeiro não é lá muito convidativo, embora bastante preciso em seu intento descritivo. Trata-se, com efeito, de um escrito declaradamente antidogmático, de uma especulação na qual tudo é duvidoso e pode não levar a resultado seguro, transpirando mais o ar de uma "fantasia metafísica".[1] Pois a ideia que se pretende defender — a de que o curso de vida individual é comandado por uma necessidade implacável — só pode ser aceita como uma crença não passível de demonstração empírica; o convencimento que ela pode pretender alcançar não é forte o suficiente, sustentando-se apenas em analogias e símiles.[2]

---

1 A. Schopenhauer, "Transzendente Spekulation über die anscheinende Absichtlichkeit im Schicksale des Einzelnen", in *Parerga e paralipomena*, sw, vol. IV, p. 245. Há tradução para o português deste ensaio no volume: A. Schopenhauer, *Para uma metafísica do sonho*. São Paulo: Iluminuras, 2023. O "Ensaio sobre a vidência" também está traduzido parcialmente ali.
2 Ibid., p. 259.

A investigação que o texto se propõe fazer é dita "especulativa", porque procura trazer subsídios que permitam fundamentar a convicção de que existe um fatalismo de ordem superior. O problema do fatalismo já havia sido analisado anteriormente por Schopenhauer na memória intitulada *Sobre a liberdade da vontade*, de 1839. Ali ele havia procurado mostrar que não há livre-arbítrio, pois tudo no mundo transcorre objetivamente com a mais rigorosa necessidade, e tal proposição é uma verdade *a priori* que também pode ser comprovada *a posteriori*.[3] A intervenção de uma providência nos assuntos subjetivos é, porém, algo que extrapola esse *fatalismo demonstrado*, carecendo, para ser aceita, da admissão de um fatalismo de outra natureza, ainda mais alto, que Schopenhauer denomina *fatalismo transcendente*. Embora analisada agora por intermédio desse fatalismo individual, a explicação geral já é conhecida do leitor. Não sendo objeto de conhecimento teórico-científico, uma determinação do destino individual só pode se manifestar aos poucos, ao ritmo das experiências acumuladas pelo sujeito, até que a dada altura da vida, quando se detém a olhar retrospectivamente para ela, ele reconhece uma grande coerência entre os eventos, que não percebia enquanto os vivenciava. Tudo o que parecia *acaso* (da perspectiva geral) e *erro* (do próprio ponto de vista)[4] se concatena subitamente numa trama bem urdida, e o que era confuso passa a ser "um todo em si coerente, contendo tendência determinada e sentido instrutivo, tanto quanto o mais bem pensado poema épico".[5] Mas um plano assim tão bem arquitetado só tem proveito e ensinamento para a história *deste* sujeito particular, para quem traz muita verdade e muito consolo, não comportando, porém, lição alguma para os outros indivíduos, nem para a história coletiva.

---

3   A. Schopenhauer, *Über die Freiheit des Willens*, sw, vol. III, p. 581.
4   Id., "Transzendente Spekulation...", in *Parerga e paralipomena*, sw, vol. IV, p. 246.
5   Ibid., p. 248.

Sucede também — e este ponto é de igual relevância, mas também já antecipado — *que o agir e o curso de vida de cada pessoa não podem ser considerados obra sua*:[6] pois aquilo que a pessoa escolhe e pensa ser o melhor para si se revela muito frequentemente como sendo exatamente o contrário, atuando contra seus anseios mais profundos. E, inversamente, uma atitude mais espontânea e menos premeditada se mostra muitas vezes mais favorável e benéfica a seu bem-estar e a seu destino como indivíduo, mesmo agindo contra a própria compreensão racional daquele que é o maior interessado em seu resultado.

Se o indivíduo não é propriamente o agente de suas condutas, o que explica que a sua sina obedeça a um plano — plano que o orienta como um "aceno secreto", como uma "bússola interna"?[7] Para entender melhor o problema é preciso considerar que a conformidade desse plano com a existência do sujeito singular não se refere à "exterioridade" dele, mas à sua essência, àquilo que o filósofo define como seu "caráter inato" ou "caráter inteligível". Como foi visto antes, esse seu caráter essencial é de uma imutabilidade férrea e não permite que a pessoa se afaste dos trilhos que são os seus. Todas as atitudes realmente consequentes e coerentes com a vida têm no caráter inteligível o seu motor, assemelhando-se, em sua execução, aos atos reflexos; ou seja, como estes, elas não são efetuadas por livre-arbítrio, por um comando consciente da inteligência, do sistema nervoso central, mas pelo corpo, pelo sistema nervoso periférico.[8] O que é benéfico para o organismo não provém de decisão do entendimento; as mais das vezes, na verdade, é o contrário que ocorre. Sábio, mas ao mesmo tempo inconsciente, o dispositivo fisiológico que se ocupa do bem-estar do indivíduo é o que tornaria admissível a ideia paradoxal de um *fatalismo que opera finalisticamente em benefício de sua saúde*

6   Ibid., p. 250.
7   Ibid.
8   Ibid.

e felicidade. O paradoxo se explicaria pela postulação de uma unidade indissolúvel do contingente e do necessário, baseada num fundamento mais profundo da ordem das coisas, que supõe a cooperação de alguns fatores: impulso instintivo e reflexão sobre motivação advinda das circunstâncias externas. A conjunção desses fatores se deixaria ver no desenlace da vida. Quando o sujeito olha para o caminho que percorreu, a vida se mostra como

> uma obra de arte bem-acabada, completa; ainda que antes, quando ainda estava sendo realizada, muitas vezes não se podia reconhecer nem plano, nem fim, como em toda obra de arte que começa a ser realizada.[9]

Mas não seria mais razoável supor que há "total desproporção entre o caráter e o destino de um homem"? Ou todo caráter está inexoravelmente ligado a um destino?[10] É preciso admitir, afirma Schopenhauer, que falta clareza para a solução do problema, e tudo o que se pode comprovar nesse sentido é postular essa similaridade com a obra poética: a "necessidade secreta, incompreensível", que encaixa perfeitamente uma coisa na outra, lembra *o modo de criar de um poeta dramático*.[11] Como se mostrará a seguir, essa comparação, essa analogia que equipara vida e criação dramática será um dos eixos principais da argumentação schopenhaueriana. A potência invisível do destino

> comandaria tão completamente os eventos da vida real quanto o poeta os do seu drama: mas acaso e erro, cuja intervenção perturba inicialmente e de imediato o curso regular, causal, das coisas, seriam os meros instrumentos de sua mão invisível.[12]

9   Ibid., p. 252.
10 Ibid., p. 235.
11 Ibid., p. 253.
12 Ibid.

Finalismo inconsciente

"No entanto, acreditamos ser senhores de nossas ações a cada instante."[13] Essa ilusão tão comum só não desaparece quando muitos desmentidos dão prova do contrário, quando, voltando o olhar para trás, se percebe que erros e acertos seguiram um roteiro traçado por um estranho poder. O sujeito se descobre como que levado por duas forças antagônicas mas confluentes — o próprio caráter e os motivos suscitados pelo curso exterior do mundo —, e o máximo que pode fazer, enquanto sujeito que conhece, é assistir ao seu confronto:

> Tudo isso está baseado em que nossas ações são o produto necessário de dois fatores, um dos quais, nosso caráter, permanece inalterável, mas só nos é conhecido *a posteriori*, isto é, aos poucos; o outro, no entanto, são os motivos: estes se encontram no exterior, são acarretados necessariamente pelo curso do mundo e determinam o caráter dado, sob a pressuposição de sua constituição permanente, com necessidade equivalente a uma necessidade mecânica. Ora, o eu que julga o desenrolar do processo é o sujeito do conhecimento e, enquanto tal, alheio a ambos, e mero espectador crítico da atuação deles. *Naturalmente, ele tem de quando em quando com o que se espantar*.[14]

O encontro do caráter imutável com os motivos adventícios se apresenta como um embate que o sujeito presencia como espectador: embora seu interior seja o *palco* mesmo em que se dá a confluência dos dois direcionamentos, o desenrolar dos eventos lhe prega suas surpresas. O indivíduo assiste, desconcertado, mas convencido, ao drama de sua própria vida. Quando se apreende a vida individual desde esse ponto de vista, observa-se por vezes "o mais espantoso de todos os espetáculos

---

13 Ibid.
14 Ibid., pp. 254-55. Grifos acrescentados.

[*das wunderlichste aller Schauspiele*] no contraste entre a manifesta casualidade física de um evento e sua necessidade moral-metafísica".[15] Mais surpreendente ainda é que, embora pareça arrastado por poderes externos irresistíveis, o rumo tomado pelo indivíduo *é consequência daquilo que já está desde todo o sempre nele mesmo*. E o melhor meio de se convencer disso, segundo Schopenhauer, é observar duas analogias: a teleologia da natureza e os sonhos. Esta última é, certamente, o tema que mais interessa para a discussão da relação entre a filosofia de Schopenhauer e a poética borgiana. Mas é preciso descrever também, mesmo que de maneira sumária, o que é o finalismo natural, sem o que não se terá uma boa noção da conexão que ele procura estabelecer entre o indivíduo e a "finalidade" de seu destino.

Segundo Schopenhauer, ao observar atentamente as formações naturais (orgânicas e inorgânicas), salta à vista que elas sigam uma finalidade sem ter conhecimento do fim a que visam, e para o qual podem ser úteis. Kant e Laplace, por exemplo, teriam demonstrado em suas hipóteses afins sobre a origem do sistema solar que este é um todo admiravelmente bem ordenado, embora oriundo de forças cegas. Algo semelhante ocorre com "o jogo frequentemente tão caprichoso do cego acaso", que organiza os acontecimentos no curso de uma vida. Tanto a ordem cósmica aparentemente mais mecânica quanto a ordenação da vida mais orgânica são, deste modo, processos que, embora heterogêneos, estão fundados num mesmo princípio metafísico, a vontade de viver. Assim como a vontade de vida comanda interiormente as "forças primordiais surdas e cegas da natureza, de cujo jogo recíproco surge o sistema planetário", assim também

---

15 Ibid., p. 255. Cf. *Über die Freiheit des Willens*, sw, vol. III, p. 577, e "Zur Ethik", in *Parerga e paralipomena*, II, sw, vol. V, p. 277.

todos os eventos que determinam as ações dos homens, junto com o vínculo causal que as produz, são apenas a objetivação da mesma vontade, que se exibe neste mesmo homem.[16]

Não há demonstração ostensiva possível dessa correlação entre o plano natural e o plano humano; tal *dogma*, contudo, não precisa ser verdadeiro, porque ele é tão bom como se o fosse.[17] Noutras palavras, como no caso da hipótese kantiana e laplaciana da origem do mundo, a explicação da finalidade que rege a vida individual tem caráter conjectural, valendo, porém, tanto quanto um bom princípio, pela plausibilidade da explicação e pelo ganho em conhecimento que dele pode ser auferido. A vida de cada homem pode ser pensada como se fosse explicada por um dramaturgo que a concebeu do começo ao fim.

---

16 Ibid., p. 261. Fenômenos como dureza, fluidez, elasticidade, eletricidade, magnetismo, propriedades químicas são todos em si mesmos "manifestações imediatas da Vontade, tanto quanto o agir do homem"; são, enquanto tais, "infundados como o caráter do homem, e apenas suas manifestações isoladas estão submetidas ao princípio de razão, assim como as ações do homem, mas elas mesmas jamais podem ser denominadas efeito ou causa, sendo, antes, as condições anteriores e pressupostas de todas as causas e efeitos, por meio das quais sua essência própria se desenvolve e revela". A. Schopenhauer, *O mundo como vontade e representação*, SW, vol. I, p. 196.

17 "Se isso é aceito, o dogma da *providência* não poderia por certo ser válido como verdadeiro imediatamente e *sensu proprio*, porquanto é inteiramente antropomórfico; entretanto, ele bem seria a expressão mediata, alegórica e mítica de uma verdade e, por isso, como todos os mitos religiosos, plenamente suficiente para o propósito prático e para a tranquilidade subjetiva [...] *numa* palavra tal dogma não seria, portanto, verdadeiro, mas tão bom como se verdadeiro". Id., "Transzendente Spekulation...", in *Parerga e paralipomena*, SW, vol. IV, p. 261.

Fisiologia e dramaturgia

> *Quando* sonhamos, *"o eu penso tem de acompanhar todas as minhas representações" de Kant perde sua validade, já que meus sonhos se diferenciam de meus pensamentos e imagens de fantasia por isto, que eles surgem como não-eu, tanto quanto o mundo externo.*
>
> A. SCHOPENHAUER[18]

A ruminação schopenhaueriana sobre a importância metafísica do mundo onírico apenas dá seus primeiros passos com a notável investida inicial de *O mundo como vontade e representação*, cuja primeira edição é de 1818: não há diferença entre sonho e vida, esta é apenas um sonho mais longo que o sonho de cada noite. Uma década depois, em 1828, alguns apontamentos póstumos sinalizam que Schopenhauer já está de posse do grosso da argumentação referente ao sonho encontrada na "Especulação transcendente" sobre o destino individual, bem como da parte a ele consagrada do "Ensaio sobre a vidência". Esses dois textos viriam a ser publicados nos *Parerga e paralipomena*, em 1851, e são a eles, como foi dito, que Borges manifestamente se refere em "Tlön, Uqbar, Orbis Tertius". Os dois escritos, como também ocorre em muitas anotações do espólio schopenhaueriano sobre essas questões, estipulam uma combinação de dois elementos — fisiologia e teoria dramática —, que tornarão a doutrina schopenhaueriana ainda mais surpreendente, consistente, estimulante. Para ver como esses dois fatores entram em cooperação é preciso examinar com mais minúcia cada um deles.

Os dois ensaios dos *Parerga e paralipomena* que versam sobre sonho e vidência não atraem talvez tanto a atenção dos leitores de hoje porque seus argumentos se apoiam numa ciência *démodée* ou até num puro e simples irracionalismo (mag-

---

[18] HN, vol. IV, I, Spicilegia, n. 136 (1845/1846), p. 295.

netismo animal, sonambulismo, profecia etc.). No entanto, leitores de grande faro, como Freud e Borges, perceberam o potencial neles contido. Sem dúvida, debaixo do "entulho" científico se pode encontrar uma concepção muito perspicaz da fisiologia humana, baseada sobretudo nos conhecimentos vitalistas do filósofo.[19] No "Ensaio sobre a vidência", a explicação para os processos psíquicos paranormais é escorada na fisiologia schopenhaueriana do sonho. Como no texto sobre o fatalismo, o sonho ganha força argumentativa, pois, embora de difícil elucidação, ele é uma experiência, um fenômeno passível de observação e descrição. Segundo a explicação ali proposta, com a suspensão das atividades sensório-motoras durante o sono as funções "animais" relaxam em benefício das funções "orgânicas": a respiração diminui, assim como pulso, calor e quase todas as secreções, a fim de restaurar o que foi gasto durante o dia, sanar as crises, cicatrizar as feridas e afastar tudo aquilo que causa desordem interna.[20] Mero "pensionista ou parasita do organismo", também o cérebro recebe igualmente a nutri-

19 Antes de cursar filosofia na Universidade de Berlim, Schopenhauer estudou medicina por dois anos (1809-1811) na Universidade de Göttingen, então de longe o curso mais conceituado da Alemanha. Mesmo não tendo se formado, Schopenhauer não cessou de se interessar pela medicina, mantendo-se sempre atualizado, na medida do possível. Para uma visão geral de sua formação científica, ver Marco Segala, "The Role of Physiology in Schopenhauer's Metaphysics of Nature". *Jahrbuch der Schopenhauer-Gesellschaft*, n. 93, 2012, pp. 327-34.
20 A. Schopenhauer, "Versuch über das Geistersehn und was damit zusammenhängt" ["Ensaio sobre a vidência e aquilo que lhe diz respeito"], in *Parerga e paralipomena*, sw, vol. IV, p. 283. O lema hipocrático segundo o qual a natureza tem uma força curativa própria é repaginado por Schopenhauer conforme os ensinamentos vitalistas da época: "por isso, o sono é o tempo durante o qual a *vis medicatrix naturae* [força medicatriz da natureza] produz em todas as doenças as crises salutíferas nas quais ela obtém a vitória decisiva em sua luta com o mal existente, depois do qual, portanto, o doente acorda aliviado e alegre com o sentimento seguro da proximidade da cura". Ibid., pp. 283-84.

ção que lhe faltou durante a vigília.[21] Essas funções vitais são efetuadas "sob a direção e controle do sistema nervoso plástico [*plastisches Nervensystem*]", denominação usada por Schopenhauer para designar os gânglios e nós nervosos que constituem o grande nervo simpático.[22] O sistema nervoso plástico (que equivaleria ao que hoje se conhece por sistema nervoso periférico) observa e gerencia tudo o que ocorre no interior do organismo, enquanto a textura nervosa ligada ao cérebro (sistema nervoso central) é responsável por aquilo que afeta o corpo do exterior, atingindo os órgãos do sentido.

Durante o sono, o conjunto de nervos responsável pela atividade perceptiva externa suspende suas operações e se desvincula temporariamente de sua comunicação com o cérebro. Com essa pausa nas funções sensitivas, a atividade ganglionar deixa de agir apenas subliminarmente, substituindo os sinais emitidos dos sentidos para o cérebro, e essa substituição dá origem à atividade onírica, sem que possa haver — e este é o ponto principal — consciência de uma diferença entre as percepções provindas dos órgãos dos sentidos (na vigília) e as imagens suscitadas no cérebro pela atividade periférica (no sono), atividade que permaneceu surda durante o dia.[23] Noutras palavras, a vida silenciosa que o interior do organismo leva durante a vigília acaba por se manifestar à noite, com a textura simpática atuando como estímulo à atividade cerebral. Recebendo sinais análogos aos emitidos pelos sentidos, o cérebro não pode agir senão produzindo representações, que são análogas às originadas com as impressões sensíveis: elas também têm sua coerência, seu princípio de razão, seu tempo e seu espaço.[24]

21 Ibid., p. 315.
22 Ibid., p. 284.
23 Ibid., p. 276.
24 Freud resume perfeitamente o argumento fisiológico schopenhaueriano, que teria sido importante em seu caminho para a descoberta da interpretação dos sonhos: "O curso de ideias desenvolvido por Schopenhauer no

A explicação ganha plausibilidade, visto que, embora haja dois centros funcionando independentemente um do outro (um no cérebro e outro na região abdominal), eles só podem constituir um único sistema nervoso.

Aos olhos de Schopenhauer, essa elucidação fisiológica do surgimento das imagens oníricas vem emprestar ainda maior força à equiparação ontológica entre sonho e vigília, anunciada, como se indicou, no primeiro livro de *O mundo como vontade e representação*. Uma vez que o cérebro não é capaz de diferenciá-las, isto é, não é capaz de dizer se vêm do exterior ou do interior do organismo, as representações do sonho nada ficam a dever àquelas provenientes da percepção atual. O argumento também relativiza o que se acredita ser o poder do imaginário. Com efeito, por essa explicação se pode afirmar que as representações oníricas são muito mais veementes e robustas que as produzidas pela mais poderosa das imaginações. Mesmo o "jogo mais vivo da fantasia" não resiste a uma comparação com a "realidade palpável

ano de 1851 foi determinante para uma série de autores. A imagem do mundo surge em nós por isto, que nosso intelecto verte as impressões que o atingem de fora nas formas do tempo, do espaço e da causalidade. Durante o dia, os estímulos do interior do organismo, vindos do sistema nervoso simpático, manifestam uma influência inconsciente sobre nossa disposição. À noite, porém, quando cessou o efeito atordoante das impressões do dia, eles conseguem obter atenção para as impressões emergentes do interior — da mesma maneira que à noite ouvimos correr a fonte que o barulho do dia tornou inaudível. Mas de que outro modo pode o intelecto reagir a esses estímulos a não ser exercendo a função que lhe é própria? Ele remodelará, portanto, os estímulos em figuras preenchendo o tempo e o espaço, que se movem segundo o fio condutor da causalidade, e assim surge o sonho". S. Freud, *Die Traumdeutung*. Leipzig / Viena: Deuticke, 1900, pp. 24-25. Para uma visão geral das leituras que o pai da psicanálise fez de seu "precursor" filosófico, ver J. A. D. Pastore, "A presença schopenhaueriana no pensamento de Freud". *Ciência & Cultura*, vol. LXVII, n. 1, 2015, pp. 18-25.

que o sonho nos exibe",[25] pois seu poder de persuasão não tem a verdade, o acabamento, a consequência deste. Embora presa à associação de ideias e aos motivos externos, a imaginação pode alterar aleatoriamente as imagens, decompondo-as e compondo-as de novo como bem entende. Ora, essa liberdade, tida em geral por principal qualidade do poder imaginativo, revela a sua fraqueza enquanto força de *convencimento*. Exatamente o inverso sucede com o sonho, que não se submete a nenhuma veleidade por parte da mente daquele que sonha:

> O sonho, ao contrário, está aí como algo inteiramente estranho [*als ein völlig Fremdes*], que se impõe, como o mundo externo, contra a nossa intervenção e mesmo contra a nossa vontade. O inteiramente inesperado de seus acontecimentos, mesmo os mais insignificantes, imprime neles o selo da objetividade e realidade. Todos os seus objetos aparecem determinada e nitidamente como a realidade, não só em relação a nós, isto é, de modo superficial e unilateral, ou apenas indicados no que têm de principal e em contornos gerais, mas executados em seus pormenores mais ínfimos e casuais, incluindo as circunstâncias que frequentemente são obstáculo para nós e atravancam o caminho; nele, cada corpo projeta sua sombra, cada um cai precisamente com a gravidade correspondente a seu peso específico, e todo obstáculo tem de ser primeiro colocado de lado, exatamente como na realidade.[26]

Exatamente como ocorre no mundo da experiência comum, o mundo onírico se impõe ao sonhador com riqueza de pormenor, com o peso específico de cada corpo, com contratempos a contornar e resistências a vencer. A dura realidade do sonho, sendo às vezes até mais dura que a do real, tem a ver com os

---

25 A. Schopenhauer, "Versuch über das Geistersehn", in *Parerga e paralipomena*, SW, vol. IV, p. 278.
26 Ibid., p. 279.

sinais inconscientes emitidos pelo "centro nervoso interno" (*innerer Nervenherd*) localizado na região abdominal; é essa fonte fisiológica que confere aos fenômenos oníricos o seu caráter irrecusável, com uma presença que é tão ou por vezes mais impactante do que a de seus congêneres na percepção sensível atual. No que concerne, portanto, à força presente da representação, a experiência onírica rivaliza de igual para igual com a experiência do indivíduo desperto. Por isso, segundo Schopenhauer, seria preciso supor que há, em determinado tipo de sonho, um senso de realidade comparável ao dos sentidos externos, senso que ele propõe denominar "órgão do sonho". Tal *Traumorgan* teria uma receptividade às coisas e aos acontecimentos bastante similar à percepção externa e poderia, por analogia com esta, ser denominada pelo neologismo *Wahrtraum*.[27]

A dramaturgia inconsciente

> *Torne en mi voz la métrica del persa*
> *a recordar que el tiempo es la diversa*
> *trama de sueños ávidos que somos*
> *y que el secreto Soñador dispersa.*
>
> J. L. BORGES[28]

O sonho não comporta uma simbologia aleatória e vaga, como os produtos da imaginação; ele consiste, ao contrário, de todo um trançado muito bem urdido na nervura orgânico-vital, de onde emana sua existência inapelável. Difícil, senão impossível, mostrar com exatidão o que veio primeiro, mas é bastante certo que a grande coesão e coerência que a fisiologia confere ao uni-

---

27 Em alemão, perceber se diz *wahrnehmen*, que significa, literalmente, "tomar por verdadeiro". Com o neologismo se indica analogicamente que o sonho é um "sonhar por ou como verdadeiro".

28 "Rubayat", in *Elogio de la Sombra*; OC II, p. 371; EC II, p. 631.

verso onírico é reforçada ou até sugerida na trajetória de Schopenhauer pela descoberta de uma explicação dos sonhos como *arte dramática inconsciente*, explicação esta que, aliás, foi muito fecunda em diversos outros autores anteriores e posteriores a ele. Essa dramaturgia onírica rende muito nos textos schopenhauerianos, os quais são, por sua vez, provavelmente uma das fontes, senão a fonte mais substancial, para o uso que dela fará Borges.[29]

O "Ensaio sobre a vidência" traz a seguinte confirmação do onirismo fisiológico pelo onirismo teatral, e vice-versa:

> Aquilo que há de inteiramente objetivo nele [no sonho] se mostra, ademais, nisto, que os seus acontecimentos sobrevêm na maioria das vezes contra nossa expectativa e frequentemente contra nosso desejo, provocando às vezes até espanto; [se mostra nisto] que as pessoas [*Personen* = também personagens] que nele agem se portam com uma inconsideração revoltante para conosco e, em geral, na exatidão dramática puramente objetiva de seus caracteres e ações, exatidão que deu ensejo à observação lisonjeira de que todo mundo, enquanto sonha, é um Shakespeare. Pois a mesma onisciência em nós que faz todo corpo natural atuar no sonho exatamente de acordo com suas propriedades essenciais, faz também todo homem agir e falar na mais plena conformidade com seu caráter. Em decorrência disso tudo, a ilusão produzida pelo sonho é tão forte que a realidade mesma que está diante de nós ao despertar tem frequentemente primeiro de lutar e empregar tempo antes de ter a palavra, a fim de nos convencer do caráter enganoso do sonho, que já não está mais presente, mas apenas foi.[30]

---

29 Para uma breve história dessa teoria dramatúrgica do sonho, ver "A interpretação da vida onírica na cena literária". *Folha de S.Paulo*, São Paulo, 31 maio 2015. Ilustríssima, pp. 6-7.

30 A. Schopenhauer, "Versuch über das Geistersehn", in *Parerga e paralipomena*, sw, vol. IV, pp. 279-80.

O sonhador assiste a um espetáculo cênico que ostenta não só a mesma irrecusabilidade das coisas, a mesma inelutabilidade dos acontecimentos reais, como também exibe personagens que atuam e se impõem em rigoroso acordo com seus caracteres, tal como ocorre nos momentos decisivos da vida real. É o sonhador, além disso, quem monta toda a encenação da peça, mas como se esta tivesse sido estranhamente criada e dirigida por outro. Nos sonhos

> nós dirigimos secretamente os acontecimentos que aparentemente ocorrem contra nossa vontade, e sugerimos àqueles a quem avidamente perguntamos as respostas que nos deixam assombrados.[31]

Por isso se pode dizer que, enquanto sonha, todo homem deve ser considerado um Shakespeare incônscio de sua arte. Embora nos manuscritos póstumos Schopenhauer também mencione Georg Christoph Lichtenberg,[32] a fonte mais importante para sua abordagem dramática da vida onírica vem novamente de Jean Paul. A passagem do escritor romântico que serve de fonte para Schopenhauer está num pequeno texto sobre os sonhos. Ela merece ser lida e comentada na íntegra:

> O sonho é arte poética involuntária; e mostra que o poeta trabalha mais que outro ser humano com o cérebro físico. Por que será que ninguém ainda não se espantou de que nas *scènes détachées* [cenas destacadas] do sonho ele inspira, como um Shakespeare, a linguagem mais apropriada às personagens em ação, as palavras mais marcantes de suas naturezas, ou melhor, por que ninguém ainda não se espantou de que são elas que sopram [*soufflieren*] essas palavras para ele, e não ele para elas? O poeta genuíno, ao escrever, é igualmente o ou-

---

31 Id., HN, vol. III, Foliant II, n. 280 (1828), pp. 391-94.
32 Ibid., p. 392.

vinte, não o professor de línguas de seus caracteres, isto é, ele não remenda seus diálogos por uma estilística postiça do conhecimento humano penosamente aprendida, mas as vê vivas, como no sonho e, então, as ouve. A observação do doutor Victor,[33] de que um oponente em sonho frequentemente lhe faz objeções mais difíceis do que um oponente real, também é feita pelo dramaturgo que, antes do entusiasmo, de modo algum pode ser o porta-voz da trupe, mesmo sendo o que facilmente escreve seus papéis. É natural que os figurantes do sonho nos surpreendam com respostas que nós mesmos lhes inspiramos; também em vigília cada ideia surge subitamente como uma faísca, que atribuímos a nosso esforço; no sonho, contudo, nos falta a consciência desse [esforço] e precisamos, portanto, atribuir a ideia à figura que temos diante de nós, à qual transferimos o esforço.[34]

O sonhador assiste a uma peça de sua própria lavra, não sabendo que ele mesmo a escreveu; o esforço que emprega para construir os gestos e as falas é transferido às suas personagens,

---

33 Personagem do romance *Hesperus* (1795), de autoria do próprio Jean Paul.
34 Jean Paul, "Über das Träumen" ["Sobre o sonhar"], in *Jean Pauls Briefe und bevorstehender Lebenslauf* [*Correspondência de Jean Paul e carreira percorrida por ele até agora*], in *Werke in zwölf Bänden*, op. cit., vol. VIII, pp. 978-79. Jean Paul usa o galicismo "*soufflieren*" para explicar que são as personagens que, como um ponto teatral, sopram o texto para o diretor-sonhador; Schopenhauer usa por sua vez o galicismo *Souffleur*. Cf. entre os seus apontamentos póstumos: "Assim como no *sonho*, onde somos certamente o ponto [teatral] e diretor secreto de todas as personagens e acontecimentos, nós com muita frequência presumimos e antecipamos o que será dito ou o que acontecerá antes mesmo de as personagens falarem ou de os eventos acontecerem...". A. Schopenhauer, HN, vol. IV, I, Cholerabuch, n. 73 (1831), p. 108. Como ocorre com outras obras, o filósofo também possuía em sua biblioteca um exemplar do livro (*Correspondência*) em que foi publicado esse ensaio de Jean Paul sobre o sonho. Cf. Id., HN, vol. V, p. 418.

que parecem atuar como de moto próprio: é assim que elas põem questões que ele mesmo não sabe responder. Como se vê, as explicações dos dois autores sobre a poética onírica são muito similares, mas há entre elas ainda outros traços de semelhança. Na sequência do texto, Jean Paul comenta a perspicácia presente no sonho comparando-a a uma experiência cotidiana. Ao contornar um banco de pedra com que deparou numa esquina, o sonhador diz a si mesmo: "Se o sonho consiste apenas de tuas representações [*Vorstellungen*], basta que penses o banco de pedra aqui nessa rua para vê-lo".[35] O sonho, contudo, se recusa a produzir essa representação simplesmente porque o sonhador deseja. As imagens oníricas seguem sua lógica, um modo de se impor que, como o real, não está ao alcance do entendimento ou imaginação produzir.

Tão implacável quanto a ordem dos acontecimentos no sonho é a composição onírica das personagens, que respeita integralmente o *caráter* delas. Como visto antes, a maneira de Jean Paul expor sua compreensão do que é a verdadeira natureza da personagem de ficção foi inspiradora para Schopenhauer, sem contar que ela guarda grande afinidade com a noção de caráter inato ou inteligível do filósofo. Mas a dívida deste para com o escritor se revela ainda maior aqui. Para Jean Paul, há no ser humano uma "dupla moralidade", uma moralidade *inata* e uma moralidade *adquirida*. Na cena onírica, a moral adquirida, fruto de instrução, que é "filha celeste" da razão, imediatamente se volatiliza com sua "divina mãe", o que tem consequências, pois o "homem que não nasceu para herói", mas foi educado por preceitos, é medroso e foge em seus sonhos, assim como o ateu treme diante de fantasmas nos seus. Já a "ira domesticada pela razão" do nobre Antonino se liberta das cadeias silogísticas nesse estado febril: "No sonho não há razão e, portanto, não há

---

35 Jean Paul, "Über das Träumen", in *Werke in zwölf Bänden*, op. cit., vol. VIII, p. 979.

liberdade".[36] Ao contrário da moral por aquisição, a moralidade *inata*, o "reino espiritual dos instintos e inclinações" assoma na "décima segunda hora" do sono e se apresenta em toda a espessura física diante do sonhador.[37] O sujeito não tem o comando no sonho; a sua realidade, as suas personagens são rebeldes a seus decretos, a suas deliberações (*Entschlüsse*). Um aspecto que chama atenção aqui é o modo como Schopenhauer soube verter para seu linguajar metafísico o que Jean Paul pensava ser a alavanca do mecanismo onírico: com efeito, enquanto o romancista explica a moralidade inata como dependente da religiosidade que cada qual traz em seu interior, para o filósofo o diretor secreto dos sonhos não é senão uma das formas em que a Vontade se manifesta. Uma Vontade indômita, cega, mas sabedora, afinal, daquilo que instintivamente quer.

Em estreita afinidade com as observações do escritor romântico,[38] a argumentação schopenhaueriana procura desfazer a suposição enganosa de que os motivos externos são o fator determinante nas decisões dos indivíduos. O verdadeiro agente — o "poder secreto" (*geheime Macht*)[39] que rege as atitudes humanas — não é senão a vontade de viver de cada um. Na verdade, também no sonho existe, segundo Schopenhauer, uma combinação entre a casualidade dos motivos externos e a necessidade interna da vontade:

36 Ibid., pp. 979-80.
37 Ibid., p. 980.
38 Em seu prefácio à seleção traduzida para o francês dos sonhos presentes nas narrativas de Jean Paul, Albert Béguin assinala de passagem essa proximidade de Jean Paul com Schopenhauer, mas não comenta os dois aspectos essenciais dela, a importância do teatro e do caráter para a teoria dramática do sonho. Cf. Jean Paul, *Choix de rêves*. Trad. e prefácio de Albert Béguin. Paris: José Corti, 2001, pp. 39-40.
39 A. Schopenhauer, "Transzendente Spekulation...", in *Parerga e paralipomena*, sw, vol. IV, p. 264.

Também no sonho, com efeito, as circunstâncias que nele se tornam os motivos de nossas ações se encontram de maneira puramente casual, enquanto circunstâncias exteriores e independentes de nós mesmos, sendo com frequência até abominadas por nós; apesar disso, há entre elas um vínculo secreto e conforme a um fim, visto que um poder oculto, a que todos os acasos obedecem no sonho, também conduz e arranja essas circunstâncias, e mesmo única e exclusivamente em relação a nós. O mais estranho de tudo, no entanto, é que esse poder não pode afinal ser outro senão nossa própria vontade, mas de um ponto de vista que não entra em nossa consciência onírica; daí provém que os eventos do sonho com muita frequência nele se virem contra nossos desejos, levando-nos ao espanto, ao aborrecimento, e até ao terror e ao medo da morte, sem que o destino, que nós mesmos conduzimos secretamente, venha em nosso socorro; do mesmo modo, perguntamos ansiosamente por algo e recebemos uma resposta que nos espanta; ou também nos fazem uma pergunta, como num exame, e somos incapazes de encontrar a resposta, à qual um outro dá resposta certeira, para vergonha nossa; muito embora, num caso como noutro, a resposta só possa provir sempre de nossos próprios meios.[40]

O sonho revela que, do ponto de vista do fatalismo transcendente, as coisas devem ser tomadas pelo avesso do que o costumam ser: a cadeia dos acontecimentos, que independem do sujeito e até o contrariam, é provocada, em última instância, pelo poder de sua própria vontade. Mas tal afirmação deve ser entendida com cuidado, pois pode dar margem a ambiguidade. Distinguir entre Vontade e desejo talvez ajude na compreensão dessa diferença. Uma coisa é tentar comandar os próprios gestos a partir de preceitos, de motivos subjetivos supostamente ditados pelo melhor dos desejos; outra, completamente dife-

40 Ibid.

rente, é obedecer àquela Vontade oculta, cujos ditames não afloram necessariamente à consciência: esse querer "inteligível" busca o bem-estar do indivíduo mesmo contra a sua vontade *empírica*. Enquanto esta é manifesta, porque produzida pelo intelecto com sua consciência representativa, a outra só vem à luz depois que o ato se cumpriu. Os sonhos podem ser entendidos como conflito ou harmonia entre essas duas formas distintas da faculdade volitiva: sonhos há em que tudo são contratempos, contrariedades, contragostos, em que o destino conspira o tempo todo contra quem sonha, porque este está na verdade querendo realizar um intento que vai na direção contrária ao que fundamentalmente quer; no caso oposto, o destino se concilia com o desejo, e tudo sai como planejado, porque não se pretende impor um motivo exterior à vontade.[41] Assim, é a Vontade que age tanto estorvando quanto propiciando os projetos do indivíduo, mas em ambos os casos sempre tendo em mira o melhor para ele; a vontade é o "diretor teatral secreto de seus sonhos" (*der heimliche Theaterdirektor seiner Träume*), que planeja o todo, dirige os atores, monta o cenário e todo o seu aparato, colocando diante dos olhos do sonhador qual é sua verdadeira busca — uma busca pressagiada, pressentida, a respeito da qual, porém, lhe falta toda a clareza. A conciliação

---

41 Schopenhauer dá como exemplo dessa diferenciação os sonhos em que há e não há polução. Os sonhos da primeira espécie mostram "cenas lúbricas"; já os outros sonhos "também fazem por vezes o mesmo, sem que tenham aquele fim, nem o atinjam. Entra aqui a diferença de que, nos sonhos da primeira espécie, belas mulheres e a ocasião logo se mostram favoráveis, pelo que a natureza atinge seu fim; nos sonhos da outra espécie, ao contrário, sempre novos obstáculos se interpõem no caminho para chegar à coisa que desejamos com a maior intensidade, obstáculos estes que nos empenhamos em vão em superar, de modo que no fim não chegamos à meta. Quem cria esses obstáculos e frustra, lance após lance, nosso vivo desejo, não é senão nossa própria vontade; mas de uma região que se encontra muito além da consciência representativa no sonho e, por isso, nele surge como destino implacável". Ibid., p. 265.

ou conflito entre seus motivos conscientes e sua vontade irrefletida se dá por ele aceitar ou recusar o que seu querer recomenda como sendo o que lhe é mais benéfico. É assim que o sonho — experiência direta e intuitiva — vale como analogia ou símile da relação intrínseca entre caráter individual e destino instituída pelo fatalismo transcendente. O querer mais íntimo de cada indivíduo está em consonância com aquilo que os antigos chamavam fado, providência, gênio e tantos outros nomes para explicar a potência que dita os rumos do mundo.[42] Como no romance ou no drama, o sonho revela ao indivíduo aquilo que ele estava buscando; da mesma forma, o curso de vida mostra, para quem olha retrospectivamente, o verdadeiro caráter de cada um. Nos dois casos, embora pressentido, o que se revela, *a posteriori*, não raro é motivo de grande espanto para o próprio sujeito. Esse espanto, como se disse, está no centro do fantástico borgiano.

---

42 Ibid., p. 266.

Os sonhos e a brevidade do conto

Havendo mostrado o essencial para a compreensão do pensamento schopenhaueriano no que concerne ao sonho e ao caráter — ambos em ligação com o destino transcendente do indivíduo —, é possível avançar agora ao emprego múltiplo e original que Borges faz dele. No que tange ao caráter, não será difícil constatar logo de saída a amplitude e inventividade com que aplica o fatalismo voluntarista: este não vale apenas para as personagens de ficção (como ocorre nos contos, o que será visto mais adiante) mas também para a biografia e, mais especificamente, para aclarar a tomada de decisão — incompreensível e inexplicável — de alguns escritores como Wilde, Poe, Werfel e Hawthorne.[1] Tome-se por exemplo o que ele diz sobre o autor do *Retrato de Dorian Gray*:

> [A vida de Oscar Wilde] não é a do homem a quem sobrevém a desdita; é a do homem que a busca obscura, mas inevitavelmente [...]. Schopenhauer pensava que todos os eventos de nossa vida, por aziagos que fossem, eram obra de nossa vontade, como os eventos de um sonho. Wilde é talvez o exemplo

---

[1] Sobre esses autores, ver Ivan Almeida, "De Borges a Schopenhauer". *Variaciones Borges*, Pittsburgh, vol. XVII, 2004, p. 124.

mais ilustre dessa *tese fantástica*. Wilde talvez tivesse querido a prisão.[2]

Wilde não foi levado à prisão; ao contrário, parece ter desejado de algum modo a própria detenção. A seu jeito, Edgar Allan Poe agiu segundo os mesmos princípios:

> Arthur Schopenhauer escreveu que não há circunstância em nossa vida que não seja voluntária; na neurose, como em outras desditas, podemos ver um artifício do indivíduo para lograr um fim. A neurose de Poe lhe teria servido para renovar o conto fantástico, para multiplicar as formas literárias do horror.[3]

Inteiramente no espírito schopenhaueriano, a neurose do escritor americano teria sido comandada por um objetivo literário, o de renovar o conto fantástico. A terceira observação vem a propósito de *Juarez e Maximilian*, de Franz Werfel:

> No primeiro volume de *Parerga und Paralipomena* de Schopenhauer *assombrosamente se lê* que todos os fatos que podem ocorrer a um homem, desde o instante de seu nascimento até o de sua morte, foram prefixados por ele. Assim, toda negligência é deliberada, todo esquecimento uma recusa, todo encontro casual um encontro marcado, toda humilhação uma penitência, todo fracasso uma misteriosa vitória, toda morte um suicídio. Dessa *fantástica* doutrina (que Schopenhauer fundamenta em

---

2 J. L. Borges, "Una biografía de Oscar Wilde", in *Textos cautivos*. Org. de Enrique Sacerio-Garí e Emir Rodríguez Monegal. Madri: Alianza, 2005, p. 282. Grifos acrescentados.
3 Id., "Edgar Allan Poe", in *Textos recobrados (1931-1955)*. Barcelona: Emecé, 2007, p. 258.

razões de *índole panteísta*) poderia ser um exemplo minucioso esse gradual e inexorável drama de Werfel.[4]

O que se vê nos três exemplos é o partido que Borges soube tirar da *fantástica* e *assombrosa* doutrina *panteísta* schopenhaueriana: longe de atacar e rejeitar o determinismo nela implícito, ele logo percebe o enorme potencial contido na ideia de um fatalismo comandado pelo querer mais entranhado, que impele cegamente a pessoa ao seu destino — para surpresa e espanto dela própria. A mesma argumentação schopenhaueriana sustenta a hipótese por ele aventada sobre a reclusão de Nathaniel Hawthorne e a "singular história" de Wakefield, personagem que abandona a esposa por vinte anos e volta ao lar como se nada houvera acontecido:

> Schopenhauer, em passagem famosa, escreve que não há ato, que não há pensamento, que não há doença que não sejam voluntários; se houver verdade nessa opinião, seria possível conjecturar que Nathaniel Hawthorne se afastou durante muitos anos da sociedade dos homens para que não faltasse no universo, cujo propósito talvez seja a variedade, a história singular de Wakefield.[5]

[4] J. L. Borges, "Franz Werfel: *Juárez y Maximiliano*", in *Textos recobrados (1931-1955)*, op. cit., p. 241. Grifos acrescentados. Como lembra Ivan Almeida em "De Borges a Schopenhauer" (*Variaciones Borges*, op. cit., pp. 123-24), a mesma ideia aparece no conto "Guayaquil". Ao sair do encontro com o narrador, o historiador Eduardo Zimmermann "volta a se deter diante dos tomos de Schopenhauer e diz: — Nosso mestre, nosso mestre comum, conjecturava que nenhum ato é involuntário. Se o senhor permance nesta casa, nesta elegante casa aristocrática, é porque intimamente quer permanecer. Acato e agradeço sua vontade". J. L. Borges, *O informe de Brodie*. Trad. de Davi Arrigucci Jr. São Paulo: Companhia das Letras, 2017, p. 77; OC II, p. 445; EC I, p. 739.

[5] Id., "Nathaniel Hawthorne", in *Outras inquisições*. Trad. de Davi Arrigucci Jr. São Paulo: Companhia das Letras, 2012, p. 79; OC II, p. 56; EC II, p. 52.

Os atos fundamentais da vida desses quatro escritores foram impensados, mas em grande medida premeditados por um finalismo fixado pela Vontade, que curiosamente transcende o mundo tal como está dado. É assim que a neurose de Poe serve à renovação das "formas literárias do horror"; é assim também que Hawthorne se afasta do convívio dos homens sentindo vagamente que eles precisam de histórias singulares como esta, *pois o universo busca diversificação e variedade*. O querer se isolar de Hawthorne explica o desfecho da história de Wakefield. Não se trata de uma explicação psicologizante; antes se diria *individualizante*. Pois "Wakefield" é a história como é narrada por Hawthorne, ela é a história de Hawthorne; se ela tivesse sido escrita por Kafka, comenta Borges, pelo caráter particular do escritor de Praga, ela tomaria um rumo inteiramente outro (o herói jamais voltaria para a casa). Não se pode deixar de notar que o escritor e ensaísta argentino, contrariamente ao que ensina a boa teoria literária, mistura o escritor — a vida do escritor — e sua obra. Fiel à sua visão da homogeneidade entre mundo e ficção, ele não tem problemas em pensar que o autor e suas personagens são de algum modo reversíveis.[6] O ensinamento de Schopenhauer (e de Jean Paul) sobre o dispositivo onírico deixou suas marcas.

Relatos como o de Wakefield, facilmente resumíveis numa sinopse de poucas linhas, são sabidamente ao gosto de Borges, cruciais em sua poética, em que fatalidade rima com brevidade,

---

6   Essa reversibilidade está longe do reducionismo da obra à vida: "O homem Swinburne interessa muito pouco. O péssimo costume de reduzir a obra a um mero documento do homem, a um puro testemunho de ordem biográfica, deformou a valorização da obra". J. L. Borges, "Swinburne", in *Borges en Sur (1931-1980)*. Buenos Aires: Emecé, 1999, p. 147. Laura Rosato e Germán Álvarez citam essa passagem justamente para ilustrar uma ideia semelhante "contra a crítica biográfica" encontrada nos *Parerga e paralipomena*, II, SW, vol. V, p. 103. Ver, dos autores, *Borges, libros y lecturas*. Buenos Aires: Biblioteca Nacional, 2017 [2010], ed. rev., ampl., p. 310.

ambas consoantes também com a vida onírica. Para perceber tal relação, convém reler o ensaio sobre Hawthorne, que se inicia com estas palavras:

> Vou começar a história das letras americanas com a história de uma metáfora; ou melhor, com alguns exemplos dessa metáfora. Não sei quem a inventou, talvez seja um erro supor que metáforas possam ser inventadas. As verdadeiras, as que formulam conexões íntimas entre uma imagem e outra, existiram desde sempre: as que ainda podemos inventar são falsas, são o que não vale a pena inventar. Essa a que me refiro é a que compara *os sonhos com uma representação teatral*.[7]

A história das letras americanas está ligada a uma metáfora: mais adiante se discutirá o problema da inexistência de novas metáforas e o significado heurístico delas para Borges. Por enquanto, trata-se de começar a entender como ele aplica uma dessas metáforas arquetípicas, que já existe desde sempre e não pode ter sido inventada, mas serve como versátil instrumento de invenção. O sonho como encenação teatral: essa metáfora já não surpreende o leitor. Depois de mencionar Quevedo, Góngora, Addison, Omar Khayyam e Jung, o ensaísta diz que, sendo a literatura um sonho — "um sonho dirigido e deliberado, mas fundamentalmente um sonho" —, a história das letras americanas deve começar justamente pelo "exame de Hawthorne, o sonhador".[8] No corpo do ensaio, Borges narra mais uma vez a história de Wakefield — esta "breve e infausta parábola" com a qual já se está "no mundo de Herman Melville, no mundo de Kafka", um mundo de "castigos enigmáticos e culpas indecifráveis" —, para observar que os 24 capítulos de *A letra escarlate*, "pródigos em passagens memoráveis, redigi-

---

7 J. L. Borges, "Nathaniel Hawthorne", in *Outras inquisições*, op. cit., p. 66; OC II, p. 48; EC II, p. 45. Grifos acrescentados.
8 Ibid., p. 67; OC II, p. 48; EC II, p. 45.

dos em prosa boa e sensível", não o comoveram tanto quanto aquela breve e "singular história" dos *Twice-Told Tales*. Também comenta uma série de *argumentos* dos cadernos de anotações do escritor americano, todos eles muito breves, como este: "Um homem, na vigília, pensa bem de outro e confia nele plenamente, mas é perturbado por sonhos em que esse amigo age como inimigo mortal". O sonho revela o que a vigília não consegue ver. O problema de Hawthorne, no entanto, é acrescentar uma explicação ao argumento: "Revela-se, afinal, que o caráter sonhado era o verdadeiro. Os sonhos tinham razão. A explicação seria a percepção instintiva da verdade".[9] E daí a conclusão: "Um erro estético o prejudicou: o desejo puritano de fazer de toda imaginação uma fábula levava-o a agregar-lhes moralidades e, às vezes, a falseá-las e deformá-las".[10] O essencial da estética borgiana está aí: o sonho narra brevemente, fatidicamente, o que tinha de ser narrado. Nem mais, nem menos. Não é preciso maltratá-lo e deformá-lo com uma explicação, com se fosse um símbolo, uma alegoria, uma moral. Por sua concisão e densidade, o sonho deve ser considerado o modelo último, acabado, da narrativa.

O ensaio sobre Nathaniel Hawthorne foi tirado de uma conferência pronunciada em 1949, mas essa ideia central é bem anterior, e pode ser encontrada num brevíssimo texto: "Las pesadillas y Franz Kafka", de 1935. Tal como no ensaio sobre Hawthorne, seu tema (ou hipótese) é anunciado desde a primeira frase: "Aventuro este paradoxo: compor sonhos é uma disciplina literária de inauguração recente".[11] Ou seja, se no ensaio sobre Hawthorne a metáfora existe desde sempre, agora se explica que ela teve de esperar um ou alguns descobridores que entenderam o seu "uso". Se é assim, prossegue o

---

9   Ibid., p. 72; OC II, p. 51; EC II, p. 48.
10 Ibid., p. 71; OC II, p. 51; EC II, pp. 47-48.
11 J. L. Borges, "Las pesadillas y Franz Kafka", in *Textos recobrados (1931--1955)*, op. cit., p. 109.

texto, o "primeiro sonho literário com ambiente de sonho" é o "Prelúdio" de Wordsworth, poema do qual o ensaísta faz um resumo a partir do resumo de Thomas De Quincey. Os sonhos literários devem ter *simplicidade*, a mesma que se encontra em Kafka, "cujos sonhos não são continuados", já que cada um deles "aparelha uma só intuição" e precisa ter "clima e traições de pesadelo".[12] Similarmente ao que disse sobre *A letra escarlate* e "Wakefield", Borges se atreve a julgar *O processo* "menos extraordinário" que os contos kafkianos reunidos sob o título de *Um médico rural*, todos os quais são breves, sendo que um ou outro não ultrapassa cinco páginas. Sugere que são dois os propósitos dessa concisão: "animar a curiosidade do leitor" e "evidenciar que cada relato pode se limitar a uma ideia, 'aproveitada' pelo narrador". E a fórmula para o êxito do livro seria esta: "É notório que o projeto de um livro costuma avantajar sua execução: Kafka, em cada um dos contos do *Landarzt*, escreveu esse projeto, sem maior adição de pormenores circunstanciais ou psicológicos".[13]

Depois de resumir o conto "Uma mensagem imperial", Borges diz que um leitor "perverso" poderia perguntar se se trata de um símbolo. Ao que ele responde acreditar que não, acrescentando:

> Nada no mundo é incapaz de uma interpretação simbólica; nem sequer os sonhos (cf. os almanaques deles e a tese de Freud), nem aquelas rochas imitativas que procuram distrair o espectador com o perfil de Napoleão ou de Lincoln. É muito fácil rebaixar os contos a jogos alegóricos. De acordo; mas a facilidade dessa redução não nos deve fazer esquecer que a glória de Kafka diminui até o invisível se a adotamos. Franz Kafka, simbolista ou alegorista, é um bom membro de uma série tão antiga como as letras; Franz Kafka, pai de sonhos desinteressados, de pesadelos sem outra razão que a de seu

---

12 Ibid., p. 111.
13 Ibid., p. 112.

encanto, logra uma solidão melhor. Não sabemos — e quiçá nunca saberemos — os propósitos essenciais que alimentou. Aproveitemos esse favor de nossa ignorância, esse dom da sua morte, e o leiamos com desinteresse, com puro gozo trágico. Nós ganharemos, e também ganhará sua glória.[14]

Por esses trechos sobre Hawthorne e Kafka (mas também sobre Wilde e Werfel) é possível ver o caminho do fatalismo onírico schopenhaueriano ao fantástico borgiano: qualquer interpretação que queira dar conta de narrativas assim construídas, procurando explicá-las por motivações psicológicas ou como símbolos ou alegorias de algo, dissolve o laconismo essencial das verdadeiras narrativas, em sua afinidade congenial com o sonho e pesadelo. O essencial do conto pode ser compreendido em poucas linhas; o mesmo vale para o que há de crucial e decisivo na vida dos escritores.

---

14 Ibid., pp. 112-13.

Individualidade e tipicidade

A mesma vontade que arrasta o escritor para contar uma história deve arrastar também suas personagens para um destino que elas de algum modo escolheram sem saber. A "História do guerreiro e da cativa", de *O Aleph*, dá a conhecer a sina simétrica de duas vidas que estavam separadas pelo mar e por mil e trezentos anos de história. O bárbaro que "abraça a causa de Ravena" e a "figura da mulher europeia que opta pelo deserto" têm aproximadamente a mesma história: "os dois foram arrebatados por um ímpeto secreto, um ímpeto mais fundo que a razão, e ambos acataram esse ímpeto *que não teriam sabido justificar*".[1]

Assim como ocorre com as principais personagens de Borges, existe um traço de união entre o longobardo Droctulft e a moça inglesa transformada em índia. Na diferença de suas individualidades, eles se assemelham pelo princípio do momento único, decisivo, que caracteriza uma vida, em que o próprio indivíduo se reconhece como sendo *este* sujeito: Droctulft passa para o

---

[1] J. L. Borges, "História do guerreiro e da cativa", in *O Aleph*. Trad. de Davi Arrigucci Jr. São Paulo: Companhia das Letras, 2008, p. 48; OC I, p. 560; EC I, p. 1011. Grifos acrescentados. Sobre a influência de Schopenhauer nesse ponto, ver Roberto Paoli, "Borges y Schopenhauer". *Revista de Crítica Literaria Latinoamericana*, Lima, ano 12, n. 24, 1986, p. 191.

lado dos romanos depois de descobrir a cidade; a índia loira não se revela tanto pela sua história contada à avó de Borges, como por seus gestos: passar a cavalo ("como num sonho"), atirar-se ao chão e beber o sangue quente de uma ovelha que acabara de ser degolada.[2]

O mesmo princípio da conversão inesperada, imprevista (como o que de algum modo se reata com a peripécia aristotélica), reaparece no conto seguinte de *El Aleph*, no qual se narra a biografia de Tadeo Isidoro Cruz, a sua deserção do exército regular para seguir com o proscrito Martín Fierro. O narrador escreve no início do segundo parágrafo:

> Meu propósito não é repetir sua história. Dos dias e noites que a compõem, só me interessa uma noite; do restante só vou relatar o indispensável para se entender aquela noite.[3]

Já mais para o final do conto, pouco antes do seu clímax e do reconhecimento (*anagnórisis*) do herói, o mesmo narrador comenta:

> (Esperava-o, secreta no futuro, uma lúcida noite fundamental: a noite em que por fim viu seu próprio rosto, a noite em que por fim ouviu seu nome. Bem entendida, aquela noite esgota sua história; ou melhor, um instante daquela noite, um ato daquela noite, *porque os atos são nosso símbolo*.) Qualquer destino, por longo e complicado que seja, consta na realidade *de um único momento*: o momento em que o homem sabe para sempre quem é.[4]

---

2 J. L. Borges, "História do guerreiro e da cativa", in *O Aleph*, op. cit., p. 47; OC I, p. 559; EC I, p. 1011.
3 Id., "Biografia de Tadeo Isidoro Cruz (1829-74)", in *O Aleph*, op. cit., p. 49; OC I, p. 561; EC I, p. 1012.
4 Ibid., p. 51; OC I, p. 562; EC I, p. 1013. Os primeiros grifos foram acrescentados; os segundos são do escritor. Para uma análise dessas passagens conhecidas, fundamentais, bem como do conto como um todo, ver Davi

Muitos anos mais tarde, em *Sete noites*, Borges volta a comentar essa ideia, lembrando que essa caracterização da vida por um único instante crucial é traço essencial das personagens da *Divina Comédia* de Dante:

> Um romance contemporâneo requer quinhentas ou seiscentas páginas para nos fazer conhecer alguém, se é que o conhecemos. A Dante, basta um só momento. Nesse momento, o personagem está definido para sempre. Dante busca esse momento central inconscientemente. Quis fazer o mesmo em muitos contos, e fui admirado por esse achado, que é o achado de Dante na Idade Média, de apresentar um momento como cifra de uma vida.[5]

O capítulo do encontro de Borges com Dante ainda precisa ser escrito, mas um documento importante é aquele em que, falando retrospectivamente de seu primeiro encontro com a *Divina Comédia*, o escritor argentino conta que ele ocorreu ali pelos anos de "mil novecentos e trinta e tantos", quando comprou uma edição bilíngue italiano-inglês em três volumes minúsculos, com tradução de John Aitken Carlyle. Ele costumava ler a obra no *tranvía* 76 até a biblioteca de Almagro, onde trabalhava, a fim de "afastar ou mitigar o tédio" do tra-

---

Arrigucci Jr., "Da fama e da infâmia (Borges no contexto literário latino-americano)", in *Enigma e comentário*. São Paulo: Companhia das Letras, 2001. Ana María Barrenechea chama igualmente a atenção para esses dois tópicos, essencialmente schopenhauerianos: "a ideia de que o homem desconhece o seu verdadeiro ser" e do "instante de sua vida em que se enfrenta com a revelação". Ver, dela, *La expresión de la irrealidad en la obra de Jorge Luis Borges y otros ensayos*. Buenos Aires: Ediciones del Cifrado, 2000, pp. 76ss.

5 J. L. Borges, *Borges oral & Sete noites*. Trad. de Heloísa Jahn. São Paulo: Companhia das Letras, 2017, p. 92; OC III, p. 213; EC III, pp. 358-59. Tradução modificada.

jeto.[6] Pelo que se está vendo agora, a leitura de Dante veio, na verdade, reforçar as ideias que Borges já conhecia de muito antes, do tempo de suas leituras de Schopenhauer. O seu amadurecimento se dá em contos fundamentais como a "História do guerreiro e da cativa" e "Biografia de Tadeo Isidoro Cruz".[7]

O mesmo que é outro

O que está em jogo para Borges, assim como para Schopenhauer, é o destino, a vida de um homem. Entretanto, para os dois, o caráter desse homem precisa ter, ao mesmo tempo, individualidade e tipicidade. A narrativa sobre Tadeo Isidoro Cruz traz no título a palavra *biografia*, pois é disso que se trata: ela narra a vida *deste* indivíduo. Repisar essa obviedade não é sem importância, porque são muito frequentes as interpretações

---

6   Id., "Mi Primer Encuentro con Dante", in *Textos recobrados (1956-1986)*. Barcelona: Emecé, 2003, pp. 71 e 73. Ver também *Ensaio autobiográfico*. Trad. de Maria Carolina de Araújo e Jorge Schwartz. São Paulo: Companhia das Letras, 2017, p. 47.

7   Roberto Paoli, que comenta na mesma direção o conto sobre o destino de Tadeo Isidoro Cruz, relembra, em "Borges y Schopenhauer" (*Revista de Crítica Literaria Latinoamericana*, op. cit., p. 191), uma passagem importante dos *Manuscritos póstumos* de Schopenhauer sobre o sentido da vida como reconhecimento por parte do sujeito: "então se pergunta: para que serve a vida? Para que a farsa na qual tudo o que há de essencial está irrevogavelmente fixado e transcorrido? — Ela serve para que o homem se reconheça, a fim de que veja o que é que ele quer e quis ser, e por isso quer e é: *esse reconhecimento lhe tem de ser dado do exterior*. A vida é para o homem, isto é, para a Vontade, exatamente o que os reagentes químicos são para o corpo: apenas nestes se revela o que ele é e apenas na medida em que ele se revela, ele, portanto, é". A. Schopenhauer, HN, vol. I, n. 159 (1814), p. 91. Como assinalado antes, Borges muito provavelmente conhecia os textos do espólio como este. Paoli cita o trecho a partir da edição dos *Neue Paralipomena*. Org. de Eduard Grisebach. Leipzig: Reclam, 1896, 2ª ed.

precipitadas a respeito das afirmações do escritor argentino sobre a identidade de todas as coisas e de todos os homens, como está dito, por exemplo, em "A forma da espada": "Talvez Schopenhauer tenha razão: eu sou os outros, qualquer homem é todos os homens, Shakespeare é de algum modo o miserável John Vincent Moon".[8] A natureza dessa identidade, também de matriz schopenhaueriana como se vê pela passagem, será discutida com vagar mais adiante. Por ora cabe lembrar que afirmativas como esta devem ser lidas com cuidado, por um viés mais ortodoxo. É que elas têm um teor classicizante, como quando Schopenhauer afirma que a vida de um homem deve valer como representativa da de todos os demais. Mas isso não quer dizer que a tipicidade encontrada num indivíduo substitui a vida de outro ou dos outros, o que seria aberrante. A individualidade é o inefável, como não deixa de assinalar Borges na história de Droctulft:

> Imaginemos Droctulft, *sub specie aeternitatis*, não o indivíduo Droctulft, que sem dúvida foi único e insondável (todos os indivíduos o são), mas, como ele e outros, o tipo genérico criado pela tradição, que é obra do esquecimento e da memória.[9]

A identidade entre dois ou mais indivíduos se refere a esse "tipo genérico" gestado e preservado pela tradição, não ao indivíduo enquanto tal. O problema da vida do sujeito precisa, por isso, ser encarado de dois ângulos complementares, que refletem duas tradições filosóficas milenares: um deles é platônico ou

---

8 J. L. Borges, "A forma da espada", in *Ficções*. Trad. de Davi Arrigucci Jr. São Paulo: Companhia das Letras, 2015, 2ª ed., p. 113; OC I, p. 494; EC I, p. 887.

9 Id., "História do guerreiro e da cativa", in *O Aleph*, op. cit., p. 44; OC I, p. 557; EC I, p. 1009.

realista, e o outro, aristotélico ou nominalista.[10] Droctulft é um bárbaro convertido à civilização, enquanto a cativa inglesa é a mulher civilizada que adotou costumes indígenas. Os dois vivem a mesma história enquanto portadores da mesma ideia, enquanto fazem a mesma experiência dos destinos trocados; mas na condição de seres singulares um não é o outro. Os traços generalizantes (coragem, covardia, fidelidade, traição etc.) existem enquanto ideias arquetípicas, platônicas, mas não abstratamente; elas sempre se incarnam, de diversas formas, em indivíduos distintos, nas ações, falas e gestos de seres singulares.

O fatalismo schopenhaueriano propõe uma maneira própria de entender a relação entre tipicidade e individualidade. É que, embora o indivíduo seja universal, porque é inteiramente constituído de Vontade, de uma Vontade indivisa, inteira, esta se manifesta nele de forma particularizada, peculiar:

> Pois, embora a Vontade de viver obtenha sua resposta no curso do mundo em geral, enquanto manifestação do seu esforço, todo homem é, no entanto, aquela Vontade de viver *de maneira inteiramente individual e única, um ato, por assim dizer, individualizado dela*; sua resposta satisfatória, portanto, só pode ser uma configuração bem determinada do curso do mundo, dada nas vivências que lhe são próprias.[11]

Borges capta muito bem essa dupla face da individualidade e sabe tirar proveito da riqueza, da ambivalência, do fatalismo transcendente, que coloca o indivíduo como arrastado pela von-

---

10 "Observa Coleridge que todos os homens nascem aristotélicos ou platônicos. Os últimos sentem que as classes, as ordens e os gêneros são realidades; os primeiros que são generalizações [...]". J. L. Borges, "O rouxinol de Keats", in *Outras inquisições*. Trad. de Davi Arrigucci Jr. São Paulo: Companhia das Letras, 2012, p. 139; OC I, p. 96; EC I, p. 87.
11 A. Schopenhauer, "Transzendente Spekulation...", in *Parerga e paralipomena*, SW, vol. IV, p. 272. Grifos adicionados.

tade, mas guardando ao mesmo tempo traços singularizantes. De um lado, o indivíduo não é nada; de outro, ele é um nada revelador, é tudo.

Na biografia do militar renegado Cruz se lê:

> Os que comentaram, e são muitos, a história de Tadeo Isidoro destacam a influência da planície sobre sua formação, mas *gauchos* idênticos a ele nasceram e morreram nas ribeiras selvagens do Paraná e nas coxilhas uruguaias.[12]

Muitos *gauchos idênticos* a Cruz viveram na planície pampiana: subentende-se, *mas não como ele, não iguais a ele*. Seu destino o condena a ser um deles, mas ele de algum modo se rebela tentando escapar "à barbárie monótona" de sua região. O fatalismo, para Borges, nada tem de determinismo, ele não se explica somente pelas condições histórico-temporais, pois depende de uma *conjuntura*, que junge ou junta as coisas, no caso o fator objetivo ao traço subjetivo. A interioridade não é explicada pela exterioridade. Aliás, a bem da verdade, não cabe em geral explicação alguma, pois apenas a juntura inexplicável das duas ordens serve de algum modo para revelar o que cada uma delas é.[13] Ou talvez assim: Tadeo é e não é apenas um *gaucho*, e é

---

12 J. L. Borges, "Biografia de Tadeo Isidoro Cruz (1829-74)", in *O Aleph*, op. cit., p. 50; OC I, p. 561; EC I, p. 1012.

13 Apenas para iluminar a questão por outro modo, a ação humana provém, segundo Schopenhauer, ao mesmo tempo do caráter imutável e dos motivos, que são "respostas" às demandas e aos estímulos contingentes. A combinação desses dois fatores pode ser entendida graças um símile que compara o agir humano à trajetória de um planeta, trajetória que é o "resultado da força tangencial que lhe é dada e da força centrípeta produzida pelo seu sol, em que, portanto, a primeira força exibe o caráter, e a segunda, a influência dos motivos". A. Schopenhauer, "Zur Ethik", in *Parerga e paralipomena*, II, SW, vol. V, p. 274. Num fragmento póstumo aparece outro símile para explicar a relação entre esses dois fatores, cujo resultado é uma diagonal entre as duas direções diferentes: "Quando se

isso que o torna *típico*. Mas como explicar que uma experiência peculiar se torne generalizável, típica?

A aventura de Tadeo Isidoro Cruz, está dito no conto, se encontra num "livro insigne", aquele que relata a saga de Martín Fierro, de quem Cruz se torna companheiro depois de renegar a condição de agente legal e passar à condição de *outsider*, exatamente como a daquele em quem se reconhece. Uma aventura assim — "cuja matéria pode ser tudo para todos (1 Coríntios 9, 22)" — acaba sendo fonte de "inesgotáveis repetições, versões, perversões".[14] Poucas linhas antes o narrador diz que seu propósito não é *repetir sua história*, mas resumir o necessário de sua carreira de armas para ir o mais diretamente possível ao momento crucial de seu destino.[15] Algo similar se passa com a "História do guerreiro e da cativa". Ali é a "história do destino de Droctulft" ou, mais precisamente ainda, é o "fragmento de sua história" resgatada por Paulo, o Diácono (encontrado por

---

volta o olhar para o próprio curso de vida percorrido e se vê quanta felicidade perdida, quanta infelicidade ocasionada, 'o curso errático, labiríntico, da vida', as censuras a si mesmo podem ir facilmente muito longe. Pois o curso de nossa vida de modo algum é tão simplesmente nossa própria obra, mas produto de dois fatores, a saber, a série de acontecimentos e a série de nossas decisões, e ainda de maneira tal, que nosso horizonte em ambas é bastante limitado e não podemos predizer muito antes nossas decisões, e menos ainda prever os acontecimentos, mas somente conhecer, de ambos, os acontecimentos e decisões atuais; por isso, quando nossa meta ainda está longe, nós não podemos sequer rumar para ela diretamente, mas apenas aproximativamente e por conjecturas, isto é, temos de decidir conforme as circunstâncias e o momento, na esperança de que o acerto nos faça aproximar da meta principal: as circunstâncias presentes e nossos propósitos fundamentais devem ser comparados a duas forças que puxam em direções diferentes, e a diagonal que daí surge é nosso curso de vida". A. Schopenhauer, HN, vol. III, Adversaria, n. 90 (1828), pp. 515-16.

14 J. L. Borges, "Biografia de Tadeo Isidoro Cruz (1829-74)", in *O Aleph*, op. cit., p. 50; OC I, p. 561; EC I, p. 1012.

15 Ibid., p. 49; OC I, p. 561; EC I, p. 1012.

sua vez no *A poesia* de Croce), que dá ensejo à narrativa. O narrador acrescenta:

> Não sei sequer em que época aconteceu: se em meados do século VI, quando os longobardos desolaram as planícies da Itália; se no VIII, antes da rendição de Ravena. Imaginemos (este não é um trabalho histórico) a primeira hipótese.[16]

Como ocorre na biografia de Cruz, o relato da vida de Droctulft não é um trabalho de história: o conto não se pretende uma exposição factual, não quer rivalizar com a função que cabe ao historiador e, por isso, pouco importa saber exatamente em que século ocorreu a aventura. A opção por uma das datações possíveis não é, porém, apenas arbitrária: tendo narrado imaginariamente o que teria acontecido ao trânsfuga, Borges diz que, ao ler o seu resumo no livro de Croce, ficou comovido "de maneira insólita" e teve a impressão de recuperar, sob forma diversa, algo que já havia vivido. Começa aí o seu trabalho de rememoração. Depois de pensar "fugazmente" nos cavaleiros mongóis "que queriam fazer da China um infinito campo de pastoreio", mas acabaram envelhecendo nas cidades, viu que não era esta a lembrança que procurava, e sim a de uma narrativa que ouvira de sua avó inglesa, Fanny Haslam.[17] Borges procura na memória o *correlato* para a breve biografia de Droctulft, uma narrativa também breve que lhe seja *correlativa*, no sentido duplo de correlação e relato de uma *experiência que é a mesma, a despeito de suas diferenças*. É assim que a singularidade da cativa e do guerreiro se correspondem e firmam como típicas. Eles enunciam o mesmo em sua diferença. Claro que é preciso um vasto repertório, uma ampla memória, não menos que destreza narrativa para poder realizar correlações como

---

16 J. L. Borges, "História do guerreiro e da cativa", in *O Aleph*, op. cit., p. 44; OC I, p. 557; EC I, p. 1009.
17 Ibid.; OC I, p. 558; EC I, p. 1010.

esta. Parece ser este, no entanto, o processo inventivo a comandar também a criatividade ficcional. A criatividade é *relativa* (no caso, as duas histórias já existiam), porque é descoberta ou redescoberta de uma ou mais ações simbólicas já preexistentes no repertório coletivo (que aqui fala por meio de Croce e da avó de Borges; no caso de Cruz, a história já está de algum modo "num livro insigne"). Essa *inventividade relacional* será de fundamental importância quando mais adiante se for discutir o "método" metafórico borgiano; mas ela já explica em parte o enunciado extravagante do escritor sobre a impossibilidade de criar novas metáforas.

A tipicidade, como ficou dito, não elimina a singularidade. O que interessa é a reiteração do vigor e do fascínio de um símbolo. Mas o novo relato tem de comportar sempre alguma diferença: o movimento de dissimilação é tão importante quanto o de assimilação. Para tentar entender isso, vale a pena retornar à explicação do modo como Hawthorne concebeu a história de Wakefield:

> Hawthorne lera num jornal, ou simulou, para fins literários, ter lido num jornal o caso de um senhor inglês que abandonou a mulher *sem motivo algum*, indo se instalar na vizinhança de sua casa e lá, sem que ninguém desconfiasse, viveu vinte anos escondido [...]. Hawthorne leu com inquietação o curioso caso e procurou entendê-lo, imaginá-lo. Matutou sobre o tema; o conto "Wakefield" é a história conjectural desse desterrado. As interpretações do enigma podem ser infinitas; vejamos a de Hawthorne.[18]

O caso invulgar, lido, ou supostamente lido, no jornal, suscita inquietação no escritor norte-americano, que vasculha em sua imaginação algo que dê conta de compreendê-lo. O enigma

---

18 J. L. Borges, "Nathaniel Hawthorne", in *Outras inquisições*, op. cit., p. 75; OC II, p. 53; EC II, p. 49. Grifos acrescentados.

comporta infinitas interpretações, e tudo pode ser símbolo de tudo: mas, de todas as interpretações, a que conta é a decifração do escritor que reinventa o que leu.[19] Tendo escolhido o

19 Borges distingue bem as duas "vocações", a do escritor que se sente atraído pelo enigma da história e a do crítico que quer entendê-la e interpretá-la: "o homem não deve escrever um livro apenas com seu entendimento, mas com sua carne e com sua alma, e com todo o seu passado pessoal e o de seus antepassados. Os princípios e opiniões que defende são forjados pelos acidentes superficiais da circunstância; o que realmente importa é o impulso motor por trás dos símbolos. O autor pode não os entender inteiramente; esta é a tarefa do crítico". J. L. Borges, "'Prefácio' a A. M. Barrenechea", in *Borges the Labyrinth Maker*. Trad. e org. de Robert Lima. Nova York: 1965, citado em Jaime Alazraki, "Estructura y función de los sueños en los cuentos de Borges". *Iberoromania*, Madri, n. 3, 1975, p. 28. Para Borges, o problema da interpretação de cada problema, de cada enigma, de cada símbolo, é que ele implica todo o conjunto inesgotável de causas que determinam cada mínimo evento no mundo. Isso é apontado com clareza nesta explicação tennysoniana encontrada no conto "O Zahir": "Disse Tennyson que, se pudéssemos compreender uma única flor, saberíamos quem somos e o que é o mundo. Talvez quisesse dizer que não existe fato, por mais humilde que seja, que não implique a história universal e sua infinita concatenação de causas e efeitos. Talvez quisesse dizer que o mundo visível se dá por inteiro em cada representação, do mesmo modo que a vontade, segundo Schopenhauer, se dá inteira em cada sujeito. Os cabalistas entenderam que o homem é um microcosmo, um espelho simbólico do universo; tudo, segundo Tennyson, o seria. Tudo, até o intolerável Zahir". J. L. Borges, "O Zahir", in *O Aleph*, op. cit., p. 102; OC I, p. 594; EC I, p. 1042. Como explica muito bem Ana María Barrenechea, em *La expresión...* (op. cit., p. 146), quando Borges enumera várias conjecturas para a solução de um problema, ele na verdade não quer revelar o mistério que o comove, "mas transmiti-lo conservando seu halo sobrenatural". De fato, parte essencial dessa estratégia é não decifrar um relato, mas colocá-lo simbolicamente em paralelo com outros relatos semelhantes. Borges explicita o procedimento no caso de Droctulft: "Muitas conjecturas podem ser aplicadas ao ato de Droctulft: a minha é a mais econômica; se não for verdadeira como fato, será como símbolo". J. L. Borges, "O guerreiro e a cativa", in *O Aleph*, op. cit., p. 45; OC I, p. 558; EC I, p. 1010.

isolamento, Hawthorne também escolhe inconscientemente a história de Wakefield e o seu desenlace. Por isso, ela também é a sua história. Igualmente digno de atenção é que, para além do cotejo da narrativa ficcional com a notícia de jornal, Borges se deixe levar por uma correlação ulterior. Ele concebe nada menos que *um relato ainda não escrito*, mas perfeitamente plausível — um conto não encontrado nas obras de Franz Kafka, mas que potencialmente poderia ter sido escrito por ele. É improvável que Kafka tenha lido os *Twice-Told Tales*. Mas, afirma Borges, *se ele tivesse escrito a história de Wakefield*, este jamais voltaria para a casa:

> Se Kafka tivesse escrito essa história, Wakefield não teria conseguido, jamais, voltar para casa; Hawthorne permite que ele volte, mas sua volta não é menos lamentável nem menos atroz que sua longa ausência.[20]

A afinidade entre o escritor norte-americano e o escritor tcheco é notória;[21] não é menos notória e relevante, porém, a diferença entre eles: Nathaniel Hawthorne não é Franz Kafka, embora Hawthorne seja seu precursor, identificando-se a ele em alguma medida. Com isso, salta à vista que o que acontece com os escritores Kafka e Hawthorne tem paralelismo com o que sucede entre o guerreiro e a cativa. Os dois contistas também são até certo ponto o mesmo, mas, apesar disso, a singularidade os diferencia. Não é, por isso, acaso que a famosa ideia do ensaio sobre Kafka e seus precursores já está antecipada no ensaio sobre o escritor norte-americano:

> Aqui, sem nenhum demérito para Hawthorne, eu gostaria de introduzir uma observação. A circunstância, a estranha cir-

---

20 Id., "Nathaniel Hawthorne", in *Outras inquisições*, op. cit., pp. 79-80; OC II, p. 56; EC II, p. 56.
21 Ibid., pp. 78-79; OC II, pp. 55-56; EC II, p. 51.

cunstância, de encontrar num conto de Hawthorne, redigido no início do século XIX, o mesmo sabor dos contos em que Kafka trabalhou no início do século XX, não nos deve fazer esquecer que o sabor de Kafka foi criado, foi determinado por Kafka, mas este modifica e afina a leitura de "Wakefield". A dívida é mútua; um escritor cria seus precursores. Cria-os e de certo modo os justifica. Assim, o que seria de Marlowe sem Shakespeare?[22]

A ideia retorna no ensaio sobre Kafka, onde, entretanto, o eixo da comparação muda, mas onde também se deixa mais que explícito o "método". Como os pequenos enredos de Hawthorne, os relatos breves do escritor tcheco são altamente fecundos por permitirem a identificação pela memória de outros relatos afins, como o paradoxo de Zenão sobre o movimento, um apólogo de Han Yu, Kierkegaard ("leitor de parábolas religiosas de tema contemporâneo e burguês"), um conto de Léon Bloy e outro de lorde Dunsany. A inferência que se tira deles é:

> Se não me engano, as peças heterogêneas que enumerei se parecem com Kafka; se não me engano, nem todas se parecem entre si. Este último fato é o mais significativo. Em cada um desses textos reside a idiossincrasia de Kafka, em grau maior ou menor, mas se Kafka não tivesse escrito, não a perceberíamos; ou seja, ela não existiria.[23]

Kafka desperta na memória do ensaísta um conjunto de correlações que, fora dessa aproximação, não têm afinidade alguma entre si. O paradoxo é claro: a idiossincrasia de Kafka, aquilo que ele tem de mais *individual e próprio*, é o "termo médio" que permite a generalização, o que identifica e iguala coisas entre

---

22 Ibid., p. 79; OC I, p. 56; EC I, pp. 51-52.
23 J. L. Borges, "Kafka e seus precursores", in *Outras inquisições*, op. cit., p. 129; OC II, p. 89; EC II, p. 81.

si muito díspares. O paradoxo de Zenão faz "entender" filosófica e matematicamente o enigma do conto "Uma mensagem imperial", mas este, por sua vez, *transforma* o argumento filosófico-matemático nada menos que *numa narrativa*. O procedimento memorativo-comparativo é aplicado de maneira sistemática pelo escritor argentino, e seu *modus operandi*, tanto nos contos como nos ensaios, será analisado melhor depois. Indispensável a se reter agora é a ideia paradoxal de que o que singulariza também pode identificar, tornar semelhante.

Borges mais uma vez mostra toda a sua percuciência na leitura que faz da metafísica schopenhaueriana. Pois a ideia de uma *tipicidade do individual* se encontra efetivamente no coração mesmo da metafísica e estética voluntarista de Schopenhauer, daquilo que se poderia se denominar o seu "platonismo singularizado". Para o filósofo, o caráter de cada indivíduo, na medida em que é inteiramente individual, em que não está absorvido na espécie, é instituído por um ato de objetivação *peculiar, finalístico,* da Vontade.[24] Ou seja, na constituição de cada indivíduo humano a Vontade se objetiva diversamente do que ocorre na formação dos gêneros e espécies, pois ali ela não se contenta com traços genéricos e válidos para todos os elementos de um conjunto, mas busca a característica própria de cada sujeito particular. Cada indivíduo se afirma como uma *ideia singular* (*eine besondere Idee*),[25] expressão com a qual Schopenhauer procura reformular o sentido das formas

---

[24] O problema da individuação tem, como muitos outros conceitos, uma dupla significação na filosofia de Schopenhauer. De um lado, a individuação só existe fenomenicamente, isto é, enquanto aparência e ilusão. Mas essa explicação é complementada por outra, que afirma que "a *individualidade* não se baseia somente no *principium individuationis* e, por isso, não é inteiramente mero *fenômeno*, mas ela se enraíza na coisa em si, na vontade do indivíduo: pois seu caráter mesmo é individual". A. Schopenhauer, "Zur Ethik", in *Parerga e paralipomena*, II, SW, vol. V, p. 270.

[25] A. Schopenhauer, *O mundo como vontade e representação*, SW, vol. I, p. 233.

platônicas. A forma arquetípica está *neste* indivíduo concreto, e não no mundo das ideias. Como está ficando claro, Borges percebe todo alcance filosófico e estético dessa transformação. E é sinal de grande agilidade de pensamento que tenha sabido explorar a peculiaridade inalienável da individualidade juntamente com aquela outra ideia, igualmente schopenhaueriana, mas aparentemente sua contraditória, de que todos os indivíduos são o mesmo ou de que o que existe é um só, um único e mesmo indivíduo.

A história como sonho coletivo

Se o fatalismo transcendente foi de fato relevante, como se está tentando sugerir, para a compreensão da literatura borgiana, caberia deter um pouco mais o olhar na afinidade geral da metafísica schopenhaueriana com o fantástico. Talvez seja útil, para encurtar caminho, lembrar um fragmento em que Schopenhauer escreve: "Se dois homens têm ao mesmo tempo exatamente o mesmo *sonho*, isso muito nos admira, e conjecturamos que o *sonho* se refira a alguma realidade".[1] Parece realmente disparate afirmar que dois indivíduos possam sonhar o mesmo sonho. Tal disparate, no entanto, é insignificante comparado ao que efetivamente ocorre. Pois, na verdade, se a tese idealista é aceita — e a boa filosofia de Platão a Kant, passando pelo pensamento oriental, vai nessa direção —, *todos* os homens não fazem outra coisa senão sonhar o mesmo sonho:

---

[1] A. Schopenhauer, HN, vol. IV, I, Cogitata I, n. 67 (1831), p. 39. Que dois homens sonhem sonhos complementares é o tema da "História dos dois que sonharam", de *História universal da infâmia*, tirado do historiador árabe El Ixaquí. J. L. Borges, *História universal da infâmia*. Trad. de Davi Arrigucci Jr. São Paulo: Companhia das Letras, 2022, pp. 82-84; OC I, pp. 636-37; EC I, pp. 338-39.

O mundo objetivo nada mais é que um sonho que todos temos simultânea e homogeneamente, e somente por isso todos nós lhe atribuímos ou, antes, conferimos uma realidade.[2]

A realidade não é o sonho de um ou dois indivíduos apenas, mas um sonho *universal*. No entanto, grande parte do encantamento que Schopenhauer exerce sobre Borges advém de que sua metafísica não se contenta com afirmar que o mundo é um sonho produzido coletivamente (o que certamente não é pouco). Explicando sua origem e funcionamento pelo mecanismo fisiológico-dramatúrgico, ela introduz também uma inovação que não constava da dramaturgia onírica de Jean Paul: tão interessante quanto compreender que o sonho individual é comandado pela vontade profunda do sujeito, é admitir que, como a Vontade é a mesma em todos, um indivíduo pode não apenas participar mas também *ser sonhado, ser produzido, no sonho alheio*.

No texto sobre o fatalismo individual, Schopenhauer procura mostrar como cada qual é protagonista do próprio sonho e figurante dos sonhos dos outros:

Todos os acontecimentos da vida de um homem estariam, portanto, em duas espécies de nexo fundamentalmente distintas: primeiro, no nexo objetivo, causal, do curso da natureza; em segundo, num nexo subjetivo, que existe somente em relação ao indivíduo que o vivencia e é tão subjetivo como os próprios sonhos dele, nexo no qual, todavia, a sucessão dos acontecimentos e seu conteúdo são igualmente determinados necessariamente, mas da mesma maneira como a sucessão das cenas de um drama é determinada pelo plano do poeta. Ora, que ambas as espécies de nexo subsistam ao mesmo tempo e que o mesmo evento, como membro de duas cadeias totalmente distintas, se ajuste no entanto exatamente a elas, em consequência do que a cada vez o destino de um se adeque ao destino do outro e cada qual seja

---

2 A. Schopenhauer, HN, vol. IV, I, Cogitata I, n. 67 (1831), p. 39.

o herói de seu próprio drama, mas ao mesmo tempo também figurante no drama alheio, isso é certamente algo que excede toda nossa capacidade de compreensão e só pode ser pensado como possível mediante a mais espantosa "*harmonia praestabilita*".[3]

Existe um nexo entre a série objetiva dos acontecimentos e a série subjetiva dos sonhos do sujeito, o que explicaria melhor a hipótese leibniziana sobre a harmonia preestabelecida. Borges dá seguimento literário a essa explicação, dela tirando corolário assombroso em "As ruínas circulares", de *Ficções*. Nesse conto, o propósito do forasteiro taciturno que "vinha do Sul" para o templo em ruína era o de "sonhar um homem". Ele queria

> sonhá-lo com integridade minuciosa e impô-lo à realidade. Esse projeto mágico havia esgotado completamente o espaço de sua alma; se alguém tivesse lhe perguntado seu próprio nome ou qualquer traço de sua vida anterior, não teria dado com a resposta.[4]

Depois de muito esforço, de muitos reveses, de cumprir ritos e consultar a efígie meio tigre, meio cavalo que encimava o recinto circular, o forasteiro consegue materializar seu sonho. Mas o receio de que o filho descobrisse que não passava de um simulacro, da "projeção do sonho de outro homem", começa a incomodar o pai, que o havia concebido "entranha por entranha e traço por traço, em mil e uma noites secretas".[5] O final do conto é conhecido.

Não apenas estar no sonho do outro, mas ser sonhado por outro: esse assombro extraído da metafísica schopenhaueriana deve ser equiparado a nada menos que aquele outro suscitado pela natureza mais íntima da ficção. Borges o formula assim:

---

3 A. Schopenhauer, "Transzendente Spekulation...", in *Parerga e paralipomena*, sw, vol. IV, pp. 268-69.
4 J. L. Borges, "As ruínas circulares", in *Ficções*. Trad. de Davi Arrigucci Jr. São Paulo: Companhia das Letras, 2015, 2ª ed., p. 47; OC I, p. 451; EC I, p. 848.
5 Ibid., p. 52; OC I, p. 454; EC I, p. 851.

Por que nos inquieta que o mapa esteja incluído no mapa e as 1001 noites no livro das *Mil e uma noites*? Por que nos inquieta que Dom Quixote seja leitor do *Quixote* e Hamlet espectador de *Hamlet*? Creio ter dado com a causa: tais inversões sugerem que, se os personagens de uma ficção podem ser leitores ou espectadores, nós, seus leitores ou espectadores, podemos ser fictícios.[6]

O que se indica aqui é a total reversibilidade, para Borges, entre o plano ficcional e o plano onírico: o que a passagem diz a respeito de um vale integralmente para o outro. A ideia de que o sujeito não passe de um sonho alheio não é menos assustadora que a mais apavorante das ficções.

Os sonhadores, o único Sonhador

Para além do nexo causal fenomênico existiria então, segundo Schopenhauer, um encadeamento mais profundo que liga um sujeito aos outros. A dramaturgia onírica ganha assim uma dimensão intersubjetiva, com a mudança incessante entre desempenhar o papel principal no próprio sonho e ser coadjuvante nos sonhos alheios. Mesmo que excedendo a capacidade de compreensão puramente racional dos homens, a permuta das *personae* segue ainda com toda a coerência de um drama coletivo, porque está assegurada por um único diretor cênico:

> A natureza onírica da vida [*Die Traumnatur des Lebens*] se revela aqui por um outro lado: e ela mesma se mostra diferente do mero sonho principalmente nisto, que enquanto no mero sonho a relação é unilateral, a saber, apenas *um único eu* realmente quer e sente, no sonho da vida nós nos figuramos

---

6 J. L. Borges, "Magias parciais do *Quixote*", in *Outras inquisições*. Trad. de Davi Arrigucci Jr. São Paulo: Companhia das Letras, 2012, p. 65; OC II, p. 47; EC II, p. 44.

reciprocamente um no sonho do outro e, por uma *harmonia praestabilita*, cada qual sonha o que lhe é adequado segundo um direcionamento metafísico, e o mesmo acontecimento convém individualmente de diferentes maneiras a milhares de pessoas. E por que isso deveria nos espantar: pois o sujeito do grande sonho da vida também é um único: a Vontade de viver.[7]

O sonho da vida é sonhado por um único Sujeito, e com isso se vê por que Borges pode falar de um panteísmo idealista em Schopenhauer. Com efeito, a ideia desse grande sujeito coletivo é assim expressa pelo filósofo:

> Nosso acanhamento diante dessa ideia colossal também diminuirá se lembrarmos que o sujeito do grande sonho da vida é em certo sentido apenas um, a Vontade de viver, e que a pluralidade dos fenômenos é condicionada por tempo e espaço. Ele é um grande sonho sonhado por aquele *único* ser, mas de tal modo que todas as suas pessoas o sonham juntamente com ele. Por isso, todas as coisas se concatenam e se adequam umas às outras.[8]

É a Vontade de viver que dirige o grande drama da vida — o sonho longo —, o livro do qual os breves sonhos individuais são as páginas. Ora, se é assim como quer o filósofo, nada mais natural do que transitar do sonho individual para o sonho coletivo, podendo se inferir daí que também a *história coletiva* sonhada pelos homens em conjunto seria tecida em moldes semelhantes pela mesma vontade de viver. Borges fará essa passagem da história individual para a história universal, embora sabendo muito bem que a filosofia schopenhaueriana bloqueia toda e qualquer investida nesse sentido. Mas ele não foge inteiramente ao espírito de Schopenhauer, quando se lembra de uma afirmação ambivalente do próprio filósofo, encontrada nos Suplementos ao

---

7 A. Schopenhauer, HN, vol. III, Foliant II, n. 369 (1828), pp. 393-94.
8 Id., "Transzendente Spekulation...", in *Parerga e paralipomena*, SW, vol. IV, p. 249.

Mundo como vontade e representação: "O que a história narra é de fato apenas o longo, difícil e confuso sonho da humanidade".[9]

A cautela de Schopenhauer em relação a um plano que rege a história coletiva se explica: um dos problemas do panteísmo está justamente em transformar indiscriminadamente todo homem e todo animal num deus, com o que ele contribui para a afirmação de uma visão de mundo otimista, que não só renega todo sofrimento nele existente mas também exime os homens de toda a responsabilidade ética. Se o homem é um deus, deve viver como tal, isto é, como um filisteu que, negando toda a miséria do mundo, procura unicamente gozar dos prazeres da vida. O panteísmo desloca, por isso, a ética do plano do indivíduo para o plano coletivo, mas então a coletividade, o Estado, não deve ter nenhum outro fim senão o de promover o bem-estar dos seus membros.[10] Esse eudemonismo desbragado tem seu ápice na filosofia hegeliana. Hegel imagina que a história se escreve coletivamente, não pelas mãos de cada indivíduo. Mas o que ocorre é justamente o contrário:

> Pois plano e totalidade não estão na história universal, como supõe a filosofia dos professores, mas na vida do indivíduo. Os povos, com efeito, existem apenas *in abstracto*; os indivíduos são o real. Por isso, a história universal não tem significado diretamente metafísico; ela é propriamente apenas uma configuração casual.[11]

---

9 A. Schopenhauer, "Über Geschichte" ["Sobre a história"], in *O mundo como vontade e representação*, sw, vol. II, Suplementos, p. 568.

10 Id., "Sobre a ética", in *O mundo como vontade e representação*, sw, vol. II, Suplementos, § 47, p. 756.

11 A. Schopenhauer, "Transzendente Spekulation...", in *Parerga e paralipomena*, sw, vol. IV, p. 249. Cf. "Sobre a ética", in *O mundo como vontade e representação*, sw, vol. II, Suplementos, § 47, p. 757: "O que se decide *moralmente* não é o destino dos povos, que existe apenas no fenômeno, mas o destino do indivíduo. Os povos são, na verdade, apenas abstrações; somente os indivíduos existem efetivamente. — É assim que o panteísmo procede em relação à ética". Em seu exemplar da edição de Otto Weis, Borges sublinhou

Só os indivíduos são o real, só eles contam do ponto de vista da necessidade transcendente instituída pela Vontade. Acreditar que a história siga um plano é permanecer na platitude de um "realismo tosco e superficial", como ocorre com Hegel e seus seguidores, que imaginam que ela pode se constituir numa ciência capaz de examinar cadeias de causas e efeitos se sucedendo no tempo. Somente o indivíduo, não o gênero humano, detém consciência daquilo que acontece com ele; pensar numa coesão, numa *biografia* de toda a humanidade, significa deixar se levar por uma ficção.[12] A história deve se reportar, portanto, principalmente ao que há de particular, tanto na existência dos homens quanto na dos povos; deve conter um esmiuçamento de tudo aquilo que faz com que este homem ou este povo sejam o que são, sem pretender estabelecer relações ou tirar ilações da experiência de um para a compreensão da experiência de outro.[13]

Nessa compreensão da história como conhecimento do particular e não como saber universal, Schopenhauer está seguindo a *Poética* de Aristóteles (IX, 1451b5), precisamente citada e co-

---

a passagem. Ver Laura Rosato e Germán Álvarez, *Borges, libros y lecturas*. Buenos Aires: Biblioteca Nacional, 2017 [2010], ed. rev., ampl., p. 307.

12 A. Schopenhauer, *O mundo como vontade e representação*, sw, vol. II, Suplementos, § 38, p. 567.

13 "Caso se quisesse objetar, ao contrário, que também na história ocorre subordinação do particular ao universal, já que os períodos de tempo, os governos e demais modificações de chefia e do Estado, em suma, tudo o que acha lugar na história seriam o universal ao qual o especial está subordinado, isso se basearia numa falsa apreensão do conceito de universal. Pois o universal aqui mencionado na história é somente um universal *subjetivo*, isto é, um tal cuja universalidade provém somente da insuficiência do *conhecimento* individual das coisas, mas não um universal *objetivo*, isto é, um conceito no qual as coisas já estariam efetivamente pensadas. Mesmo o que há de mais geral na história é em si próprio somente algo singular ou individual, a saber, um corte mais longo de tempo ou um acontecimento capital: o particular está para este, portanto, como a parte para o todo, mas não como o caso para a regra, como ocorre, ao contrário, em todas as ciências propriamente ditas, porque elas fornecem conceitos, e não apenas fatos." Ibid., pp. 564-65.

mentada por ele nesse parágrafo 38 dos Suplementos ao *Mundo como vontade e representação*. Mesmo assim, ele introduz alguns adendos, como o de que a história se torna "tanto mais interessante quanto mais especial é, mas também tanto mais inconfiável, aproximando-se então, nesse aspecto, do romance";[14] a história carece de ser complementada pela visão filosófica, que consegue ver o que há de permanente e universal na contingência dos fatos. A esse aristotelismo se adiciona ainda a perspectiva idealista, platônica, de que a filosofia da história é na verdade uma contradição nos termos, *já que nela não ocorre propriamente mudança*, não há propriamente um surgir ou um devir, tudo permanecendo exatamente *o mesmo* por debaixo do suposto desenvolvimento histórico.

Ao lado da crítica ao historicismo da *Segunda consideração extemporânea* de Nietzsche, essa condenação schopenhaueriana da filosofia da história foi de grande importância para o pensamento borgiano. De fato, ela já aparece na ideia de uma refutação do tempo, recorrente no escritor,[15] que não deve ser considerada apenas uma argumentação abstrata, como querem fazer crer os comentários que interpretam seus ensaios isoladamente, sem conectá-los ao conjunto de sua obra. Sua refutação do tempo tem uma implicação considerável para a compreensão histórica, caso se lembre que, na metafísica schopenhaueriana, a natureza meramente fenomênica, relacional, do tempo, condena-o à esterilidade ontológica: nada de real vem à existência nele ou por meio dele, ou seja, o tempo é incapaz de produzir "algo realmente novo e significativo".[16] O que há na temporali-

---

14 Ibid., p. 565.
15 Schopenhauer foi fundamental para que Borges entendesse, bem antes e diferentemente de Nietzsche, a circularidade do tempo, que tem relação com a imutabilidade das coisas mesmas, como se mostrará a seguir. Cf. J. L. Borges, "Nova refutação do tempo", in *Outras inquisições*, op. cit., p. 217; OC II, p. 148; EC II, pp. 132-33.
16 A. Schopenhauer, *O mundo como vontade e representação*, SW, vol. I, § 35, p. 262.

dade histórica é somente uma reiteração das mesmas qualidades ou defeitos humanos de sempre: o que "a grande e a pequena história universal" colocam em cena são sempre suas mesmas paixões e erros.[17] O espectador dessas encenações é como aquele que assiste às apresentações da *commedia dell'arte*. Ao final, depois de tê-las visto todas, ele acabará descobrindo que

> no mundo ocorre como nos dramas de Gozzi, em todos os quais aparecem sempre as mesmas personagens, com o mesmo propósito e com o mesmo destino: os motivos e os acontecimentos, sem dúvida, são outros em cada peça; mas o espírito dos acontecimentos é o mesmo: as personagens de uma peça não sabem tampouco nada sobre os eventos ocorridos em outra, nas quais, no entanto, elas mesmas atuaram: por isso, depois de todas as experiências das peças anteriores, Pantaleão não se tornou mais hábil ou generoso, nem Tartaglia mais conscienciono, nem Brighella mais resoluto e nem Colombina mais casta.[18]

Na curtíssima resenha que escreve sobre o livro *Weltgeschichte*, de Karl Valentin, em 1939, Borges retoma essas ideias. Ele inicia o texto com uma espécie de tradução-resumo das teses centrais do parágrafo "Sobre a história" dos Suplementos ao *Mundo como vontade e representação*:

> Por volta de 1844, escreve Schopenhauer: "Os fatos da história são meras configurações do mundo aparente, sem outra realidade que a derivada das biografias individuais. Buscar uma

---

17 Deste ponto de vista da recorrência infinita do mesmo, a visão schopenhaueriana lembra curiosamente, *mutatis mutandis*, a crítica marxista ao fetiche da mercadoria: os consumidores acreditam que estão comprando algo novo a cada produto que é lançado no mercado, quando na verdade o que está ocorrendo é a repetição exata do mesmo processo infinito: dir-se-ia então que eles permanecem querendo *satisfazer indefinidamente a sua vontade*.
18 A. Schopenhauer, *O mundo como vontade e representação*, SW, vol. I, § 35, p. 263.

interpretação desses fatos é como buscar nas nuvens grupos de animais ou de pessoas. O que é referido pela história não é outra coisa que um largo, pesado e enredado sonho da humanidade. Não há um sistema da história, como nas ciências que são autênticas: há uma enumeração interminável de fatos particulares".[19]

Borges compreende muito bem todo o alcance da crítica schopenhaueriana à ideia de história universal como história ilusória, aparente. É o que se pode ver em "De alguém a ninguém", de *Outras inquisições*, texto também altamente filosófico que será comentado mais adiante, em que se mostra como a ideia de um Deus pessoal (o "alguém") vai se dissipando na vaga e abstrata universalidade do "ninguém". Mas ele também transgride schopenhauerianamente o interdito de Schopenhauer, concebendo a história universal como produto de um grande sonho coletivo. O ganho, então, é duplo: ele pode observar a história por um viés fantástico-crítico. Quer dizer: o fantástico não é mero brinquedo imaginativo; ele entretém, mas seu entretenimento não se descola da atitude crítica.

A grande e a pequena história

Como se pode ver pela breve nota sobre o livro de Karl Valentin, Borges sabe muito bem que a história universal é, para Schopenhauer, um mero conjunto de dados factuais, sem outro interesse que o da enumeração de formas desprovidas de substância. O que interessa está na biografia dos homens em sua singularidade. Mas essa biografia, como se mostra no sonho, manteria uma relação mais profunda com outras biografias, e juntas elas entreteceriam uma história semelhante às narrativas encontradas

---

19 J. L. Borges, "*Weltgeschichte*", in *Borges en Sur (1931-1980)*. Buenos Aires: Emecé, 1999, p. 209. Como faz em outras ocasiões, Borges traduz frases que considera essenciais, sem se preocupar com o encadeamento argumentativo.

no sonho. A história, no final das contas, é uma história coletiva. Borges vai, assim, de encontro à letra do texto schopenhaueriano, mas provavelmente não ao seu espírito, quando promove o sonho a uma espécie de mediação intersubjetiva, de meio homogêneo, de cena comum em que os indivíduos são heróis ou vilões, protagonistas ou coadjuvantes do grande teatro da história.

    O modo como ele maneja os conceitos schopenhauerianos é realmente muito hábil: a passagem da história individual para a história dos homens, para a história com H maiúsculo, é possível porque ambas se escrevem da mesma maneira. O problema, no entanto, não é tão simples assim. Pois permanece a dificuldade de fundo, que é a de saber *quem* escreve a história. Para começar a entender isso melhor talvez seja útil relembrar a breve narrativa, muito conhecida, intitulada "Borges e eu", de *O fazedor*, que se estrutura em torno da dúvida: "Não sei qual dos dois escreve esta página". Quem escreve é um Borges real, empírico, de carne e osso, que passeia por Buenos Aires e recebe notícias pelo correio sobre o Borges autor que se tornou famoso? Ou é este último, que compartilha das preferências daquele, "mas de um modo vaidoso que as converte em atributos de um ator"?[20]

    A mesma questão foi apresentada de modo similar quando ele fala, não por acaso, de Schopenhauer. O final de seu ensaio "História dos ecos de um nome" retoma um depoimento prestado à beira da morte pelo filósofo ao escritor e editor de suas obras Eduard Grisebach. Borges reproduz esse depoimento:

> Aqui acaba a história da sentença ["sou aquele que sou"]; é suficiente agregar, à maneira de epílogo, as palavras que Schopenhauer disse, já perto da morte, a Eduard Grisebach: "Se às vezes me julguei infeliz, isso se deve a uma confusão, a um erro. Tomei-me por outro, *verbi gratia*, por um suplente que não pode chegar

---

20 Id., "Borges e eu", in *O fazedor*. Trad. de Josely Vianna Baptista. São Paulo: Companhia das Letras, 2008, p. 54; OC II, p. 186; EC II, p. 299.

a titular, ou pelo acusado num processo de difamação, ou pelo namorado a quem aquela garota desdenha, ou pelo doente que não pode sair de casa, ou por outras pessoas que padecem de misérias similares. Não fui essas pessoas; isso, no máximo, foi o pano dos trajes que vesti e pus de lado. Quem sou eu realmente? Sou o autor de *O mundo como vontade e representação*, sou aquele que deu uma resposta ao enigma do Ser, que ocupará os pensadores dos séculos futuros. Este sou eu, e quem poderá pôr isso em discussão nos anos de vida que ainda me restam?".[21]

Depois de citar o depoimento, o comentário de Borges coloca Schopenhauer contra ele mesmo:

> Precisamente por ter escrito *O mundo como vontade e representação* Schopenhauer sabia muito bem que ser um pensador é tão ilusório quanto ser um doente ou amante desdenhado e que ele era outra coisa, no mais fundo de si. Outra coisa: a Vontade, a obscura raiz de Parolles, a coisa que era Swift.[22]

Qualquer outro escritor poderia ter feito a declaração ingênua de que foi o autor desta ou daquela obra. Menos Schopenhauer. Pois ele sabia, mais do que ninguém, que o verdadeiro autor de suas obras (de qualquer outra obra) não é o nome estampado na capa do livro, mas o outro autor real que traz lá no mais fundo de si mesmo. Esse outro autor é a Vontade — aquela *otra cosa* que leva Swift a repetir em sua loucura a sentença "sou o que

---

21 J. L. Borges, "História dos ecos de um nome", in: *Outras inquisições*, op. cit., p. 191; OC II, pp. 130-31; EC II, p. 117. Segundo Laura Rosato e Germán Álvarez, em *Borges, libros y lecturas* (op. cit., p. 177), a tradução da conversa de Schopenhauer com Grisebach já aparece em *Los Anales de Buenos Aires* (ano 1, n. 11, 1946), no texto "Habla Schopenhauer", em colaboração com Adolfo Bioy Casares. Ela é tirada do livro de Wilhelm Gwinner, *Schopenhauers Leben*. Leipzig: Brockhaus, 1910, p. 267.

22 J. L. Borges, "História dos ecos de um nome", in *Outras inquisições*, op. cit., p. 191; OC I, p. 131; EC I, p. 117.

sou, sou o que sou", ou faz Parolles deixar de ser mera personagem lateral da farsa cômica de Shakespeare e se tornar "um homem e todos os homens".[23]

Muito antes da voga estruturalista, o contato com a filosofia schopenhaueriana levou Borges a problematizar a ideia de autoria e, com a diluição da instância autoral, a extrapolar a questão do âmbito "meramente" literário para se perguntar como se escreve a História. Esta resulta, para ele, de um sonho coletivo, anônimo, e é sempre, por isso mesmo, história cultural, *simbólica*. O que conta, sempre, é o teor simbólico dos acontecimentos, ações e obras, não a história das datas e dos fatos. Toda a dificuldade é entender, mais uma vez, como o indivíduo singular se integra à atuação em conjunto. Ligada aos indivíduos (mas uma nação teria também uma individualidade), a verdadeira história se escreve, para Borges, por pequenos grandes gestos simbólicos, como o de Ésquilo introduzindo um segundo ator na tragédia, ou o de Snorri Sturluson, escritor e polígrafo islandês que perpetua na lembrança das gerações futuras a bravura do inimigo. Sturluson será lembrado na memória coletiva como aquele que registrou a vitória do rei saxão da Inglaterra, Harold Filho de Godwin, sobre os nórdicos que queriam invadir o seu país;[24] noutras palavras, escrever sobre a ação heroica do inimigo acaba valendo tanto quanto o próprio ato de executá-la.

O que interessa então para Borges é afastar o sujeito como agente da história factual, empírica, para recolocá-lo como seu

---

23 Ibid., pp. 189-91; OC I, pp. 129-31; EC I, pp. 116-17.
24 J. L. Borges, "O pudor da história", in *Outras inquisições*, op. cit., pp. 193ss.; OC II, pp. 133ss.; EC II, pp. 119ss. Sobre a vida de Snorri Sturluson, ver J. L. Borges com Delia Ingenieros, *Antiguas literaturas germánicas*. Cidade do México / Buenos Aires: Fondo de Cultura Económica, 1965, 2ª ed., pp. 97-100, e o poema "Snorri Sturluson (1179-1241)", in *O outro, o mesmo*. Trad. de Heloísa Jahn. São Paulo: Companhia das Letras, 2017, pp. 128-29; OC II, p. 285; EC II, p. 459.

produtor simbólico. Ele pode com isso recusar a afirmação schopenhaueriana de que nada de novo acontece ao longo do tempo, pois Ésquilo foi quem introduziu um segundo ator na tragédia, e essa descoberta acarretou desenvolvimentos enormes.[25] Vendo mais de perto, entretanto, sua tese é visceralmente schopenhaueriana. Basta lembrar o que foi dito sobre Poe. A carreira literária do escritor americano teria sido, na verdade, guiada pela sua vontade: foi sua neurose que o levou a "renovar o conto fantástico" e "multiplicar as formas literárias do horror".[26] Em resumo: os inventores e descobridores não são autênticos autores do que criam, mas é a Vontade que os escolhe, por assim dizer, para que o sejam. Entender esse dispositivo permite perceber qual é a relação do indivíduo com a história. Seu emprego em "Deutsches Requiem" é exemplar.

Em sua maior parte, o conto é composto do relato autobiográfico que o nazista Otto Dietrich zur Linde, condenado ao fuzilamento por tortura e assassinato, escreve no dia anterior à sua execução. Depois de expor muito brevemente seus anos de juventude, o ex-soldado se detém no episódio do dia 1º de março de 1939, nos tumultos ocorridos em Tilsit (então no extremo da Prússia Oriental), onde é ferido por duas balas na perna, que tem de ser amputada. Deitado na cama do hospital, Otto Dietrich zur Linde tenta se distrair e esquecer lendo um livro de Schopenhauer, a quem admira, como a Brahms e Shakespeare. Ele relata o que leu, mas agora o ouvido e a lembrança do leitor já conhecem bem o seu conteúdo:

---

25 "Com o segundo ator entraram o diálogo e as indefinidas possibilidades de reação dos personagens uns sobre os outros. Um espectador profético teria visto que multidões de aparências futuras o acompanhavam: Hamlet e Fausto e Sigismundo e Macbeth e Peer Gynt, e outros que nossos olhos ainda não conseguem discernir". J. L. Borges, "O pudor da história", in *Outras inquisições*, op. cit., p. 193; OC II, p. 133; EC II, pp. 118-19.
26 Cf. nota 3 do capítulo "Os sonhos e a brevidade do conto", p. 75.

No primeiro volume de *Parerga e paralipomena* reli que todos os fatos que podem ocorrer a um homem, desde o instante de seu nascimento até o de sua morte, foram prefixados por ele. Assim, toda negligência é deliberada, todo encontro casual um encontro marcado, toda humilhação uma penitência, todo fracasso uma misteriosa vitória, toda morte um suicídio. Não há consolo mais hábil que o pensamento segundo o qual escolhemos nossas infelicidades, essa teleologia individual nos revela uma ordem secreta e prodigiosamente nos confunde com a divindade. Que ignorado propósito (cavilei) me fez procurar naquele entardecer aquelas balas e aquela mutilação? Não o temor da guerra, eu sabia; algo mais profundo. Afinal acreditei entender.[27]

Otto Dietrich está resumindo as teses do escrito sobre o fatalismo teológico transcendente que rege o destino individual de Schopenhauer, o mesmo texto a que Borges alude em "Tlön" e que lhe é tão precioso. A sequência do relato não entrega exatamente o que promete, pois o narrador não explica o que foi afinal que ele "acreditou entender". É que, procedendo como um borgiano modelar, Otto Dietrich não responde diretamente à questão, mas enumera algumas formas de atuação histórica que são *correlativas* àquela sua tomada de posição. Ele procurou aquelas balas que o levaram à amputação da perna, e as justificativas para isso podem ser muitas: morrer por uma religião é mais simples que praticá-la plenamente, batalhar contra feras em Éfeso é menos duro que ser Paulo, servo de Cristo; execu-

---

27 Id., "Deutsches Requiem", in *O Aleph*. Trad. de Davi Arrigucci Jr. São Paulo: Companhia das Letras, 2008, p. 76; OC I, p. 578; EC I, p. 1027. A frase que começa "Assim, toda negligência é deliberada" aparece com ligeira variação na resenha "Franz Werfel: *Juárez y Maximiliano*", já comentada antes, na qual o drama do escritor austríaco aparece como exemplo da doutrina schopenhaueriana. J. L. Borges, *Textos recobrados (1931-1955)*. Barcelona: Emecé, 2007, p. 241. Cf. acima nota 4 do capítulo "Os sonhos e a brevidade do conto", p. 76. A resenha saiu em 1946; *O Aleph*, em 1949.

tar um ato é menos custoso que todas as horas na vida de um homem; a batalha, a glória, são mais fáceis que a longa labuta, e a empreitada de Raskólnikov, bem mais dura que a de Napoleão.[28] A palavra que o autobiógrafo emprega para definir essas escolhas é nada menos que *facilidades*. Aqui fica claro mais uma vez que a *explicação* é substituída pela *comparação*, pela inserção do fato singular que se quer explicar numa sequência de atitudes que se lhe assemelham, de que ele é, de algum modo, a repetição. Como no caso do guerreiro e da cativa, o nazista quer achar uma explicação para o seu procedimento, e o faz projetando-o numa cronografia de mais longa duração, na qual encontra exemplos antigos, bíblicos, literários e propriamente históricos que o respaldam. O seguidor de Schopenhauer quis a morte, mas ela não veio inteira. Eis aí o problema: sua atuação heroica falhou, e seu drama, portanto, ainda não terminou. Os nazistas, entretanto, lhe reconhecem o mérito, vendo nele um igual. Mesmo manco (também no sentido etimológico do que não está completo), seu impulso de morte ainda o levará à verdadeira provação de sua vida, que é exercer a função de subdiretor do campo de concentração de Tarnowitz.

A continuação do relato segue em crescendo, com a gradativa exasperação de Otto Dietrich. No campo de concentração, ele tortura muitos intelectuais hebreus. O principal alvo de sua fúria é David Jerusalem, "o protótipo do judeu sefardi, embora pertencesse aos depravados e detestados asquenazes".[29] Mais ainda, tortura um escritor a quem admira, e a tortura é terrível, pois consiste em fazê-lo pensar numa única coisa da qual o torturado não consegue se libertar.[30] Obcecado por uma ideia, David Jerusalem

---

28 Id., "Deutsches Requiem", in *O Aleph*, op. cit., p. 76; OC I, p. 578; EC I, pp. 1027-28.
29 Ibid., p. 78; OC I, p. 579; EC I, p. 1028.
30 O mecanismo retorna no conto "El Zahir", que será comentado mais adiante.

perde a razão e se mata, ou melhor, "conseguiu se matar".[31] Mais uma vez Otto Dietrich se pergunta o porquê de ter agido assim:

> Ignoro se Jerusalem compreendeu que, se o destruí, foi para destruir minha piedade. A meu ver, não era um homem, nem sequer um judeu; tinha se transformado no símbolo de uma detestada zona de minha alma. Eu agonizei com ele, morri com ele, de alguma forma me perdi com ele; por isso, fui implacável.[32]

O algoz não quis destruir um homem e nem mesmo um descendente de Abraão; quer destruir o *símbolo* que irrita e crispa o mais fundo do seu ser — ser que naufraga abraçado ao objeto de sua ira. Aqui termina a primeira parte do relato, com o reconhecimento, por parte do sujeito, de sua abjeção, mas também, ao mesmo tempo, da total coerência de seu gesto.

---

31 J. L. Borges, "Deutsches Requiem", in *O Aleph*, op. cit., p. 78; OC I, p. 579; EC I, p. 1028.
32 Ibid.; OC I, p. 579; EC I, p. 1029. Borges conhecia a famosa explicação da identificação entre torturador e torturado proposta por Schopenhauer: "O torturador e o torturado são um só. Aquele erra, ao acreditar que não toma parte da tortura; este, ao acreditar que não toma parte da culpa. Se os dois abrissem os olhos, aquele que impõe o sofrimento reconheceria que vive em tudo o que sofre tortura no vasto mundo, e que, dotado de razão, ele medita para explicar por que tudo foi chamado à vida para tão grande sofrimento, a culpabilidade do qual não compreende; o torturado compreenderia que *todo* o mal que será ou já foi cometido no mundo provém daquela Vontade que constitui também a *sua* essência, que também se manifesta nele e que, graças a essa manifestação e sua aceitação, ele acolheu em si todos os sofrimentos que provêm de tal Vontade, sofrimentos que ele suporta de direito, enquanto é esta Vontade". A. Schopenhauer, *O mundo como vontade e representação*, SW, vol. I, p. 484. A passagem é citada por Borges e Alícia Jurado em *Qué es el budismo*. Madri: Alianza, 2007, p. 39. O escritor também sublinha a passagem sobre a identidade do torturador com o torturado no seu exemplar do livro *Schopenhauer*, de Heinrich Hasse (Munique: Ernst Reinhardt, 1926, p. 352). Cf. Laura Rosato e Germán Álvarez, *Borges, libros y lecturas*, op. cit., p. 182.

Com o suicídio da vítima (em 1º de março de 1943), a autobiografia passa a um plano mais coletivo e impessoal. Eram os "grandes dias e as grandes noites de uma guerra feliz": "Tudo, naqueles anos, era diferente; até o sabor do sonho".[33] Tendo já travado seu combate pessoal com o poeta judeu, e conhecido seu amargo triunfo, Otto Dietrich é reticente em relação à euforia dominante. Os sinais da derrota alemã se anunciam. Algo singular lhe sucede, em que mais uma vez ele *crê entender*. Acreditava-se capaz de beber todo o copo de cólera, mas a borra de seu fundo lhe saiu com "o misterioso e quase terrível sabor da felicidade".[34] Como ocorrera antes ao procurar explicar o que o levou a entrar no partido, agora também ensaia diversas explicações para compreender de onde vem aquele inesperado sabor de felicidade. Depois de girar em falso com hipóteses subjetivas e objetivas, dá finalmente com a verdadeira. A página na qual revela como chega à solução repete agora, numa escala mais geral, o procedimento anterior de procurar nos anais históricos as constantes que antecedem o desastre alemão:

> através dos séculos e latitudes, mudam os nomes, os dialetos, os rostos, mas não os eternos antagonistas. Também a história dos povos registra uma continuidade secreta. Armínio, quando degolou num pântano as legiões de Varo, não se sabia precursor do Império Alemão; Lutero, tradutor da Bíblia, não suspeitava que seu objetivo era forjar um povo que destruísse para sempre a Bíblia; Christoph zur Linde, que foi morto por uma bala moscovita em 1758, preparou de alguma forma as vitórias de 1914; Hitler acreditava lutar por *um* país, mas lutou por todos, mesmo por aqueles que agrediu e detestou. Não importa que seu eu o ignorasse; seu sangue, sua vontade o sabiam. O mundo morria de judaísmo e dessa doença do judaísmo que é a fé de Jesus; nós

---

33 J. L. Borges, "Deutsches Requiem", in *O Aleph*, op. cit., pp. 78-79; OC I, p. 579; EC I, p. 1029.
34 Ibid., p. 79; OC I, p. 580; EC I, p. 1029.

lhe ensinamos a violência e a fé da espada. Essa espada nos mata e somos comparáveis ao feiticeiro que tece um labirinto e se vê forçado a errar nele até o fim de seus dias, ou a David, que julga um desconhecido e o condena à morte e ouve mais tarde a revelação: "Tu és aquele homem". Muitas coisas é preciso destruir para construir a nova ordem; agora sabemos que a Alemanha é uma dessas coisas. Demos algo mais do que nossa vida, demos a sorte de nosso querido país. Que outros maldigam e outros chorem; eu me regozijo de que nosso dom seja orbicular e perfeito.

Uma época implacável pesa agora sobre o mundo. Nós a forjamos, nós, que já somos sua vítima. Que importa que a Inglaterra seja o martelo e nós a bigorna? O importante é que mande a violência, não a servil timidez cristã. Se a vitória e a injustiça e a felicidade não são para a Alemanha, que sejam para as outras nações. Que o céu exista, embora nosso lugar seja o inferno.[35]

Igualmente admirador de Schopenhauer, Otto Dietrich pensa e escreve exatamente como Borges. O procedimento é o mesmo: assim como é preciso encontrar nos anais da memória uma resposta que explique a escolha individual, assim também a história coletiva realiza mais uma vez o que já havia sido prenunciado. Dietrich detecta ao longo da história a recorrência de um mesmo traço característico que explica interiormente o nazismo e seu fracasso previsível. O movimento nazista é a repetição de gestos anteriores: forja inconscientemente algo inesperado, surpreendente, para si mesmo, mas inteiramente coerente consigo. A própria derrota e a vitória do adversário são o seu resultado, e a dinâmica é a mesma, com sinal invertido, das invenções e descobertas (de Ésquilo, de Poe etc.) que descortinam um horizonte novo. Não foram exatamente os aliados que ganharam; foi o próprio nazismo que trazia em si a autocondenação e autodestruição. O mesmo ocorre com os que aderiram a ele. O "eu" de Hitler não sabia o que queria, mas sua vontade, seu sangue,

---

35 Ibid., p. 80; OC I, p. 580; EC I, pp. 1029-30.

sabiam. Otto Dietrich é Borges, no modo de investigar o problema, de encontrar a resposta, mas também no que diz acerca do nazismo.

Com efeito, no breve ensaio sobre a entrada dos aliados em Paris ("Nota ao 23 de agosto de 1944"), o escritor argentino escreve:

> Ser nazi (pretender ser a barbárie enérgica, pretender ser um viking, um tártaro, um conquistador do século XVI, um *gaucho*, um pele-vermelha) é, ao longo prazo, uma impossibilidade mental e moral. O nazismo padece de irrealidade, como os infernos de Erígena. É inabitável; os homens apenas podem morrer por ele, mentir por ele, matar e ensanguentar por ele. Ninguém, na solidão central de seu eu, pode almejar que ele triunfe. Arrisco uma conjectura: *Hitler quer ser derrotado*. Hitler, de um modo cego, colabora com os inevitáveis exércitos que o aniquilarão, como os abutres de metal e o dragão (que não devem ter ignorado que eram monstruosos) colaboravam, misteriosamente, com Hércules.[36]

Como costuma acontecer com o escritor, o ensaio, redigido antes do fim da guerra, já contém em boa medida as ideias do conto que será publicado um pouco depois dela. Mas o conto só se reveste da armação que tem porque Borges consegue reunir no mesmo fio narrativo a história pessoal de Otto Dietrich zur Linde (que ali faz as vezes de um Hitler que chega à autoconsciência) e a história da Alemanha nazista. No primeiro bloco, revisitando na memória as ocorrências nefastas que viveu e perpetrou, Otto Dietrich consegue perceber o impulso irracional que o predestinava às suas decisões; no segundo, finda a guerra, é a vez da Alemanha de olhar para trás e ver como também ela havia sido guiada por um ímpeto interior desatinado, do qual não

---

36 J. L. Borges, "Nota ao 23 de agosto de 1944", in *Outras inquisições*, op. cit., p. 155; OC II, p. 106; EC II, p. 96.

se dava conta, por uma força de tal natureza que, como no caso do torturador, foi vencida pela própria destruição que buscava.

Há, portanto, uma homologia entre a pequena e a grande história, já que "*también la historia de los pueblos registra una continuidad secreta*".[37] Seria natural objetar que isso tudo cheira a determinismo. Os homens, os povos estariam condicionados por uma essência que faz deles o que são; bastaria olhar os exemplos. Mas parece que é o contrário. Sem dúvida, nem todo facínora terá a lucidez do torturador de Tarnowitz, porque raramente se consegue estabelecer uma compreensão dos próprios impulsos e ações, compreensão que, como já foi assinalado, só vem com essas mesmas ações. Embora pressentidos, os rumos históricos nunca podem ser previstos; eles se revelam sempre *post factum*. O ensaio sobre a libertação de Paris explica melhor o sentido do suposto determinismo histórico de Borges, ao mostrar que o lúcido e apaixonado Schopenhauer viu algo que foi confirmado por Walt Whitman e Sigmund Freud, isto é, de que todo o problema está talvez em que "os homens dispõem de pouca informação acerca dos móveis profundos de sua conduta".[38] A Alemanha nazista chegou ao fim; nada garante que algo terrível semelhante não retornará.

Seja como for, o conto revela, ainda que pelo avesso perverso, como funciona a correlação entre história individual e história coletiva para Borges, dando também o que pensar sobre o modo como a narrativa ficcional internaliza a História. O narrador de algum modo anteviu em sua catástrofe o prenúncio e a explicação da catástrofe do seu país: Otto Dietrich, versado nas tecnicidades da filosofia schopenhaueriana, escreve que é a *teleologia individual* que revela a ordem secreta das coisas. Isso não significa que ele pode modificar os rumos de sua nação, nem precisa carregar a culpa por ela. Pois se os indivíduos já têm dificuldade de en-

---

37 Id., "Deutsches Requiem", in *O Aleph*, op. cit., p. 80; OC I, p. 580; EC I, p. 1029.
38 Ibid., p. 154; OC II, p. 105; EC II, p. 95.

tender antecipadamente o que se passa neles mesmos, muito pior, certamente, é o que pode ocorrer com as engrenagens coletivas.

As formas da história

A compreensão da História se faz de maneira análoga ao reconhecimento do destino individual. Em *Outras inquisições* se encontra um breve ensaio, já mencionado antes, cujo título diz sem meias palavras o processo que vai descrever: "*De alguién a nadie*". De alguém a ninguém: espécie de verbete de enciclopédia fortuito, ditado pela memória um tanto aleatória do autor,[39] o texto relata sucintamente o percurso de abstração, ou melhor, de *despersonalização* ocorrido ao longo da história da religião e da filosofia, cujo ápice teria sido a teologia negativa, a concepção de que Deus é "Nada e Nada". A imaterialização despersonalizante expressa a crença já bastante difundida de que essa negatividade "é mais que um Quem ou um Quê".[40] No meio do ensaio, se lê: "Nada se deve afirmar d'Ele; tudo se pode negar. Schopenhauer [sempre ele!] anota secamente: 'Essa teologia é a única verdadeira, mas não tem conteúdo'".[41] Curioso paradoxo este em que o processo abstrativo de despersonalização está na base da formação do culto e da aura que cingem a personalidade, o que é exemplificado na compreensão de Shakespeare por Cole-

---

39 "O processo que acabo de ilustrar é, por certo, aleatório". J. L. Borges, "De alguém a ninguém", in *Outras inquisições*, op. cit., p. 169; OC II, p. 116; EC II, p. 104.
40 Ibid.; OC II, p. 116; EC II, p. 104.
41 Ibid., p. 168; OC II, p. 115; EC II, p. 103. A frase citada se encontra num manuscrito póstumo de Schopenhauer: HN, vol. III, Foliant II, n. 215 (1827), p. 344. Isso mostra mais uma vez o alto grau da erudição borgiana em se tratando das obras do filósofo.

ridge (para este, "Shakespeare já não é um homem, mas uma variação literária do infinito Deus de Espinosa")[42] ou de Hazlitt:

> Shakespeare em tudo se assemelha a todos os homens, exceto no fato de assemelhar-se a todos os homens. No íntimo não era nada, mas era tudo o que são os demais, ou o que podem ser.[43]

Com a simplicidade de sempre, Borges mostra em seguida a falácia que está por trás desse processo abstrativo:

> Ser uma coisa é, inexoravelmente, não ser todas as outras coisas; a intuição confusa dessa verdade induziu os homens a imaginar que não ser é mais do que ser algo e que, de certo modo, é ser tudo.[44]

A frase que conclui o ensaio revela o quanto a concepção borgiana de História é schopenhaueriana em sua essência:

> Schopenhauer escreveu que a história é um interminável e perplexo sonho das gerações humanas; no sonho, há formas que se repetem, talvez não haja nada além de formas; uma delas é o processo que esta página denuncia.[45]

Borges sabe como explorar a dupla dimensão do mundo schopenhaueriano, ao mostrar agora que a história — quando se afasta da vida individual, que é seu ancoradouro — se torna *mera* representação, isto é, *mero* sonho. A História como sonho coletivo pode

---

42 J. L. Borges, "De alguém a ninguém", in *Outras inquisições*, op. cit., p. 169; OC II, p. 116; EC II, p. 104. Como foi mencionado antes, o escritor também brinca com a própria despersonalização em "Borges y yo". Kafka corre menos risco de desaparecimento por assimilação, isto é, por se parecer com muitos. Cf. acima p. 94.

43 Ibid., pp. 169-70; OC II, p. 116; EC II, p. 104. A passagem soa borgiana, mas é citação de William Hazlitt.

44 Ibid., p. 170; OC II, p. 117; EC II, p. 104.

45 Ibid.; OC II, p. 117; EC II, p. 104.

ter também um significado negativo. A produção onírica tem, portanto, dupla face, e uma atitude filosófica não ingênua precisa saber se mover conforme essa dupla perspectiva. A metafísica do sonho requer, assim, uma postura crítica, que tem surpreendente afinidade com a crítica ideológica marxista. Pois, como esta, ela pode denunciar as *formas* que se autonomizam e descolam do seu processo de produção, formas que, pairando no empíreo da abstração, podem ser descritas como "alienação" ou como "representação". Sem perder minimamente sua aversão pelo materialismo dialético, e sem cair num realismo ingênuo, Borges percebe que a Vontade funciona como um lastro do real, e o mundo representativo não passa de uma construção ilusória, fantasmagórica. É por isso que muitos de seus contos procuram explorar, como em Kafka, situações em que não há senão formas, espelhos, em que se perde todo o sentido de orientação. Entretanto, o processo não é unilateral, mas ambivalente. E a complexidade dele exige entender como o mesmo movimento precisa ser encarado de dois pontos de vista. Não se pode pensar a representação sem a Vontade; a Vontade só se exterioriza na representação.[46]

---

46 Sobre a inseparabilidade dos dois pontos de vista é indispensável o trabalho de Maria Lúcia Cacciola, *Schopenhauer e a questão do dogmatismo*. São Paulo: Edusp, 1994. Para a origem do conceito de alienação no pós-kantismo, ver Rubens Rodrigues Torres Filho, *O espírito e a letra. Ensaio sobre a imaginação pura em Fichte*. São Paulo: Ática, 1975. Como dito, o realismo ingênuo da filosofia da história hegeliana suporia, segundo Schopenhauer, que o mundo fenomênico seja tomado como real e que as transformações (constituições, legislações, máquinas a vapor, telégrafos etc.) levem à realização da finalidade última do gênero humano na Terra. No fundo, essa visão seria eudemonista, de um filistinismo inveterado e de um mau cristianismo. Cf. A. Schopenhauer, "Über Geschichte", in *O mundo como vontade e representação*, sw, vol. II, Suplementos, p. 569. Para uma aproximação geral de Schopenhauer com o materialismo dialético, ver Alfred Schmidt, "Schopenhauer und der Materialismus", in *Tugend und Weltlauf. Vorträge auf Aufsätze über die Philosophie Schopenhauers (1960-2003)*. Frankfurt: Lang, 2004, pp. 105-49. Em português: *Schopenhauer e o materialismo*. Trad. de Maria Lúcia Cacciola. São Paulo: Clandestina, 2022.

A flor do Paraíso

"A flor de Coleridge", ensaio publicado em *Outras inquisições*, contém algumas observações que ajudam a entender melhor o *background* metafísico do universo histórico-literário borgiano. O texto começa pinçando uma afirmação feita por Paul Valéry em 1938, de que a história da literatura pode prescindir do nome dos autores e dos acidentes de sua carreira. Segundo Valéry, a história da literatura deve ser uma História do Espírito, que é o verdadeiro produtor e consumidor da literatura. A história da literatura poderia, portanto, "ser levada a termo sem a menção de um único escritor".[1] Borges faz um comentário bem-humorado dessa afirmação: "Não era a primeira vez que o Espírito formulava essa observação". Em 1884, Emerson teria constatado algo semelhante, e vinte anos antes também Shelley na *Defesa da poesia*.[2] Em seu comentário, o ensaio abdica de se embrenhar pela temática, que daria azo a um "interminável

---

1 J. L. Borges, "A flor de Coleridge", in *Outras inquisições*. Trad. de Davi Arrigucci Jr. São Paulo: Companhia das Letras, 2012, p. 18; OC II, p. 17; EC II, p. 18. Ver também a resenha de 1938 "'Introduction à la poétique', de Paul Valéry", in Id., *Textos cautivos*. Org. de Enrique Sacerio-Garí e Emir Rodríguez Monegal. Madri: Alianza, 2005, pp. 247-49.

2 Ibid.; OC II, p. 17; EC II, p. 18.

debate", mas o mote está lançado. O seu "modesto propósito" é fazer a "história da evolução de uma ideia" recorrendo aos préstimos de três autores.

O primeiro excerto é tirado de uma nota de Coleridge, escrita entre fins do século XVIII e princípios do XIX. Ela diz:

> Se um homem atravessasse o Paraíso num sonho, e lhe dessem uma flor como prova de que lá estivera, se ao despertar encontrasse essa flor em sua mão... o que dizer então?[3]

Os outros dois exemplos vêm de H. G. Wells e do "triste e labiríntico" Henry James. Problemas historiográficos à parte (Wells provavelmente não conhece a passagem de Coleridge, mas James conhece o romance de Wells), o que importa é a correlação existente entre as três tramas. Borges afirma em nota que ele mesmo simplesmente não leu o livro inacabado de Henry James, conhecendo-o indiretamente pela análise de Stephen Spender (*The Destructive Element*). Mas o que, afinal, haveria de comum entre a narrativa *in nuce* do poeta Coleridge, o romance de ficção científica de Wells e o "romance de caráter fantástico" de James? Na trama de *The Time Machine* de Wells, o protagonista viaja fisicamente ao futuro e "volta arrasado, coberto de poeira e maus-tratos", enquanto em *The Sense of Past*, de James, o herói Ralph Pendrel se transporta ao século XVIII e traz de lá um retrato que representa misteriosamente a si mesmo. Flor, poeira e retrato constituem, pois, os símbolos, os elementos da comparação: eles saem da ficção e entram na realidade, permitindo a aproximação entre os textos heterogêneos. A dificuldade que há em entender o ensaio é que ele pode e deve ser lido simultaneamente em duas chaves, não excludentes, mas convergentes e complementares.

Na lógica interna ao texto, Coleridge, Wells e Henry James não são propriamente os autores de suas histórias. Isso daria

---

3 Ibid., p. 19; OC II, p. 17; EC II, p. 18.

razão a Valéry, para quem a história da literatura, como História do Espírito, prescinde dos escritores individuais. Se é assim, vale o comentário:

> É verossímil que Wells desconhecesse o texto de Coleridge; Henry James conhecia e admirava o texto de Wells. É claro que, se for válida a doutrina de que todos os autores são um único autor, tais fatos são insignificantes.[4]

Coleridge, Wells e Henry James são na verdade apenas os porta-vozes circunstanciais de uma mesma ideia; eles escrevem em nome de um Autor anônimo que é todos e nenhum deles. Mas a explicação não precisa ser necessariamente a de Valéry, nem muito menos foi descoberta por ele, por Emerson ou Shelley. Ela já era sabida de muito antes:

> A rigor, não é indispensável ir tão longe; o panteísta que declara que a pluralidade dos autores é ilusória encontra inesperado apoio no classicista, para quem essa pluralidade importa muito pouco. Para as mentes clássicas o essencial é a literatura, não os indivíduos.[5]

A inventividade borgiana, sua capacidade de aproximar coisas heterogêneas (que já foi sugerida antes e será mais estudada na sequência), promove aqui um encontro inesperado entre as "mentes clássicas" (George Moore, James Joyce, Oscar Wilde são os escritores citados), que tendem à impessoalidade, à incorporação em suas obras de "páginas e sentenças alheias", e o panteísmo, aquela doutrina formulada pelo brilhante pensador de Tlön segundo a qual todos os sujeitos são um só — doutrina que tem como correlato terrestre a metafísica da vontade de Schopenhauer, mas que, além disso, se casa perfeitamente bem com a defesa do escritor

---

4   Ibid., p. 21; OC II, pp. 18-19; EC II, p. 19.
5   Ibid.; OC II, p. 19; EC II, pp. 19-20.

único em Valéry, Shelley e Emerson. A doutrina panteísta, como se lê no conto, também prevaleceu nos "hábitos literários" do planeta, onde é "raro que os livros sejam assinados" e "não existe o conceito de plágio": ali ficou estabelecido que "todas as obras são obra de um só autor, que é intemporal e anônimo".[6] Obviamente, essa fusão do escritor clássico com o panteísta pode ser lida como descrição das convicções estilísticas e filosóficas mais profundas do próprio Borges. Ele não só procura a apropriação de sentenças e ideias dos outros como acredita que os escritores podem ser identificados como um só,[7] se procedem de maneira similar formulando um problema, trabalhando com uma metáfora, elaborando uma intriga semelhante.

Mas, em paralelo a essa discussão sobre a autoria, o ensaio também pode ser lido por um enfoque mais amplo, que ajuda na compreensão do que é a condição de anonimato do autor ou sua existência como Sujeito único. Examinada mais de perto, a flor de Coleridge põe em evidência um procedimento geral:

> Não sei o que meu leitor vai opinar sobre essa fantasia; eu a considero perfeita. Usá-la como base de outras invenções felizes parece, à primeira vista, impossível; tem a completude e a unidade de um *terminus ad quem*, de uma meta. E de fato é;

---

[6] J. L. Borges, "Tlön, Uqbar, Orbis Tertius", in *Ficções*. Trad. de Davi Arrigucci Jr. São Paulo: Companhia das Letras, 2015, 2ª ed., p. 26; OC I, p. 439; EC I, pp. 837-38.

[7] Todos os autores são um só: a tese pode ser infletida também na ideia de que um só autor comporta todos os outros, ele é a literatura inteira. É o que afirma o último parágrafo do ensaio: "Uma última observação. Aqueles que copiam minuciosamente um escritor agem impessoalmente, porque confundem esse escritor com a literatura, suspeitando que afastar-se dele num ponto é afastar-se da razão e da ortodoxia. Durante muitos anos, acreditei que a quase infinita literatura estivesse num homem. Esse homem foi Carlyle, foi Johannes Becher, foi Whitman, foi Rafael Cansinos-Asséns, foi De Quincey". J. L. Borges, "A flor de Coleridge", in *Outras inquisições*, op. cit., p. 22; OC II, p. 19; EC II, p. 20.

na esfera da literatura, assim como em outras, não há ato que não seja o coroamento de uma infinita série de causas e o manancial de uma série de efeitos. Atrás da invenção de Coleridge se acha a geral e antiga invenção de amantes que pediram uma flor como prova de amor.[8]

A flor de Coleridge condensa a história da infinita série de amantes que pediram e hão de pedir uma prova de amor, e sua fantasia extravasa os limites do ensaio, porque ela é uma unidade completa, fechada, um *terminus ad quem*. A afirmação pode parecer descabida, mas a flor de Coleridge é, na verdade, uma versão correlata, similar, do procedimento encontrado nas "Ruínas circulares", em que o forasteiro viaja para o Sul porque quer ali realizar o seu desejo de colocar o filho dos seus sonhos no mundo. O homem que desperta com a flor na mão não representa, portanto, apenas *este* enredo particular que será retomado por Wells e Henry James, porque ele é a própria lógica da criação poética enquanto criação onírica, a lógica na qual a invenção literária é concebida como possibilidade de trazer algo sonhado para o mundo real. O sonho é uma página que o poeta individual escreve no Livro anônimo, na obra de um Autor coletivo chamada História; o sonhador que traz algo do sonho para a vida tem para com a escrita da história coletiva uma relação metonímica. Borges entendeu, a seu modo, que a metafísica schopenhaueriana era um panteísmo em que Deus foi substituído pela Vontade, e que cada indivíduo não era um atributo da substância divina, mas ele mesmo um pequeno deus que contribui com sua parcela de sonho para a vida simbólica do universo. O leitor há de se lembrar: a terceira razão capital para a vitória do panteísmo idealista em Tlön era a "possibilidade de conservar os cultos dos deuses".[9] O panteísmo tlöniano,

---

8   Ibid., p. 19; OC I, p. 17; EC I, p. 18.
9   J. L. Borges, "Tlön, Uqbar, Orbis Tertius", in *Ficções*, op. cit., p. 25; OC I, p. 438; EC I, p. 837.

a doutrina clássica de Valéry, mesmo com a dissolução do autor, não exclui esse politeísmo.

O palácio dos sonhos

Se esta interpretação é plausível, o próximo ensaio de *Outras inquisições*, dedicado ao *Kubla Khan* de Coleridge, aprofunda o tema do anterior, enumerando, além do poema, casos extraordinários de criações artísticas extraídas de sonhos: o *Trillo del diavolo*, de Giuseppe Tartini; o argumento de "Olalla" e de *O médico e o monstro*, de Stevenson; o sonho de Caedmon na *História eclesiástica do povo inglês*, de São Beda.[10] Os exemplos poderiam se multiplicar. Há, no entanto, segundo o ensaio, um "fato ulterior" que "engrandece até o insondável a maravilha do sonho" sonhado e perpetuado por Coleridge. É que, vinte anos depois da publicação do relato que explica a origem do poema em 1816, vem à luz em Paris o *Compêndio de histórias* de Rashid ed-Din, escrito no século XIV, no qual se afirma que Kubla Khan ergueu seu palácio segundo um projeto que havia visto em sonho. Para Borges, o fato espantoso é que Coleridge, ao escrever seu poema, não sabia que o próprio palácio tinha saído de um sonho:

> Um imperador mongol, no século XIII, sonha um palácio e o constrói conforme a sua visão; no século XVIII, um poeta inglês, que não podia saber que essa construção resultara de um sonho, sonha um poema sobre o palácio. Confrontadas com essa simetria, que trabalha com almas de homens que dormem e abrange continentes e séculos, são nada ou muito pouco, parece-me, as levitações, ressurreições e aparições dos livros piedosos.[11]

---

10 Id., "O sonho de Coleridge", in *Outras inquisições*, op. cit., pp. 24-25; OC II, pp. 20-21; EC II, pp. 21-22.
11 Ibid., p. 26; OC II, p. 22; EC II, p. 22.

Várias explicações podem ser conjecturadas para explicar a simetria entre as almas dos sonhadores. O fato é que o primeiro sonho

> agregou um palácio à realidade; o segundo, que se produziu cinco séculos depois, um poema (ou início de poema) sugerido pelo palácio; a semelhança dos sonhos deixa entrever um plano; o intervalo enorme revela um executor sobre-humano. Indagar o propósito desse imortal ou desse longevo seria, talvez, tão atrevido quanto inútil, mas é lícito suspeitar que não o tenha conseguido.[12]

É verossímil supor que há uma conexão entre os dois sonhos, um "projeto" que os liga, mas é difícil imaginar qual seja o propósito superior que os une. Há aqui um resto da crítica à teleologia supraindividual por parte de Schopenhauer (retomada quase literalmente pela imagem: "a história dos sonhos é coincidência, um desenho traçado pelo acaso, como as formas de leões ou cavalos que às vezes as nuvens configuram").[13] Seja como for, a correlação existe e se impõe. E, em sendo assim,

> alguém, numa noite que os séculos separam de nós, sonhará o mesmo sonho sem suspeitar que outros o sonharam e lhe dará a forma de um mármore ou de uma música. Talvez a série de sonhos não tenha fim, talvez a chave esteja no último.[14]

---

12 Ibid., p. 27; OC II, p. 22; EC II, p. 23.
13 Ibid., p. 26; OC II, p. 22; EC II, pp. 22-23. Cf. A. Schopenhauer, "Über Geschichte", in *O mundo como vontade e representação*, SW, vol. II, Suplementos, p. 568. Ver acima nota 15 do capítulo "A história como sonho coletivo", p. 104.
14 J. L. Borges, "O sonho de Coleridge", in *Outras inquisições*, op. cit., p. 28; OC II, p. 23; EC II, p. 23.

Diferentemente do que ocorre com a fantasia da flor que sai do sonho para o real — imagem que chegou a seu acabamento perfeito, a seu *terminus ad quem* —, a página de "extraordinário esplendor" de Coleridge restou fragmentária, e o palácio construído por Kubla Khan acabou em ruína. Juntando os dois ensaios, parece válida a inferência: a humanidade está à espera de alguém que possa encontrar a *forma definitiva* daquele arquétipo ainda não inteiramente revelado (o "objeto eterno" na nomenclatura de Whitehead).[15] Se este é o caso, sonhos coletivos padecem da mesma incapacidade de que se ressente Borges quando, em seus sonhos, se põe a *causar um tigre*: esses sonhos jamais conseguem "engendrar a apetecida fera". O tigre aparece, mas seco e débil, com "impuras variações de forma", de um "tamanho inadmissível", ou puxando a cachorro ou pássaro.[16] A lição de Jean Paul e Schopenhauer ajuda a explicar a dificuldade: o sonho não obedece ao arbítrio do sonhador, mas à sua vontade. Também há algo de platônico nisso tudo: a natureza é imperfeita, e só a bela arte mesma é capaz de chegar a formas perfeitas. Seja como for, os sonhos imperfeitos, fragmentários, também fazem parte das redes de analogias, de simetrias, tecidas pela criação onírica. A estética borgiana não é só uma poética: ela é extensiva também à arquitetura, às artes plásticas, à música e às outras formas de invenção humana. Como a história da literatura, a história das artes é a tentativa mais ou menos bem-sucedida de arquitetar e realizar os sonhos.

---

15   Ibid., p. 28; OC II, p. 23; EC II, p. 23.
16   J. L. Borges, "Dreamtigers", in *O fazedor*. Trad. de Josely Vianna Baptista. São Paulo: Companhia das Letras, 2008, p. 14; OC II, p. 161; EC II, p. 275.

A diversidade onírica e o sonho monotemático

Apresentados os antecedentes (um tigre, um cego, um astrolábio, uma pequena bússola, um veio no mármore etc.) de que a moeda de vinte centavos é o avatar, e a data em que Borges a recebeu (7 de julho, de madrugada), a narrativa começa propriamente com a notícia da morte de Teodelina Villar, ocorrida no dia anterior. Depois de historiar brevemente a carreira daquela mulher cujos retratos abarrotaram há vinte anos as revistas mundanas, daquela que "ensaiava contínuas metamorfoses", o narrador vai ao seu velório, e ali depara com a face imóvel da falecida, com a última versão de um rosto que antes tanto o inquietara; essa versão se fixará para ele como sendo a primeira e a última. Eis a cena inicial do conto "O Zahir".

Saindo do velório, Borges vai tomar aguardente de laranja num armazém que ainda permanece aberto durante a madrugada, na esquina da rua Chile com a Tacuarí. Ali recebe de troco a fatídica moeda de vinte centavos. Logo ao sair do local onde, para a sua "desgraça, três homens jogavam truco", põe-se a pensar que não há moeda que não seja símbolo de outras "que resplandecem infindavelmente na história e na fábula": o óbolo de Caronte, o óbolo pedido por Belisário, as trinta moedas de

Judas, as dracmas da cortesã Laís etc.[1] É a segunda vez, e não a última, que o procedimento de arrolar casos similares ocorre no conto (na primeira, a moeda é avatar do Zahir e também símbolo de outras moedas). A ênfase não será casual. Mas alguma coisa de diferente acontece depois que Borges percorre a longa série de imagens afins ao seu símbolo. O pensamento de que toda moeda pode dar ensejo àquelas "ilustres conotações" que vinha fazendo ao caminhar depois de sair do bar lhe pareceu — "como num sonho" — de "vasta, embora inexplicável, importância".[2] Nesse momento se dá conta de que estava a uma quadra do mesmo armazém, agora fechado. Ele havia andado em círculo.

Ao tomar um táxi na rua Belgrano ("insone, possesso, quase feliz"), ele reinicia suas reflexões, encetando nova série de aproximações. Não há nada de mais abstrato, de menos material que o dinheiro, e mesmo uma moeda como aquela de vinte centavos pode ser, a rigor, "um repertório de futuros possíveis" — uma tarde nos arredores, uma música de Brahms, mapas, xadrez, café;[3] ela é "Proteu mais versátil que o da ilha de Faros".[4] Daí para as explicações filosóficas (insuficientes, é claro), o salto é pequeno: Borges dorme após "tenazes cavilações", mas sonha que tinha se convertido em moedas que um grifo vigiava.

No dia seguinte, procura se desvencilhar do Zahir, pagando com a moeda a aguardente que toma num boteco qualquer de uma rua que procura não saber o nome. Naquela noite dorme tranquilo, graças a um sonífero. O restante do mês ele passa distraído, escrevendo uma narrativa fantástica (mas nela há, em paralelo com o sonho, um asceta e um tesouro, que são, res-

---

1   J. L. Borges, "O Zahir", in *O Aleph*. Trad. de Davi Arrigucci Jr. São Paulo: Companhia das Letras, 2008, p. 96; OC I, p. 591; EC I, p. 1038.
2   Ibid.; OC I, p. 591; EC I, p. 1039.
3   Ibid., p. 97; OC I, p. 591; EC I, p. 1039.
4   Ibid.; OC I, p. 591; EC I, p. 1039.

pectivamente, a serpente Fafnir e o tesouro dos Nibelungos).[5] A moeda, no entanto, é renitente. Tem início então a quarta seriação da narrativa. A fim de se desviar da ideia fixa, Borges começa a testar substitutos para ela (já que todas as moedas se equivalem): cinco ou dez centavos chilenos, um vintém uruguaio, uma libra esterlina estudada com lente de aumento e sob uma poderosa lâmpada elétrica. Em vão. Ele procura um psiquiatra, mas a solução, fatal, está na monografia de Julius Barlach, *Urkunden zur Geschichte der Zahirsage* [*Documentos para a história da lenda do Zahir*], que explica a obsessão provocada por objetos que não podem ser evitados. O livro enseja a quinta seriação, bem mais exaustiva, dos testemunhos históricos referentes à loucura provocada por eles. Essa enumeração simbólica é um prenúncio fatídico: Borges acaba se convencendo de que estará louco até 1948, o que lhe é confirmado pela notícia recebida no velório de que Julia de Abascal, tia de Teodelina Villar, havia sido internada num hospício, tendo ficado obcecada por uma moeda, exatamente como ocorrera ao motorista de outra senhora da sociedade portenha. O último parágrafo do conto deixa entrever uma saída mística para a insanidade. Antes disso, porém, o narrador relembra e tira consequências fantásticas das explicações de Schopenhauer:

> Segundo a doutrina idealista, os verbos *viver* e *sonhar* são rigorosamente sinônimos; de milhares de aparências passarei a uma; de um sonho muito complexo a um sonho muito simples. Outros sonharão que estou louco e eu com o Zahir. Quando

---

5   Ibid., p. 98; OC I, p. 592; EC I, p. 1040. Sobre a simbologia do conto (grifo, serpente, anel de Nibelungos), ver Jaime Alazraki, "Estructura y función de los sueños en los cuentos de Borges". *Iberoromania*, Madri, n. 3, 1975, pp. 16-18.

todos os homens da Terra pensarem, dia e noite, no Zahir, o que será sonho e o que será realidade, a Terra ou o Zahir?[6]

Viver é um sonho longo; sonhar, um sonho curto, já havia dito Schopenhauer. Borges adota a premissa, e lhe dá aqui uma inflexão extraordinária: é verdade que todos os homens sonham o mesmo sonho — o mundo fenomênico, o mundo que todos têm diante dos olhos. O que não quer dizer que este mundo seja como os epistemólogos imaginam, um mundo incolor e insosso, feito de qualidades primárias (de tempo, espaço e causalidade). Como numa fotografia ou filme, este é apenas o enquadramento que serve de cena para os acontecimentos oníricos, o tablado comum em que os homens contracenam uns com os outros. Nesse palco não se representa uma única peça; o repertório é farto, vasto, infindo, já que cada indivíduo é capaz de trazer para ele uma parte de seus sonhos (uma intriga, um palácio, uma flor, uma melodia). O que ocorre com o Zahir é que alguém possuído por ele se desconecta dessa cena e de sua enorme gama de virtualidades, perdendo a chance de transitar por uma rede de símbolos cuja combinatória é saudável justamente por ser variável ao infinito. Exatamente como Teodelina Villar morta, Borges enlouquecido se reduzirá a uma imagem congelada de si; ele passará do grande, amplo e complexo sonho dos homens ao sonho monotemático da insânia. O problema é que esse processo regressivo pode ter um efeito ainda mais devastador, ao se converter em loucura coletiva. Certamente

---

6 J. L. Borges, "O Zahir", in *O Aleph*, op. cit., p. 103; OC I, p. 595; EC I, p. 1042. Pouco antes, o conto faz menção a outra ideia de Schopenhauer. Como já se disse antes, ela é relembrada para explicar a frase de Tennyson, segundo a qual "se pudéssemos compreender uma única flor, saberíamos quem somos e quem é o mundo". Talvez Tennyson quisesse dizer que "o mundo visível se dá inteiro em cada representação, do mesmo modo que a vontade, segundo Schopenhauer, se dá inteira em cada sujeito". Ibid., p. 102; OC I, pp. 694-96; EC I, p. 1042. Cf. acima nota 19 do capítulo "Individualidade e tipicidade", p. 92.

não por acaso, mas com toda a consciência, a escolha do Zahir do conto recai sobre uma moeda, que, como todo numerário, abre possibilidades abstratas infindas de consumo e posse, mas achata, na mesma proporção, o potencial simbólico.[7] Mesmo que a moeda e o tesouro ainda se situem no campo das representações imaginárias (óbolo de Caronte, Nibelungos etc.), o caminho tomado pelo narrador vai se estreitando até ele ver seu horizonte se fechar. Borges passará a sonhar somente com o Zahir, e seus conhecidos sonharão apenas que está louco.[8] O risco maior então é que a própria Terra se torne o Zahir, com as pessoas reduzidas à indigência simbólica de terem todas o mesmo sonho. Essa Terra depauperada seria o avesso de Tlön. Pois, em Tlön, as ciências, os sistemas metafísicos se multiplicam indefinidamente, e mesmo aqui na Terra atual ainda existe, pelo menos, aquela "dispersa dinastia de solitários" que insiste em querer mudar a face do mundo. O conto sobre o Zahir apresenta, assim, em negativo, o sistema de produção simbólica ideado por Borges a partir da sua compreensão da metafísica onírico-voluntarista de Schopenhauer. Em vez de enriquecimento imagético, o Zahir é o risco de definhamento mental provocado pela escassez simbólica. Se é a moeda que impera, o palco do mundo está vazio, os rios de histórias prestes a secar. O que vai na direção contrária da teleologia inerente ao universo, cujo propósito seria, segundo Borges, buscar a *variedade*.[9]

---

[7] "O dinheiro", afirma Schopenhauer, "é a felicidade humana *in abstracto*", em "Observações psicológicas", in Id., *Parerga e paralipomena*, II, SW, vol. V, § 320. Cf. Laura Rosato e Germán Álvarez, *Borges, libros y lecturas*. Buenos Aires: Biblioteca Nacional, 2017 [2010], ed. rev., ampl., p. 310.

[8] A mesma coisa ocorreu com o poeta judeu David Jerusalem, torturado por Otto Dietrich zur Linde em "Deutsches Requiem". Ele se suicidou depois que seu algoz conseguiu fazê-lo pensar numa coisa da qual o torturado não consegue se libertar. Cf. acima pp. 112-13.

[9] Cf. acima nota 5 do capítulo "Os sonhos e a brevidade do conto", p. 76.

A metáfora em expansão

Um homem que sabia todas as palavras olhou com minucioso amor as plantas e os pássaros desta terra e os definiu, talvez para sempre, e escreveu com metáforas de metais a vasta crônica dos tumultuosos poentes e das formas da lua. Essas coisas, agora, são como se não tivessem sido, mas num quarto de hotel, por volta de mil oitocentos e sessenta e tantos, um homem sonhou uma peleja. Um gaucho alça um moreno com o punhal, arremessa-o como a um saco de ossos, o vê agonizar e morrer, se agacha para limpar o aço, desprende o cavalo e monta devagar, para que não pensem que foge. O que aconteceu uma vez volta a acontecer, infinitamente; os exércitos visíveis se foram e resta um pobre duelo de punhal; o sonho de um é parte da memória de todos.

J. L. BORGES[1]

---

1 "Martín Fierro", in *O fazedor*. Trad. de Josely Vianna Baptista. São Paulo: Companhia das Letras, 2008, pp. 37-38; OC II, p. 175; EC II, p. 289. Tradução ligeiramente modificada.

A memória de todos

O sonho de alguém, o sonho com *valor de cifra* que alguém sonhou em algum ano do século XIX num obscuro quarto de hotel, será lembrado, passará a fazer parte da *memória de todos*. Comentando essas linhas finais do texto sobre Martín Fierro de *O fazedor*, Jaime Alazraki procura mostrar como Borges "recoloca ou reapresenta [*replantea*] a batalha entre a espada e os livros num contexto argentino";[2] ou, como no título de Sarmiento, a batalha entre civilização e barbárie. Os argentinos se identificam com o *gaucho*, com sua valentia, sua rejeição à cidade, seu "destino de lobo". O sonho com o *gaucho* que apunhala o *moreno* em duelo teria, segundo o crítico, o alcance daquilo que Jung denomina "sonho grande" ou "significativo", e, por isso, a transformação do herói pampiano em símbolo nacional dos argentinos faria dele um "arquétipo" no sentido junguiano, uma "representação coletiva", segundo a conceituação de Lévy-Bruhl, ou ainda uma "categoria da imaginação", segundo a religião comparada.[3] Contudo, o próprio Alazraki percebe, nesse mesmo texto, as limitações do modelo junguiano, quando examina o sonho com a partida de xadrez do conto "O milagre secreto" (em *Ficções*). É insuficiente, afirma, explicar o sentido dessa partida pelo modelo junguiano do confronto entre a mente consciente que quer reprimir o inconsciente e preservar sua posição: segundo o crítico, não se pode de maneira alguma esquecer ali o contexto, a noite anterior à entrada

---

2 Jaime Alazraki, "Estructura y función de los sueños en los cuentos de Borges". *Iberoromania*, Madri, n. 3, 1975, p. 34.

3 Ibid., 34-35. "Borges usa uma palavra-chave em sua obra, 'símbolo', mas aponta para essa mesma ideia de um 'inconsciente coletivo que não se desenvolve individualmente, mas que é herdado e consiste de formas pré-existentes, os arquétipos, que dão forma definitiva a certos conteúdos psíquicos'". Ibid., p. 35. A citação dentro da citação é de Jung (*Os arquétipos e o inconsciente coletivo*).

das tropas alemãs em Praga.[4] A partida de xadrez é um sonho do protagonista Jaromir Hadlik, que põe frente a frente duas ilustres famílias, representando, manifestamente, as grandes forças que entrarão em confronto na Segunda Guerra Mundial.

O sonho de Hadlik também poderia ser interpretado mais na linha schopenhaueriana. O dramaturgo seu criador atua contra seu próprio desejo (o desejo desesperado do escritor judeu tcheco acossado pela chegada iminente do inimigo), negando-lhe a solução que poderia resultar na salvação de si e dos seus: Hadlik se esqueceu de quase tudo, virou um desterrado, correndo "pelas areias de um deserto chuvoso e não conseguia recordar as figuras nem as leis do xadrez",[5] mínimo indispensável para poder vencer a partida que está jogando. Seu sonho é mais um pesadelo, com o diretor teatral não lhe concedendo nem mesmo que algum coadjuvante, ponto ou contrarregra lhe soprem a resposta de que precisa em sua solidão ao mesmo tempo desértica e chuvosa.

O modo como Borges entende os sonhos e, com ele, a simbologia em geral tem proximidade com o inconsciente coletivo junguiano, porque em certa medida, como foi visto antes, o sonho de um é igualmente o sonho de todos. Por outro lado, Borges também está longe da psicologia do psicanalista suíço, como pressentiu Alazraki, porque a individualidade que sonha, gênese profunda do sonho, não pode ser posta entre parênteses. O escritor argentino disse várias vezes que não existem metáforas novas, apenas uma reciclagem das antigas, o que lembra as imagens primordiais do inconsciente junguiano. Entretanto, se não há propriamente invenção, há descobertas e redescobertas, nas quais mesmo uma metáfora surrada pode ser vestida de novo como prefiguração, funesta ou venturosa, de uma situação

---

4   Ibid., p. 21.
5   J. L. Borges, "O milagre secreto", in *Ficções*. Trad. de Davi Arrigucci Jr. São Paulo: Companhia das Letras, 2015, 2ª ed., p. 136; OC I, p. 508; EC I, p. 900.

em vias de ocorrer ou como chave de decifração de uma experiência presente ou passada. Como já sugerido, a concepção borgiana do símbolo mantém-se equidistante tanto da arquetipicidade do mito quanto de uma singularidade desprovida de traços gerais. De maneira bem própria, mas ao mesmo tempo talvez bem tradicional (aqui também não se inventa nada *ex nihilo*), o símbolo é pensado numa fusão indissociável do individual e do geral.

"A história universal é, talvez, a história de umas quantas metáforas." Assim começa o ensaio sobre "A esfera de Pascal", de *Outras inquisições*, que conclui com esta variante: "A história universal é, talvez, a história da diferente entonação de algumas metáforas".[6] Muito citadas, mas também muito longe de serem mera tirada de efeito, essas duas proposições foram profundamente meditadas, vindo do âmago da poética borgiana.

Inspirada no filósofo que o ensina a descrer das generalidades abstratas, essa poética apresenta uma concepção muito clara de como se dá o andamento histórico. O ritmo da história — não certamente da história factual, que interessa bem menos — é cadenciado pela criação simbólica e pela sua reiteração. O exame do que Borges entende por *metáfora* ajudará a perceber melhor como ele compreende esse processo histórico-simbólico. O escritor dá um sentido bastante amplo ao termo, um sentido, porém, muito preciso; bem aplicada, a metáfora funciona também como uma noção heurística.

Dois textos de *História da eternidade* são indispensáveis para iniciar o exame do que o autor entende pela palavra. O ensaio sobre as *kenningar* procura mostrar a frieza com que essa figura foi empregada pelos escaldos, poetas cortesãos islandeses de "intenção pessoal" que substituíram os *thulir* ou repetidores

---

[6] J. L. Borges, "A esfera de Pascal", in *Outras inquisições*. Trad. de Davi Arrigucci Jr. São Paulo: Companhia das Letras, 2012, pp. 13 e 17; OC II, pp. 14 e 16; EC II, pp. 15 e 17.

anônimos, espécie de rapsodos nórdicos.[7] No pós-escrito ao ensaio, de 1962, Borges procura atenuar a crítica, afirmando que no princípio algumas palavras compostas (as quais emprestavam pompa e gravidade às *kenningar*) não eram metáforas, mas a própria designação do objeto. No texto mesmo, Borges também pondera que não se conhecem a inflexão de voz, o rosto com que aqueles poemas eram declamados:

> O certo é que [as *kenningar*] exerceram algum dia sua profissão de assombro e que sua gigantesca inépcia embelezou os varões vermelhos dos desertos vulcânicos e os fiordes, da mesma maneira que a profunda cerveja e os duelos de garanhões. Não é impossível que tenham sido produzidas por uma misteriosa alegria. Sua grosseria mesma — *peixes da batalha*: espadas — pode responder a um antigo *humour*, a burlas de valentões hiperbóreos. Assim, nessa metáfora selvagem que voltei a destacar, os guerreiros e a batalha se fundem num plano invisível, no qual as espadas orgânicas se agitam e mordem e aborrecem.[8]

Nas poesias dos escaldos, a fragilidade ou artificialidade das figuras pode ser de algum modo compensada pelo momento da enunciação, que funciona como rito de renovação, de reite-

---

7 J. L. Borges, "Las 'Kenningar'", in *História da eternidade*. Trad. de Heloísa Jahn. São Paulo: Companhia das Letras, 2010, p. 41; OC I, p. 368; EC I, p. 704. Como explica Fiorina Torres, *kenning* (plural *kenningar*) é a figura de linguagem empregada na poesia escandinava que "se caracteriza pela substituição da designação simples por uma perífrase. Assim, por exemplo, o termo 'batalha' é designado por *sverdstorm* (tempestade de espadas) ou por *sverdkampen* (disputa de espadas)". Cf. Fiorina Torres, "kenningar", in *Borges babilônico*. Org. de Jorge Schwartz. São Paulo: Companhia das Letras, 2017, p. 298. A figura é discutida também nas *Antiguas literaturas germânicas*. Cidade do México / Buenos Aires: Fondo de Cultura Econômica, 1965, 2ª ed., pp. 87-95.
8 Ibid., p. 60; OC I, pp. 378-79; EC I, p. 714. Tradução modificada.

ração de um gesto heroico passado. A declamação emprestaria assim algum valor àquelas metáforas frias, como rememoração de triunfos de outrora. Esse efeito substitutivo (da ação original pelo rito) já havia aparecido pouco antes no itinerário borgiano, nas descrições que o escritor fizera da simbologia portenha, tão cara a ele: os jogos (como o truco), a música e a dança (*habanera*, sainete, tango, milonga etc.), os trajes (chapéu, punhal etc.) têm para aquela mitologia do rio da Prata um significado análogo ao da recitação das *kenningar*, do costume de beber cerveja e do duelo de cavalos entre as populações nórdicas. Esses rituais reiteram, relembram, eternizam uma gesta fundamental do passado.[9] Eles desempenham um papel análogo ao da metáfora, pois que são na verdade uma variante do esquema simbólico-temporal que a caracteriza, como se verá adiante.

O segundo ensaio de *História da eternidade* que trabalha com a metáfora se inicia retomando algumas das *kenningar*, aquelas "figuras tradicionais da poesia da Islândia", que provocam inicialmente um "assombro agradável", sentindo-se logo, no entanto, que "não há uma emoção que as justifique".[10] Não se pode dizer nem mesmo que sejam realmente metáforas, porque são "laboriosas e inúteis". O mesmo defeito, aliás, pode ser notado nas figuras do simbolismo e do marinismo. Essa última comparação indica que os dois ensaios de *História da eternidade* se inscrevem numa concepção mais geral de história e estética literárias. Pois enquanto no ensaio anterior, sobre as *kenningar*, Borges acertava contas com seu passado ultraísta

---

9 O ritual como atualização de feitos ou hábitos constitutivos da memória coletiva é um dos temas principais do livro dedicado a Evaristo Carriego. Também pode ser visto em poemas como "El truco" (*Fervor de Buenos Aires*) e, posteriormente, de modo mais geral, em "Xadrez" ("Ajedrez"), de *O fazedor*.
10 J. L. Borges, "A metáfora", in *História da eternidade*, op. cit., p. 68; OC I, p. 382; EC I, p. 717. O ensaio foi incluído na segunda edição do livro, de 1953.

("cujo fantasma segue sempre me habitando"),[11] agora é a vez de repropor a questão ao longo da história da poesia. Os poetas e oradores barrocos do século XVII seriam de uma "frieza íntima" e de "engenhosidade pouco engenhosa" (o juízo é de Croce); "Lugones ou Baudelaire não fracassaram menos que os poetas cortesãos da Islândia" em tentar elaborar metáforas novas.[12] O ensaio lista então dez exemplos de comparação entre morte e sonho, e nove de equiparação entre mulheres e flores. Haveria meios de fugir da imagem surrada e batida?

O ensaio sobre a metáfora de *História da eternidade* não fica, porém, nessas constatações negativas, operando, ao contrário, com uma distinção importantíssima, baseada em Aristóteles, secundado por Middleton Murry. Para este (*Countries of the Mind*, II, 4), a analogia em que se baseia a figura tem de ser real ou ainda não notada. A mesma coisa é dita, de maneira mais explícita, em Aristóteles. De acordo com o Estagirita, "toda metáfora surge da intuição de uma analogia entre coisas dessemelhantes". Aristóteles

---

11 Id., "Las 'Kenningar'", in *História da eternidade*, op. cit., p. 63; OC I, p. 380; EC I, p. 715.

12 J. L. Borges, "A metáfora", in *História da eternidade*, op. cit., p. 67; OC I, p. 382; EC I, p. 717. A ideia de que a pobreza metafórica dos escaldos antecipa os desenvolvimentos da história da poesia aparece também de modo claro nas *Antiguas literaturas germánicas* (op. cit., pp. 107-08): "Cedo ou tarde, os historiadores do romance hão de reconhecer a importância da saga. Algum dia se escreverá a história da metáfora, e se comprovará que certos excessos do século XVII e do século XX tiveram sua antecipação na Islândia". *O informe de Brodie* retoma a ideia, expandindo-a: "Cada linguagem é uma tradição, cada palavra, um símbolo compartilhado; é irrisório o que um inovador é capaz de alterar; recordemos a obra esplêndida, mas não poucas vezes ilegível, de um Mallarmé ou de um Joyce". Id., "Prólogo", in *O informe de Brodie*. Trad. de Davi Arrigucci Jr. São Paulo: Companhia das Letras, 2017, p. 9; OC II, p. 400; EC II, p. 702.

funda a metáfora sobre as coisas e não sobre a linguagem; os tropos conservados por Snorri são (ou parecem) resultados de um processo mental que não percebe analogias, mas combina palavras.[13]

Combinar *palavras* é algo muito diverso de intuir analogia entre *coisas*. Os tropos podem impressionar, sem revelar ou comunicar o que quer que seja: "São, para dizê-lo de alguma maneira, objetos verbais, puros e independentes como um cristal ou como um anel de prata". Mesmo frases memoráveis podem não exercer a função prescrita por Aristóteles.[14] Importante, sem dúvida, saber o que a metáfora não é, nem deve ser: mero jogo verbal. Mas isso ainda não explica, positivamente, o que ela é. Para tanto, é preciso entender em que sentido Borges interpreta a definição aristotélica de que é uma analogia entre *coisas* dissímeis. A resposta pode ser encontrada em "A busca de Averróis", narrativa de grande importância para a compreensão da poética borgiana.

O conto se inicia colocando o leitor na casa de Averróis, próximo ao Guadalquivir em Córdoba, num momento de tranquilidade, em que o filósofo está redigindo a *Destruição da destruição*, para refutar uma tese do asceta persa Ghazali. Subitamente, a reflexão do filósofo é perturbada por outro problema, de ordem filológica, relacionado ao seu comentário monumental da obra de Aristóteles. Na véspera, duas palavras encontradas no início da *Poética* lhe haviam chamado a aten-

13 J. L. Borges, "A metáfora", in *História da eternidade*, op. cit., p. 68; OC I, p. 382; EC I, p. 717. Grifos acrescentados.
14 Ibid.; OC I, p. 382; EC I, p. 717. Em entrevista a James I. Irby, Borges não se isenta de ter caído no artificialismo fútil: "Eu antes escrevia de uma maneira barroca, muito artificiosa [...]". E questionado pelo entrevistador se Cervantes não se vale de muitos artifícios, ele responde: "Sim, mas ele joga com coisas, não com palavras". J. L. Borges, "Encuentro con Borges", entrevista a James I. Irby. *Revista de la Universidad de México*, n. 10, jun. 1962, p. 8. A distinção aristotélica voltará a ser analisada mais adiante.

ção. Embora ocorressem também no livro III da *Retórica,* nem ele nem ninguém no âmbito do Islã atinava com o significado dos termos "tragédia" e "comédia": "Essas duas palavras arcanas pululavam no texto da *Poética*; impossível evitá-las".[15]

Na noite daquele dia, o alcoranista Farach daria uma recepção a Albucassim al-Ashari, viajante retornando de uma viagem que, segundo o próprio, teria se estendido até a China. Durante o encontro, o anfitrião e seus convidados testam, com arguciosa dialética, a veracidade do fato de Albucassim ter estado no Hindustão, afirmação não menos suspeita quanto a fé dele no Islã. Alguns dos presentes instam o viajante a "contar alguma maravilha" que tivesse vivido por lá. Posto contra a parede, ele diz que a maravilha que irá narrar teria ocorrido em Sin Kalan, no Cantão, onde os mercadores muçulmanos da cidade o levaram à encenação de uma peça de teatro. Terminado o relato, o dono da casa afirma que aquilo era simplesmente coisa de loucos. Albucassim retruca dizendo que não eram loucos, mas, segundo um dos mercadores do lugar, "estavam imaginando uma história". A inverossimilhança da descrição não convence nem o anfitrião, nem os outros convivas, e o viajante, por mais que se esforce, inclusive com gestos, não consegue convencê-los de que aquilo não era um despropósito. Para que tantas pessoas para contar uma história que, por mais complexa que seja, pode ser narrada por um só orador?

Essa objeção do alcoranista Farach leva os presentes a enaltecerem as virtudes do árabe e, em seguida, a excelência da poesia nesse idioma. Aflora então a discussão sobre a metáfora. O poeta Abdalmalik — em que se pode ver a caracterização de um "vanguardista" — encarece mais uma vez a poesia árabe, mas deplora que os poetas em Damasco ou Córdoba se aferrem a "imagens pastoris e a um vocabulário beduíno", que celebrem a água de um poço tendo diante dos olhos o rio Guadalquivir.

15 Id., "A busca de Averróis", in *O Aleph*. Trad. de Davi Arrigucci Jr. São Paulo: Companhia das Letras, 2008, p. 83; OC I, p. 583; EC I, p. 1031.

Insiste na importância de "renovar as antigas metáforas", dando como exemplo o poeta pré-islâmico Zuhair, que comparou o destino a um camelo cego: essa figura teria conseguido causar surpresa às pessoas, mas "cinco séculos de admiração a tinham desgastado".[16] Todos aprovam aquela opinião, exceto Averróis, que — "menos para os demais que para si mesmo" — toma a palavra.

Depois de dizer que ele mesmo já havia defendido posição semelhante à de Abdalmalik, o filósofo afirma que Zuhair, "no decurso de oitenta anos de glória e dor", teria visto muitos homens serem atropelados pelo destino, que se parece a um camelo cego. Se essa figura já não consegue maravilhar, isso se explicaria por duas razões: a primeira é que o objetivo de causar assombro se mede em dias, horas, talvez minutos, e não em séculos; a segunda é que um poeta famoso "é menos inventor que descobridor".[17] A continuação do discurso de Averróis é um desenvolvimento dos ensaios da *História da eternidade*, uma explicitação dos princípios da poética sobre a metáfora:

> Para elogiar Ibn Sharaf de Berja, repetiram que só ele conseguiu imaginar que as estrelas no alvorecer caem lentamente, como folhas caem das árvores; isso, se fosse verdade, evidenciaria que a imagem é insignificante. A imagem que um único homem pode conceber é a que não toca ninguém. Infinitas coisas existem na Terra; qualquer uma pode se equiparar a qualquer outra. Comparar estrelas com folhas não é menos arbitrário que compará-las com peixes ou com pássaros.[18]

A tese aqui expressa é radical, paradoxal: a figura criada por Ibn Sharaf de Berja é ruim, insignificante, porque foi *inventada*, isto é, mesmo que tenha tido algum brilho postiço, não como-

---

16 Ibid., p. 88; OC I, p. 586; EC I, p. 1034.
17 Ibid., p. 89; OC I, p. 586; EC I, pp. 1034-35.
18 Ibid.; OC I, p. 586; EC I, p. 1035.

veu e convenceu ninguém *antes* do seu inventor. Isso significa que, rigorosamente, a metáfora não pode ser individual, não pode ter sido inventada por um só indivíduo. Pode-se comparar, sem dúvida, qualquer coisa com qualquer outra que seja (assim como o símbolo pode ser interpretado de múltiplas maneiras), mas isso ainda não é poesia. É preciso entender então como se passa da comparação arbitrária individual a uma comparação com sentido:

> Em compensação, ninguém deixou de sentir alguma vez que o destino é poderoso e estúpido, que é inocente e também inumano. Para essa convicção, que pode ser passageira ou contínua mas que ninguém evita, foi escrito o verso de Zuhair. Não se dirá melhor o que ali se disse.[19]

A comparação genuína, não artificial, deve ser *inevitável* como uma sina. Deve conectar o homem com o seu destino, o que equivale a dizer: com o destino de todos os outros homens. O destino das metáforas está inteiramente ligado ao destino propriamente dito. Isso é explicado na sequência, que é um adendo importante, como menciona entre parênteses o próprio Averróis:

> Além disso (e isto é talvez o principal de minhas reflexões), o tempo que arruína os alcáceres enriquece os versos. O de Zuhair, quando ele o compôs na Arábia, serviu para confrontar duas imagens, a do velho camelo e a do destino: repetido agora, serve para a memória de Zuhair e para confundir nossos pesares com os daquele árabe morto. Dois termos tinha a figura e hoje tem quatro. O tempo aumenta o âmbito dos versos e sei de alguns que, à maneira da música, são tudo para todos os homens.[20]

19 Ibid., pp. 89-90; OC I, p. 586; EC I, p. 1035.
20 Ibid., p. 90; OC I, pp. 586-87; EC I, p. 1035.

A passagem é capital para entender o significado das figuras e imagens em Borges. Nela é possível descortinar uma articulação conceitual entre símbolo e metáfora que percorre todo o pensamento borgiano. Esses dois "conceitos" precisam ser explicados por partes, a fim de que se lhes entenda melhor a junção.

Para que o símbolo se constitua como tal, é preciso que nele haja algo análogo à ligação indissociável de caráter e destino encontrado numa ação decisiva e única para a vida do indivíduo. Esse vínculo do símbolo com o caráter e o destino é assinalado na "Biografia de Tadeo Isidoro Cruz": pouco antes do momento crucial da narrativa se lê o comentário, entre parênteses, de que um instante daquela noite mostraria para sempre o homem que ele é, *porque os atos de um indivíduo são o seu símbolo*.[21] Para não ser uma figura vazia, fria, o símbolo tem de ter o seu valor condicionado ao vínculo com a vida de um ou mais seres humanos. As palavras de Averróis falam, por isso, em "confrontar duas imagens" (camelo + destino), já que sem o íntimo entrelace entre elas, a figura não passa de mera comparação de palavras (como ocorre entre os escaldos e seus avatares).

Já a metáfora precisa ser entendida como composição de dois momentos interligados pelo símbolo. Ela se amplia e alarga no tempo: o poeta pré-islâmico Zuhair compara duas imagens; cinco séculos depois, são *quatro* os termos que compõem a figura. Com a aceitação do tropo ao longo da história, a metáfora se expande ("o tempo aumenta o âmbito dos versos") e chega a valer "para todos os homens".

Um esquema de como a metáfora se compõe historicamente poderia ter a seguinte forma:

---

21 "Bem entendida, aquela noite esgota sua história; ou melhor, um instante daquela noite, um ato daquela noite, porque os atos são nosso símbolo." J. L. Borges, "Biografia de Tadeo Isidoro Cruz (1829-74)", in *O Aleph*, op. cit., p. 51; OC I, p. 562; EC I, p. 1013.

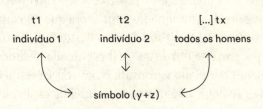

A metáfora se compõe da relação entre dois ou mais sujeitos em dois tempos ou mais distintos, relação fundada no símbolo. O símbolo "Zuhair + camelo" é retomado por Averróis e todos os leitores no Islã; Tadeo Isidoro Cruz se junta a Martín Fierro quando entende toda a simbologia da valentia que este carrega consigo:

> [Cruz] começou a compreender. Compreendeu que um destino não é melhor que outro, mas que todo homem deve acatar o que traz dentro de si. Compreendeu que as divisas e o uniforme o estorvavam. Compreendeu seu íntimo destino de lobo, não de cão gregário; compreendeu que o outro era ele. Amanhecia na planície desmesurada; Cruz jogou no chão o quepe, gritou que não ia consentir o crime de que matassem um valente e se pôs a lutar contra os soldados, junto do desertor Martín Fierro.[22]

O nexo metafórico é duplo: pode ligar dois indivíduos agindo sob o mesmo símbolo (Martín Fierro e Cruz se irmanam em seu destino de lobo) mas também os que admiram feitos carregados de simbolismo, unindo o poeta, escritor ou orador a seus leitores e ouvintes.

Entretanto, o símbolo não é único. Muitas outras imagens, e não apenas o camelo cego, podem ser associadas ao destino; ou melhor: muitas outras figuras estão para o destino *na mesma proporção* que o camelo cego está para ele. Isso quer dizer que

---

22 Ibid., p. 52; OC I, p. 563; EC I, p. 1014.

é possível estabelecer uma comparação com o destino que seja equiparável ao símbolo criado pelo poeta Zuhair, mesmo sem ter tido contato com sua obra ou até ter criado poemas antes dele. Nesse caso, a metáfora unifica não só, como no caso anterior, o autor a seus ouvintes ou leitores mas também a outro autor. O tempo progressivo, sequencial, se dilui, porque Zuhair pode ter sido antecipado por outro poeta em alguma parte do mundo, e ele mesmo pode ser precursor de outro escritor sem que este saiba. O esquema da metáfora pode então ser expresso assim:

Metáfora (2)

$$[\ldots] \quad t1 \quad \leftrightarrows \quad t2 \quad \leftrightarrows \quad t3 \quad [\ldots]$$

$$[\ldots] \quad \frac{(\text{poeta (a)})}{(\text{símbolo }(x+y))} \quad \leftrightarrows \quad \frac{(\text{poeta (b)})}{(\text{símbolo }(x+z))} \quad \leftrightarrows \quad \frac{(\text{poeta (c)})}{(\text{símbolo }(x+w))} \quad [\ldots]$$

Embora suponha tempos distintos, a direção do tempo é indiferente e reversível; o que importa é a razão ou proporção dos termos comparados: o camelo cego simboliza o destino, assim como algum outro símbolo (a, b ou c) pode fazê-lo com igual força, desde que preserve a mesma *equação*. A regra de três, como se verá em seguida, é o operador central da metáfora em Borges.[23]

23 Os termos matemáticos não devem causar espécie. Na palestra sobre a metáfora pronunciada em Harvard, é Borges mesmo quem fala em equação. Ele diz: "Primeiro, gostaria de tomar alguns modelos surrados de metáforas. Uso a palavra 'modelo' porque as metáforas que vou citar, ainda que bem diferentes quanto à imaginação, são quase as mesmas para o pensador lógico. De modo que podemos falar delas como equações". J. L. Borges, *Esse ofício do verso*. Trad. de José Marcos Macedo. São Paulo: Companhia das Letras, 2019, 2ª ed., p. 29. O procedimento "metodológico" é o mesmo que permite equiparar o conto "Uma mensagem imperial" de Kafka e o paradoxo de Zenão sobre o movimento. Foi o que se chamou antes de relacionar ou correlacionar, pela memória, relatos paralelos. Cf. acima, pp. 94ss.

A metáfora em Aristóteles

É bastante razoável pensar que o esquema quadrangular encontrado na "Dúvida de Averróis" (a metáfora é composta de dois símbolos e ao menos dois indivíduos) tenha ocorrido à mente de Borges pelo contato com Aristóteles, para quem razão ou proporção é o que define uma das espécies da metáfora, a baseada na analogia. Testemunho desse vínculo com Aristóteles é a definição citada por ele na *História da eternidade*, extraída da *Retórica*: "toda metáfora surge da intuição de uma analogia entre coisas dessemelhantes".[1]

Seria importante exercício filológico saber de que edição ou comentário foi tirada a definição, ou se se trata de uma daquelas adaptações enxutas ao gosto de Borges, já que ela, embora no "espírito" do texto aristotélico, não corresponde diretamente a nenhuma passagem precisa do original grego. A mais próxima seria a explicação encontrada no livro III da *Retórica*, no qual se afirma que a metáfora "deve vir de coisas aparentadas, mas

---

1 J. L. Borges, "A metáfora", in *História da eternidade*. Trad. de Heloísa Jahn. São Paulo: Companhia das Letras, 2010, p. 68; OC I, p. 382; EC I, p. 717. Ver acima, p. 140.

não evidentes".² Caberia, de todo modo, fazer algumas especulações. Intuição (*intuición*), por exemplo, enfatiza mais o aspecto sensitivo-cognitivo da descoberta, parecendo traduzir a locução "pôr diante dos olhos" (*prò ommátôn poieîn*): o tropo deve colocar claramente à vista as coisas que se quer comparar. Mas estas não são coisas quaisquer. A metáfora só coloca diante dos olhos coisas que não são inertes, aquelas que estão em ação ou em ato, não em mera potência. Por isso, elas devem tornar animado o que é inanimado: como "a flecha voou", no exemplo de Homero.³

A definição aristotélica da metáfora como algo em ato, e não meramente em potência, cai como uma luva na poética borgiana da ação. Ela respalda também a sua rejeição da metáfora como mera comparação verbal, pois, segundo Borges, como foi lembrado antes, Aristóteles "funda a metáfora sobre as coisas e não sobre a linguagem".⁴ Tenha o escritor baseado sua leitura diretamente no Estagirita ou em algum comentário, é certo que tomou uma direção altamente promissora.⁵

---

2   Aristóteles, *Retórica*, III, 11, 5, 1412a 12. O texto grego é bastante sucinto: "*deî dè metaphérein* [...] *apò oikeíôn kai mē phanerôn*". Foram consultadas as seguintes traduções: Aristote, *Rhétorique*. Trad. de Pierre Chiron. Paris: GF Flammarion, 2007 ("*La métaphore doit se faire* [...] *à partir des choses apparentées, mais sans que la parenté soit evidente*"); Aristotele, *Retorica e Poetica*. Trad. de Marcello Zanatta. Turim: UTET, 2004 ("*bisogna costruire le metafore da ciò che è proprio e non evidente*"); e Aristotle, *Rhetoric*. Trad. de J. H. Freese. Cambridge / Londres: Harvard University Press, 1926 ("*metaphors should be drawn from objects which are proper to the object, but not too obvious*").

3   Aristóteles, *Retórica*, III, 11, 3, 1412a 1.

4   J. L. Borges, "A metáfora", in *História da eternidade*, op. cit., p. 67; OC I, p. 382; EC I, p. 717. Cf. acima nota 13 do capítulo "A metáfora em expansão", p. 141.

5   É mostra de sua percuciência que tenha percebido que a metáfora para Aristóteles precisa ter um lastro ontológico. Ele tem a seu lado bons comentadores, como Irène Tamba-Mecz e Paul Veyne, que escrevem sobre o conceito em Aristóteles nada menos que o seguinte: "a *metaphora* não

A interpretação que dá do termo analogia (*analogía* em grego) empregado na passagem também é interessante, porque literal: mas o que ele entende exatamente pelo conceito? Diferentemente da tradução dada por Borges, alguns tradutores procuram enfatizar a proporcionalidade contida na metáfora.[6] O texto aristotélico diz que, entre as quatro classes de metáforas, aquelas "conforme a proporção" (*hai kat'analogían*) são as mais apreciadas (1411a 1). Esse tipo de metáfora é retirado de *atributos das próprias coisas*, os quais, entretanto, não são óbvios nelas ou em sua relação (1412a 11-12). Ora, descortinar o que não é patente requer capacidade intelectual, isto é, uma destreza que, na filosofia e na poesia, se mostra na descoberta de semelhanças entre coisas distantes umas das outras.[7] Na tradição retórica, esse talento de descobrir semelhanças entre coisas díspares recebe o nome de agudeza ou engenho (em grego, *eústochos*: aquele que é hábil para raciocinar ou adivinhar, sagaz). Borges, obviamente, não atribui a si próprio essa destreza, mas é certo também, por tudo o que se disse antes, que a capacidade de aproximar coisas díspares está na raiz de seu "método" heurístico.

é, portanto, uma figura de retórica, no sentido que a entendemos hoje, relacionado unicamente à análise formal e semântica da linguagem. [...] Ela põe em obra toda uma teoria a respeito das relações entre as coisas, o pensamento, as palavras. [...] Através da palavra, Aristóteles vê os mecanismos de intelecção; por detrás das palavras, ele visa as coisas". Irène Tamba-Mecz e Paul Veyne, "*Metaphora* et comparaison selon Aristote". *Révue des Études Grecques*, vol. XCII, n. 436/437, jan./jun. 1979, p. 81.

6 Assim em inglês: "*proportional metaphor*" (J. H. Freese), "*proportional type of metaphor*" (Roos). Em espanhol: "*metáforas en proporción*" (Arturo E. Ramírez Trejo). O tradutor italiano Marcello Zanatta verte "*metafora per analogia*", assim como Pierre Chiron. O original diz: "*ek metaphorâs te tês análogon*".

7 Sobre essa capacidade filosófica, diz Pierre Chiron: a metáfora também comporta "uma dimensão exploratória e autenticamente filosófica. [...] A pontaria justa que a metáfora bem-sucedida testemunha é o talento tanto do filósofo como do poeta". Pierre Chiron, "Introduction", in Aristote, *Rhétorique*, op. cit., pp. 107-08.

Uma flor, a de Coleridge, permite divisar uma semelhança entre as narrativas de Wells e de Henry James; a história do guerreiro se liga à história da cativa; ou ainda, para relembrar um caso abrangendo muito mais similitudes, as narrativas de Kafka funcionam como termo de comparação que permite equiparar precursores que não têm qualquer afinidade entre si. Ou seja, essa habilidade é o que permite fazer correlações entre relatos aparentemente sem conexão, como foi visto anteriormente. É verdade, portanto, que não se pode inventar nenhuma metáfora nova, mas isso quer dizer também que a possibilidade de descobrir novas metáforas quase não tem fim. Pois ela depende da engenhosidade de quem consegue encontrar analogias, isto é, proporções ou equações mesmo entre coisas as mais heterogêneas. Essa heurística filosófico-retórica tem uma longa tradição que vai da antiguidade até o século XVIII. Seria interessante se perguntar se Borges, versado em tantas coisas, conhece também essa herança da antiguidade. Seja como for, ele entende muito bem o que está em jogo na analogia aristotélica e bem sabe que a invenção depende da memória, isto é, de um repertório que, quanto mais vasto, mais fecundo é para aquele que o possui. E não é exagero dizer que ele utiliza o dispositivo analógico de um modo sistemático, e em grande parte sua originalidade consiste em mobilizar a enorme erudição para esse fim. Sem esquecer de transformar, à sua maneira, a lição fundamental de Aristóteles: a metáfora diz respeito a coisas, isto é, a destinos humanos, não a meras palavras.

A título de aproximação e aclaramento, seria interessante ouvir o que Schopenhauer tem a dizer sobre essa matéria, ao tecer seu comentário sobre a metáfora na *Poética* e na *Retórica* de Aristóteles. Ciente, sem dúvida, da importância do quarto tipo de figura, que envolve uma comparação de quatro termos, Schopenhauer prefere tratar o tema não falando propriamente da metáfora, mas do símile, que em alemão se diz *Gleichnis*. Além da significação literária, o termo guarda ainda em sua raiz a ideia de equiparação ou igualdade: igual em alemão se diz *gleich*, equação: *Gleichung*, e comparação: *Vergleichung*. Com o termo se pode ir da poesia à filosofia. Ele é explicado assim:

> *Símiles* são de grande valor, porquanto reduzem uma proporção desconhecida a uma conhecida. Também os símiles mais elaborados, que se desenvolvem até a parábola ou alegoria, são apenas a redução de alguma proporção à sua apresentação mais simples, mais intuitiva e mais palpável. — Mesmo toda formação conceitual se baseia, no fundo, em símiles, visto que surge apreendendo o semelhante e deixando de lado o que é dessemelhante nas coisas. Além disso, todo entendimento propriamente dito consiste em apreender proporções (*un saisir de rapports*): mas se apreenderá mais nítida e puramente cada proporção ao reconhecê-la como sendo a mesma em casos bastante distintos um do outro e entre coisas bastante heterogêneas. É que, enquanto a proporção é conhecida como existindo apenas num caso isolado, dela tenho somente um conhecimento individual e, portanto, apenas ainda intuitivo; mas assim que apreendo a mesma proporção em dois casos diferentes, tenho também um *conceito* de toda a sua espécie e, portanto, um conhecimento mais profundo e perfeito.[8]

O símile funciona assim como "poderosa alavanca" para o conhecimento, e montar símiles surpreendentes e certeiros dá mostra de um "entendimento profundo" ou de "grande engenho". Tal capacidade é fundamental na filosofia.[9] Essas ideias estariam, como refere ainda o texto, na *Poética* (1159a 5 e segs.) e na passagem citada da *Retórica* (1412a 11 e segs.). Não custa relembrar que, num dos momentos mais ousados de sua filosofia (segundo ele mesmo), a saber, aquele em que precisa mostrar que o curso de vida individual é comandado por uma

---

8 A. Schopenhauer, "Über Schriftstellerei und Stil", in *Parerga e paralipomena*, II, SW, vol. V, § 289, pp. 646-47.
9 Ibid., p. 637.

necessidade transcendente inexorável, Schopenhauer afirma que aqui é preciso lançar mão de símiles e analogias. Um desses símiles, como se viu, é o finalismo natural; o outro, o sonho.[10]

Averróis e Borges

Após relembrar alguns aspectos da interpretação borgiana da metáfora em Aristóteles, é hora de voltar à "Busca de Averróis", conto que coloca em cena uma demonstração *em ato* de como o escritor concebe o conceito. Regressando à casa já ao alvorecer ("os muezins chamavam para a oração da primeira luz"), o filósofo e exegeta maometano entra em sua biblioteca com a revelação do sentido das duas palavras obscuras da *Poética*. Ele escreve:

> Aristu (Aristóteles) denomina tragédia aos panegíricos e comédias às sátiras e aos anátemas. Admiráveis tragédias e comédias são numerosas nas páginas do Corão e nas *mu'allaqats* do santuário.[11]

---

10 Entre os estudiosos de Kafka se aventa que uma das inspirações para *O castelo* pode ter sido um símile schopenhaueriano, encontrado no parágrafo 17 de *O mundo como vontade e representação*, no qual se afirma que "*pelo exterior* jamais conseguimos chegar à essência das coisas: por mais que investiguemos, nada mais obtemos além de imagens e nomes. Parecemos alguém que fica rondando em volta de um castelo, buscando em vão uma entrada e delineando provisoriamente a fachada". A. Schopenhauer, sw, vol. I, p. 156. Ver Modesto Carone, "O Fausto do século 20", posfácio a Franz Kafka, *O castelo*. São Paulo: Companhia das Letras, 2001, 2ª ed., p. 472. Interessante comentário sobre a passagem deste símile filosófico e da escrita schopenhaueriana como desencadeadora de indagações literárias é tecido por David E. Wellbery em *Schopenhauers Bedeutung für die moderne Literatur*. Munique: Carl Friedrich von Siemens Stifung, 1998, pp. 13ss.

11 J. L. Borges, "A dúvida de Averróis", in *O Aleph*. Trad. de Davi Arrigucci Jr. São Paulo: Companhia das Letras, 2008, p. 91; OC I, p. 587; EC I, p. 1035. Como explica em nota o tradutor, *mu'allaqat* é "forma clássica de poema da poesia árabe". Ibid., p. 89.

A conversa da noite anterior, mas especialmente o próprio discurso que fizera (mais para si mesmo do que para os outros), havia sanado a dúvida, mesmo que, claro, os dois gêneros dramáticos não possam ser aproximados a formas tão diferentes deles como panegíricos, sátiras e anátemas. No espírito de Averróis, a correlação, que é o que importa, havia sido encontrada.

No comentário inserido ao final da narrativa, Borges escreve que "quis narrar o processo de uma derrota".[12] Permanecendo no âmbito do Islã, Averróis jamais poderia conhecer o significado dos termos tragédia e comédia. Mas à medida que a escrita do conto avançava, a narrativa teria se voltado contra o próprio narrador, trapaceando-o:

> Senti que a obra zombava de mim. Senti que Averróis, querendo imaginar o que é um drama sem ter ideia do que é um teatro, não era mais absurdo do que eu, querendo imaginar Averróis, sem outro material além de algumas migalhas de Renan, de Lane e de Asín Palacios.[13]

Pode-se admitir que tenha sido assim como Borges relata; pode-se aceitar ainda o que ele diz, ao dramatizar o último lance da sua performance:

> Senti, na última página, que minha narrativa era um *símbolo* do homem que eu fui enquanto escrevia e que, para redigir essa narrativa, eu tive de ser aquele homem e que, para ser aquele homem, eu tive de redigir essa narrativa, e assim até o infinito.[14]

Borges teve de ser Averróis para ser Borges: a narrativa que constrói sobre Averróis é símbolo dele próprio tentando frus-

---

12 Ibid., p. 92; OC I, p. 588; EC I, p. 1036.
13 Ibid.; OC I, p. 588; EC I, p. 1036.
14 Ibid.; OC I, p. 588; EC I, p. 1036. Grifo acrescentado.

tradamente recriar Averróis e, ao mesmo tempo, termo de comparação com a busca infrutífera de Averróis. A proporção analógica estabelecida entre eles e seus símbolos conecta dois homens de épocas distintas, configurando, no sentido propriamente borgiano da palavra, uma metáfora de quatro termos (com dois símbolos, isto é, conforme a segunda acepção ou esquema explicados no final do capítulo anterior). A ficção está montada tanto interior como exteriormente: Averróis é o poeta Zuhair ao reviver a metáfora do destino como camelo cego; Borges é Averróis em sua busca inglória por tentar reconstituir uma passagem da *Poética* de Aristóteles.

Alegoria e romance

A teoria aristotélica da metáfora serviu para firmar em Borges a convicção da relação intrínseca entre ação e caráter, entre símbolo e indivíduo. Aqui não importa tanto saber o que veio antes: o certo é que as poéticas aristotélica e schopenhaueriana foram reciprocamente frutíferas para sua concepção estética. Alguns corolários decorrem dessa poderosa combinação, como a recusa da alegoria e do romance, ambos os quais ele rechaça de um só gesto no ensaio de *Outras inquisições*, intitulado precisamente "Das alegorias ao romance".

O texto se inicia nada menos que com a sentença: "Para todos nós, a alegoria é um erro".[15] Na demonstração, passando por um longo parágrafo da *Estética* de Croce (a favor da sentença) e por uma citação de Chesterton (contra), o ensaísta volta mais uma vez à ideia coleridgiana segundo a qual todos os homens nascem platônicos ou aristotélicos e descreve de novo, com brevidade, a eterna querela entre realismo e nominalismo. Este

---

15 J. L. Borges, "Das alegorias aos romances", in *Outras inquisições*. Trad. de Davi Arrigucci Jr. São Paulo: Companhia das Letras, 2012, p. 177; OC II, p. 122; EC II, p. 109.

último venceu, e tal vitória foi tão completa que hoje ninguém mais se preocupa com a contenda, ninguém mais se preocupa em se declarar nominalista, porque "não há quem seja outra coisa".[16] Mas isso leva a esquecer que os homens de hoje foram um dia adeptos da alegoria, que é de onde se originam os romances. Na Idade Média, havia um corte: para uns a realidade só existia na forma individual, mas para designar essas individualidades não valiam os substantivos. Estes só se referiam à espécie, melhor ainda ao gênero e, em sentido mais rigoroso, a Deus.[17] Dessa cesura entre o indivíduo e sua designação substantiva teria derivado a literatura alegórica. A bifurcação que se originou ali colocou, de um lado, o alegorismo como "fábula de abstrações" e, de outro, o romance como "fábula de indivíduos":

> As abstrações são personificadas; por isso, em toda alegoria há alguma coisa de romanesco. Os indivíduos que os romancistas propõem querem ser genéricos (Dupin é a Razão, Dom Segundo Sombra, o *gaucho*); nos romances há um elemento alegórico.[18]

Haja estofo filosófico, haja experiência literária para tirar em tão poucas páginas uma conclusão tão significativa, tão abrangente, como esta. O que aí se afirma, a longínqua irmandade do romance com o alegórico, é a constatação histórica de que em algum momento (que estaria em Chaucer traduzindo Boccaccio) houve fissura naquilo que deveria ter se mantido unido. Quer dizer: alegoria e romance são pedaços de um todo, frações de uma equação incompleta. Do lado oposto da história está a

---

16 Ibid., p. 180; OC II, p. 124; EC II, p. 111.
17 O processo histórico aqui delineado é semelhante ao do ensaio "De alguém a ninguém", de *Outras inquisições*, já comentado anteriormente, pp. 118ss.
18 J. L. Borges, "Das alegorias aos romances", in *Outras inquisições*, op. cit., p. 181; OC II, p. 124; EC II, p. 111.

metáfora, o símbolo, como coesão íntegra, interna, de imagem geral e destino individual.

Metáfora e história

Símbolos vinculados a indivíduos formando metáforas; arquétipos existindo concretamente e estabelecendo entre si um liame temporal: dessa combinação de elementos figurativos, temporais e pessoais (oposto ao alegorismo e ao romance) surge a concepção peculiar de Borges sobre o que é o processo histórico. O que vale para o indivíduo pode valer também para os povos. Essa homologia entre a pequena e a grande história ajuda a entender melhor sua tão controvertida visão cosmopolita da nação argentina.

Como toda gesta de um povo, a história argentina também tem, certamente, traços locais distintivos, peculiares, mas sua particularidade deve ser compreendida — ela *só faz sentido* — sendo projetada na saga maior que é a história dos povos. Como ocorre com o modelo da metáfora, a individualidade de um povo deve ser explicada por algum elemento ou alguns elementos simbólicos que tem em comum com a singularidade de algum ou alguns outros povos; a chave de seus enigmas (destes elementos simbólicos) já está de algum modo inscrita no grande livro da história, o que não significa que já se sabe de antemão o que está por vir, mas que, como na vida individual, uma coletividade pode olhar para o passado e encontrar algo que decifre o seu percurso.

Que a mesma escansão simbólico-metafórica ocorra na pequena como na grande história, é o que pode ser notado lendo o "Poema conjectural", publicado em *O outro, o mesmo*. Nele, o poeta narra os últimos momentos de seu antepassado Francisco Narciso de Laprida, pouco antes de ser morto pelos *montoneros*, que avançam impiedosamente sobre ele com seus "ginetes, belfos e lanças". Laprida, que estudou "as leis e os cânones", desejou ser outro, mas por fim, prestes a morrer, reconheceu-se diante do inimigo e descobriu o sentido final de sua vida. Os versos em que diz isso ("*Al fin me encuentro / con mi destino sudamericano*")[19] são famosos, mas sua explicação não pode ser apressada. Laprida, afinal, teria se rendido à "verdade" da história argentina, à vitória dos federalistas sobre os unitários? Uma interpretação como esta talvez simplifique demais a visão de Borges sobre a vida política de seu país. É preciso, sim, enaltecer a coragem de homens fortes da planície pampiana, mas eles são valentes como foram os mongóis e tantos outros ginetes da história, que os antecederam e anteciparam simbolicamente a sua bravura. A morte daquele "cuja voz declarou a independência" não pode ser integrada a essa mitologia; ao contrário, no poema ela aparece para iluminar um problema candente, atual, que pesa sobre pessoas que, mesmo reconhecendo a força dos oponentes, não se sentem representadas sob sua bandeira. Com efeito, para entender melhor a real relação simbólica buscada no poema é preciso lembrar o que Borges diz sobre as circunstâncias em que escreveu aqueles versos:

> Eu sentia naquele momento a afronta da ditadura e pensei: "Pensamos durante tanto tempo... Acreditávamos que a América do Sul era outro país. Mas não. Nosso país é América do Sul, e também segue tendo ditadores". E então escrevi aquela linha, que não era, digamos, uma referência arcaica antiga [...]. Não. Era o que todos sentíamos naquele momento: "Por fim me encontro / com meu destino sul-americano". Todos nos encontramos com esse destino, naquele momento.[20]

---

19 J. L. Borges, "Poema conjetural", in *El otro, el mismo*; OC II, p. 245; EC II, p. 419.
20 Id., *Borges el memorioso: Conversaciones de J. L. Borges con Antonio Carrizo*. Cidade do México / Buenos Aires: Fondo de Cultura Económica, 1982, citado em EC II, p. 524.

A morte de Laprida, seu destino de sul-americano, é um símbolo complexo da vida duplamente dura dos argentinos, sob a ditatura militar e em plena Segunda Guerra Mundial. Não é um poema arcaico, diz Borges, sobre a morte de Laprida; nem muito menos exalta a vitória de um dos lados na contenda entre federalistas e unitários ocorrida no século XIX. Ao contrário, é parte de uma história cindida, parte das *duas* histórias simbólicas que se sobrepõem no curso da história factual argentina, e que continua a dividi-la sob a ditatura instaurada em 1943, ano em que é escrito o poema. Este mostra, portanto, a perenidade da oposição entre civilização e barbárie, descrita por Domingo Faustino Sarmiento em sua biografia sobre Facundo, inserindo-a numa lógica temporal mais ampla, que extravasa o ambiente argentino. Perceber, compreender e, no limite, aceitar a convivência dessas posições antagônicas (não há como escapar ao destino) é o reconhecimento do poder simbólico existente *nos dois lados*. É por isso que Borges, como o historiador Snorri Sturluson, sabe reconhecer a bravura (e a violência) do adversário, e por isso também ele fala por vezes de si mesmo como um traidor. Esse senso de justiça deve prevalecer, ainda que não se possa dizer o mesmo, nem de membros do próprio partido, nem de integrantes do partido contrário.

O arquétipo platônico e os ciclos eternos

[Silvina Ocampo] adorava cães. Quando seu cachorro de estimação morreu, Borges a encontrou em lágrimas e procurou consolá-la dizendo que existia, para além de todos os cães, um cão platônico, e que cada cão era, a seu modo, esse Cão. Silvina, furiosa, disse sem rodeios onde ele podia pôr aquele seu Platão.

ALBERTO MANGUEL[1]

A teoria aristotélica da metáfora analógica foi essencial na trajetória poético-especulativa de Borges. Sem ela, o escritor argentino não teria chegado à sua heurística tão engenhosa, não teria conseguido armar as combinações e comparações de pessoas e ideias tão díspares, como ocorre em "Kafka e seus precursores" mas também em muitos outros ensaios e contos. Entretanto, é preciso ter em mente que sua reinterpretação temporal, histórica, da metáfora de quatro termos em Aristóteles se dá em paralelo com a compreensão da doutrina das ideias de Platão na versão mais flexibilizada que lhe imprimiu Schopenhauer. Gra-

---

1 *Chez Borgez*. Trad. de Christine Le Bœuf. Paris: Babel-Actes Sud, 2005, p. 60. Desse livro há tradução para o português, a cargo de Priscila Catão: Id., *Com Borges*. Belo Horizonte / Veneza: Âyiné, 2018.

ças à transformação schopenhaueriana do platonismo, Borges não precisou se definir por um dos termos da alternativa posta por Coleridge. Os homens não nascem apenas ou platônicos, ou aristotélicos, como dizia o poeta inglês. Eles podem ser os dois, desde que se entenda melhor o que é uma forma platônica.

Para Platão, como bem se sabe, as ideias são arquétipos, os originais, os modelos, dos quais as coisas realmente existentes no mundo são meras cópias bastante defeituosas e imperfeitas. Na interpretação schopenhaueriana, entretanto, as ideias deixam de habitar um mundo ideal e podem ser vistas mesmo nos objetos mais comuns. Elas ganham, além disso, uma *temporalização*, que foi incorporada na visão borgiana da metáfora.

Esse platonismo temporalizado de Schopenhauer aparece no ensaio sobre "O rouxinol de Keats". Ali Borges escreve que o nó da interpretação da célebre ode estaria na penúltima estrofe: nela o poeta, "homem contingente e mortal", dirige-se ao rouxinol que não foi esmagado por "gerações famintas", e cuja voz é a mesma que teria sido ouvida por Ruth, a moabita, nos campos de Israel.[2] Depois de citar cinco críticos, Borges diz que o juízo menos inconsistente de todos eles é o de Amy Lowell, mas nega a oposição postulada pela estudiosa norte-americana "entre o efêmero rouxinol daquela noite e o rouxinol genérico". Bem ao contrário. Ele escreve: "A chave, a exata chave da estrofe está, segundo penso, num parágrafo metafísico de Schopenhauer, que [Keats] nunca leu".[3]

A ode de Keats foi escrita em 1819, e os Suplementos ao *Mundo como vontade e representação* foram publicados em 1844. No parágrafo 41 dos Suplementos estão as ideias que elucidariam a questão. Esse parágrafo tem por tema a morte e

---

2 J. L. Borges, "O rouxinol de Keats", in *Outras inquisições*. Trad. de Davi Arrigucci Jr. São Paulo: Companhia das Letras, 2012, p. 137; OC II, p. 95; EC II, p. 86.
3 Ibid., p. 138; OC II, p. 95; EC I, p. 86.

será de capital importância para entender mais um pouco das relações entre historicidade e símbolo no pensamento borgiano. No ensaio sobre o "Rouxinol de Keats", Borges faz uma colagem das frases que mais interessam no referido texto dos Suplementos ao *Mundo como vontade e representação*, dando-lhes em tradução:

> "Perguntemo-nos com sinceridade se a andorinha deste verão é diferente daquela do verão anterior e se realmente, entre as duas, o milagre de tirar algo do nada aconteceu milhares de vezes para ser fraudado outras tantas pela aniquilação absoluta. Quem me ouvir afirmar que esse gato que está aí brincando é o mesmo que brincava e fazia travessuras nesse lugar há trezentos anos pensará de mim o que quiser, mas loucura mais estranha é imaginar que fundamentalmente é outro." Ou seja, o indivíduo é de algum modo a espécie, e o rouxinol de Keats é também o rouxinol de Ruth.[4]

Esta andorinha é a mesma do verão passado; este gato é o mesmo de trezentos anos atrás; o rouxinol ouvido no poema é o mesmo que cantou para Ruth. Keats, que chegou a dizer de si mesmo que não sabia de nada, nem tinha lido nada, pode ter adivinhado o espírito grego consultando algum dicionário escolar, do que é prova

> o fato de ter intuído no obscuro rouxinol de uma noite o rouxinol platônico. Keats, talvez incapaz de definir a palavra *arquétipo*, antecipou-se num quarto de século a uma tese de Schopenhauer.[5]

O poeta romântico inglês descobriu o arquétipo platônico na versão que lhe será dada vinte e tantos anos depois pelo filósofo metafísico alemão, a quem, portanto, jamais pôde ter lido. En-

---

4 Ibid., pp. 138-39; OC II, p. 96; EC II, pp. 86-87.
5 Ibid., p. 139; OC II, p. 96; EC II, p. 87.

tretanto, assim entenderá com razão Borges, em Schopenhauer a ideia platônica se encontra em espécimes concretos, ou seja, o arquétipo já não é concebido apenas de maneira supramundana, inteligível, como na famosa teoria platônica das formas, mas em exemplares vivos, orgânicos.

De fato, bem antes do ensaio sobre o rouxinol de Keats, o texto de abertura da *História da eternidade* discute o mesmo problema das formas platônicas e sua implicação para a noção de espécie. Ele correlaciona, igualmente, o rouxinol de Keats e de Ruth à tese do "apaixonado e lúcido" Schopenhauer sobre a existência arquetípica dos animais — daquele gato cinzento que está brincando "ali no pátio", e que é o mesmo gato que viveu quinhentos anos antes.[6] No ensaio também se alinhavam numa só frase conceitos do parágrafo 41 dos Suplementos, procurando imprimir mais concisão e força à ideia arquetípica ali discutida, qual seja, a ideia do "leão":

> Destino e vida de leões quer a leonidade, que, considerada no tempo, é um leão imortal que se mantém mediante a infinita reposição dos indivíduos, cuja geração e cuja morte formam o pulso dessa figura imperecedoura.[7]

Platão intuiu a existência de um leão imortal, de uma leonidade que está para além de todos os leões efetivamente existentes. Schopenhauer vai explicar de outra maneira: o leão não é apenas uma imagem arquetípica, pois cada leão tem vida e destino, é conduzido por sua vontade, *quer* aquilo que é próprio a sua natureza, não podendo fugir à própria essência. Trocando em

---

[6] J. L. Borges, "História da eternidade", in *História da eternidade*. Trad. de Heloísa Jahn. São Paulo: Companhia das Letras, 2010, p. 17; OC I, p. 357; EC I, p. 694. No original são trezentos e não quinhentos anos. Borges, como se vê na citação anterior, se corrige na tradução dada posteriormente em *Outras inquisições*.

[7] Ibid., p. 17; OC I, p. 357; EC I, p. 694. Borges continua citando Schopenhauer.

miúdos: o que define a *leonitas*, o que é a sua marca, não está propriamente na *forma*, o que existe *sub specie aeternitas* não é a figura, mas o seu *anseio*.

De maneira bem schopenhaueriana (pois a Vontade está em tudo e tudo comanda), Borges irá atribuir em outros textos um desejo, um *conatus* não só aos seres vivos mas também às coisas, como ocorre na descrição do punhal herdado por ele, descrito em *Evaristo Carriego*. O punhal está guardado na gaveta de sua escrivaninha, entre blocos e cartas, mas ali ele sonha "interminavelmente seu singelo sonho de tigre".[8] O punhal se vê no tigre: mais uma vez a comparação permite compreender algo. De modo mais geral, esta aqui ajuda a entender como Schopenhauer é importante para que o arquétipo ganhe vida.

No Prólogo à *História da eternidade*, Borges assinala, com efeito, a diferença entre o platonismo ortodoxo e o platonismo heterodoxo trazido à luz por Schopenhauer. Numa espécie de "contrição" ao que havia dito no livro, ele escreve:

> No princípio falo da filosofia platônica [...]. Não sei como pude comparar a "imóveis peças de museu" as formas de Platão, e como não entendi, lendo Schopenhauer e Erígena, que estas são vivas, poderosas e orgânicas.[9]

No filósofo alemão e no filósofo medieval irlandês se encontra uma dinamização do arquétipo que o distancia da filosofia platônica canônica. Não caberia obviamente seguir a pista da teoria dos protótipos de Erígena,[10] pois o que importa aqui é

---

8 J. L. Borges, "O punhal", in *Evaristo Carriego*. Trad. de Heloísa Jahn. São Paulo: Companhia das Letras, 2017, p. 246; OC I, p. 156; EC I, p. 259.

9 Id., "Prólogo", in *História da eternidade*, op. cit., p. 7; OC I, p. 351; EC I, p. 689. O prólogo foi acrescentado à segunda edição, de 1953.

10 Na sua *História da filosofia medieval*, incluída em sua *História geral da filosofia*, Paul Deussen explica assim as criaturas do segundo tipo (imediatamente abaixo de Deus) de João Escoto Erígena, criaturas "que

a integração do platonismo à natureza e à vida, tal como realizada por Schopenhauer.

Na fisiologia contemporânea à Schopenhauer há um princípio geral que afirma a indiferenciação dos processos vitais nas plantas e nos animais. Segundo esse princípio, alimentação e reprodução não diferem propriamente da geração ou, noutras palavras, os processos fisiológicos pelos quais o ser vegetal ou animal se mantém e subsiste não diferem daqueles pelos quais é gerado (a metamorfose das plantas, tal como a concebia Goethe, é apenas o desenvolvimento e transformação de um único órgão, a folha), e isso porque todos eles não estão voltados para o bem do indivíduo, mas para a conservação da espécie. Aceitando todas essas premissas, Schopenhauer afirmará que o que ocorre na geração e desenvolvimento biológico é "a repetição constante do mesmo impulso" (*die stete Wiederholung desselben Triebes*). O processo de nutrição é, assim, "uma geração constante, o processo de geração uma nutrição potencialmente mais alta; a volúpia na geração, a satisfação potencialmente mais elevada do sentimento vital".[11]

Observando o vocabulário empregado nessa descrição dos processos vitais, duas escolhas saltam à vista: potência e repetição. Não há diferenciação qualitativa entre se alimentar e fecundar, este último ato é apenas nutrição numa potência mais

---

são criadas e criam": "Os gêneros e espécies das coisas são, como *causae primordiales*, sem começo e igualmente eternas como Deus. Todas elas, das categorias mais altas até os gêneros e espécies, são os protótipos (*protótypa*) das coisas e, como tais, são atos da vontade divina (*theîa telémata*), são predeterminações (*proorísmata*), e todas incluídas no Logos divino, que, engendrado desde a eternidade pelo Pai, é apenas o ser do pai em seu autodesenvolvimento no mundo das ideias, no Logos, no Filho". Paul Deussen, *Allgemeine Geschichte der Philosophie. Die Philosophie des Mittelalters*. Leipzig: Brockhaus, 1915, vol. II, 2, p. 375. Borges se vale dessa obra de Deussen em sua *História da eternidade*, citada como referência à p. 38; OC I, p. 367; EC I, p. 703.

11 A. Schopenhauer, *O mundo como vontade e representação*, SW, vol. I, § 54, p. 383.

elevada; funções supostamente diferentes apenas repetem o mesmo ato com maior ou menor intensidade. Na escolha lexical schopenhaueriana reverbera a filosofia da natureza da época; mais ainda, faz-se uma aposta cuja radicalidade pode ser medida quando comparada ao modo como Hegel concebe a natureza na *Enciclopédia das ciências filosóficas*. Para Hegel, a natureza é uma dialética imperfeita, uma exposição insuficiente do Espírito, porque não consegue chegar, principalmente no caso do reino vegetal, à sua completa manifestação. A natureza é arredia ao movimento do Conceito, ela é um Outro não inteiramente obediente à sua lógica, e tal desobediência se manifesta em alguns pontos especialmente salientes: o desperdício enorme de força, por exemplo, no número gigantesco de pólen e sêmen gasto para engendrar um único indivíduo; a volubilidade de suas formas, que se metamorfoseiam incessantemente uma nas outras, sem chegar a gêneros e espécies bem definidos; tudo isso traduzindo sua *impotência* para criar algo *qualitativamente* novo, isto é, algo que não seja meramente gradação ou reposição do mesmo numa potência mais elevada. No Prefácio às *Preleções sobre a filosofia da história*, Hegel faz observar a diferença existente entre o movimento progressivo da história e o movimento circular da natureza:

> A modificação abstrata em geral que ocorre na história já foi há muito apreendida de uma maneira geral, de modo que ela contém ao mesmo tempo um progresso para o melhor, para o mais perfeito. As modificações na natureza, por mais infinitamente variadas que sejam, mostram apenas um movimento circular, que sempre se repete; na natureza nada de novo acontece sob o sol e, nessa medida, o jogo multiforme de suas figuras traz o tédio consigo. O novo surge somente nas modificações que ocorrem em solo espiritual.[12]

---

12 G. W. F. Hegel, "Prefácio", in *Vorlesungen über die Philosophie der Geschichte*. Frankfurt am Main: Suhrkamp, 1970, p. 74.

O efetivamente novo só pode ocorrer na História, na vida do Espírito. Em comparação a esse verdadeiro movimento do Absoluto, a natureza é um eterno círculo, que se repete a si mesmo, volta ao mesmo ponto e gera as mesmas figuras tediosas de sempre. Com isso dá para observar bem a proximidade, mas também a diferença abissal que separa Schopenhauer de Hegel: os dois percebem a repetição do mesmo nos ciclos naturais, mas ali onde o filósofo do espírito absoluto enxerga impotência para gestar o novo, o filósofo voluntarista vê algo totalmente diverso, isto é, que *a suprema força da natureza consiste justamente em se repetir*, pois ela não se cansa jamais de repor algo que é em si imperecível. A ciclicidade, a repetição infinita, não significa um sinal de menos, ela é antes uma demonstração de vigor. Profundamente imbuído do pensamento vitalista, Schopenhauer entendeu que o importante não era criar o novo, um novo qualquer, mas efetuar uma constante renovação do mesmo, daquilo que é essencial à manutenção e geração do organismo. O seu conceito de vontade indestrutível não é, no fundo, senão uma tradução metafísica da noção de força vital — mesmo que essa força redunde numa voracidade insaciável, inesgotável, infinda.

Borges, como já foi dito, entendeu que o arquétipo schopenhaueriano implica uma transformação orgânica do platonismo. E mesmo que não tenha talvez atentado para o posicionamento de Schopenhauer com respeito à filosofia de natureza de sua época, ele não deixa passar o essencial: a filosofia schopenhaueriana, muito antes de Nietzsche e com grande vantagem em relação à deste, já continha uma doutrina do *eterno retorno*. O leão, o gato, a andorinha e o rouxinol são os mesmos que viveram séculos atrás, ou no verão passado. Schopenhauer indica o caminho pelo qual a temporalidade, a temporalidade circular, pode ser integrada ao símbolo. O rouxinol de Keats é o rouxinol de Ruth, assim como Averróis pode ser o poeta Zuhair, e Borges, o filósofo Averróis.

Todos os homens são o mesmo homem

*Arrisco esta conclusão antecipada: a vida é
pobre demais para não ser também imortal.*

J. L. BORGES[1]

Borges percebe como as considerações schopenhauerianas sobre a "eternidade cíclica" das espécies animais são uma chave poderosa para explicar a vida imperecível do símbolo e da metáfora, pois o esquema temporal destes também pode ser compreendido como uma repetição. O problema é que a vida humana parece não ter uma tipicidade tão característica como a dos animais, o que dificulta seu encaixe perfeito numa temporalidade circular. Hegel havia mostrado a clara diferença que existe entre a vida natural e a vida do Espírito: enquanto na natureza a repetição tediosa do mesmo é a norma, no mundo dos homens ocorre um progresso constante que conquista o novo por meio de diferenças qualitativas.

Diferentemente de Hegel, Schopenhauer pensa que a distância entre o natural e o humano não é tão grande assim. No

---

1 "Nova refutação do tempo", in *Outras inquisições*. Trad. de Davi Arrigucci Jr. São Paulo: Companhia das Letras, 2012, pp. 209-10; OC I, p. 143; EC I, p. 128.

ensaio inicial de *História da eternidade*, Borges traduz outra frase dele, também tirada do parágrafo 41 dos Suplementos:

> Uma duração infinita precedeu meu nascimento, "que fui eu enquanto isso?". Metafisicamente poderia talvez contestar-me: "Sempre fui eu"; quer dizer, quantos disseram eu durante esse tempo não eram outros que eu.[2]

A tese é sem dúvida bastante ousada e, talvez, inaudita. Borges percebe que há um filão e tanto a ser explorado nessa ideia de que todos os que disseram "eu" antes do nascimento do eu individual são este mesmo eu;[3] mas percebe igualmente muito bem a dificuldade filosófica implicada nessa asserção, e por isso logo comenta que o conceito de "humanidade eterna" não pode ser

---

[2] O texto se encontra em *O mundo como vontade e representação*, sw, vol. II, Suplementos, § 41, p. 596. O contexto da frase é a questão levantada por Schopenhauer de saber por que a pergunta pelo estado *depois* da morte é muito mais frequentemente discutida do que a pergunta pelo estado *antes* do nascimento. Teoricamente, um problema é tão justificado quanto o outro. Ou seja, a resposta teria de ser a mesma. O texto diz: "Entretanto, nenhuma questão se oferece mais naturalmente ao conhecimento não subornado pela Vontade do que esta: um tempo infinito transcorreu antes de meu nascimento; que fui eu ao longo de todo esse tempo? — Metafisicamente se poderia responder talvez: 'Eu sempre fui eu: isto é, todos os que ao longo de todo aquele tempo disseram eu, eram justamente eu'. Em nosso ponto de vista prévio ainda totalmente empírico, no entanto, nós abstraímos disso e aceitamos que eu não teria sido".

[3] Roberto Paoli afirma que a postulação da identidade de todos os indivíduos é o "teorema metafísico que mais obcecou Borges" ("Borges y Schopenhauer". *Revista de Crítica Literaria Latinoamericana*, Lima, ano 12, n. 24, 1986, p. 200). Thomas Mann também já havia percebido a força dessa afirmação, a ponto de a colocar na boca do protagonista de *Os Buddenbrooks*. Trad. de Herbert Caro. Rio de Janeiro: Nova Fronteira, 2000, p. 703. O romancista comenta seu entusiasmo pela ideia em seu ensaio sobre Schopenhauer, em Thomas Mann, *Pensadores modernos. Freud, Nietzsche, Wagner e Schopenhauer*. Rio de Janeiro: Zahar, 2013, pp. 120-23.

tão facilmente aceito e absorvido como o de "leonidade eterna".[4] A eternidade de um homem não é tão simples quanto a eternidade do leão. Borges toca de fato numa questão que acarretou muita discussão na época de Schopenhauer, a questão da especificidade humana no interior do desenvolvimento biológico: entre os atributos que o diferenciam dos outros seres vivos, o homem tem uma *individualidade* que o destaca dos demais. Isso significa, então, que os homens não podem ser o mesmo, a menos que se consiga mostrar que o são de um modo diferente dos animais. Ou seja, enquanto nos animais o caráter de cada um é idêntico ao da espécie, no homem o caráter de cada um não corresponde ao caráter de todos.

No ensaio sobre o tempo circular, também em *História da eternidade*, Borges mostra que há três formas de conceber o eterno retorno. O primeiro é o do ano platônico ou do ano perfeito, que ocorre quando "os sete planetas, equilibradas suas velocidades distintas, regressam a seu ponto de partida".[5] O segundo é a tese atomística de Le Bon, Nietzsche e Blanqui. O terceiro, "menos pavoroso e melodramático, mas também o único imaginável", afirma que os ciclos são similares, mas não idênticos.[6] Essa terceira forma de explicar se encontra em diversos autores, mas ganha uma formulação mais precisa em Marco Aurélio. Pode-se ter vivido e pode-se vir a viver muitos e longos anos, mas isso não significa nada, pois "ninguém perde outra vida senão a que vive agora, nem vive outra senão a que perde". Ou seja, a única coisa que de fato se tem é o presente, que é de todos, mas dura

---

4 J. L. Borges, "História da eternidade", in *História da eternidade*. Trad. de Heloísa Jahn. São Paulo: Companhia das Letras, 2010, p. 26; OC I, p. 357; EC I, p. 694.
5 Id., "O tempo circular", in *História da eternidade*, op. cit., p. 87; OC I, p. 393; EC I, p. 727.
6 Ibid., p. 92; OC I, p. 394; EC I, p. 728.

um "lapso brevíssimo".[7] Essa afirmação do imperador estoico sobre o presente, junto com a negação do passado e do futuro, é corroborada por Schopenhauer. Borges cita então uma passagem do parágrafo 54 de *O mundo como vontade e representação*:

> A forma do aparecimento da vontade é só o presente, não o passado nem o futuro; estes não existem senão como conceito e mediante o encadeamento da consciência, submetida ao princípio de razão. Ninguém viveu no passado e viverá no futuro: o presente é a forma de toda vida [...].[8]

O único tempo que existe, não submetido ao próprio tempo nem ao princípio de razão, é o presente. Mas essa explicação, além de aparentemente contraditória, contém ainda para Borges outra implicação embaraçosa: é que, se tudo está reduzido ao presente e "se todas as experiências dos homens são (de algum modo) análogas", essa conjectura levaria a um "empobrecimento do mundo".[9] Se só existe a experiência presente, os homens seriam iguais, ou seja, igualmente pobres:

> Se os destinos de Edgar Allan Poe, dos vikings, de Judas Iscariotes e do meu leitor são secretamente o mesmo destino — o único destino possível —, a história universal é a história de um único homem.[10]

Borges está evidentemente brincando com os próprios pressupostos, a respeito dos quais, como se observa aqui, começa a ter plena clareza já no início dos anos de 1930. Isto é, ele sabe

---

7 Ibid., p. 93; OC I, p. 395; EC I, p. 728. Borges se refere às *Meditações* de Marco Aurélio, livro II, 14.
8 Ibid., p. 94; OC I, p. 395; EC I, p. 729. O texto se encontra em A. Schopenhauer, *O mundo como vontade e representação*, SW, vol. I, § 54, p. 384.
9 Ibid.; OC I, p. 395; EC I, p. 729.
10 Ibid.; OC I, p. 395; EC I, p. 729.

de algum modo que, sem uma identificação mínima entre os indivíduos e seus destinos, a construção simbólica viria abaixo. Mas o outro extremo dessa ideia seria a de que a história da humanidade inteira se identificaria à história de um homem só. Ora, se fosse assim, a "biografia da eternidade" seria tão ou mais tediosa do que a eterna repetição do mesmo que Hegel julgava ver na história natural. Borges, claro, toma o partido de Schopenhauer, e é com seu filósofo admirado que está jogando, como se vê na retomada dessa ideia de "empobrecimento" no conto "A forma da espada": "Talvez Schopenhauer tenha razão: eu sou os outros, qualquer homem é todos os homens, Shakespeare é de algum modo o miserável John Vincent Moon".[11]

A "Nova refutação do tempo", em *Outras inquisições*, volta a citar o parágrafo de *O mundo como vontade e representação* sobre a inexistência do passado e do futuro e sobre a realidade do presente. Diferentemente de "O tempo circular", ali a citação se completa com o símile mobilizado por Schopenhauer para elucidar a natureza ilusória do tempo:

> Ninguém viveu no passado e viverá no futuro: o presente é a forma de toda vida, é um bem que nenhum mal consegue arrebatar-lhe... O tempo é como um círculo que girasse infinitamente: o arco que desce é o passado, o que sobe, o futuro; acima, há um ponto indivisível que a tangente toca e que é o agora. Imóvel como a tangente, esse ponto inextenso marca o contato do objeto, cuja forma é o tempo, com o sujeito, que carece de forma porque não pertence ao cognoscível e é a condição prévia do conhecimento.[12]

---

11 J. L. Borges, *Ficções*. Trad. de Davi Arrigucci Jr. São Paulo: Companhia das Letras, 2015, 2ª ed., p. 113; OC I, p. 494; EC I, p. 887. Cf. acima pp. 85-87.
12 Id., "Nova refutação do tempo", in *Outras inquisições*, op. cit., p. 217; OC II, p. 148; EC I, p. 132. Cf. A. Schopenhauer, *O mundo como vontade e representação*, SW, vol. I, p. 386.

Mesmo o tempo circular é ilusório, e a única temporalidade realmente existente é aquela em que se dá o ponto de contato entre o círculo e a tangente, entre o objeto e o sujeito que o conhece. Mas Borges sabe, obviamente, que a redução da experiência ao presente, longe de ser um empobrecimento, é na verdade uma riqueza. A riqueza de um agora que é eterno.

As duas versões do tempo

> *Como pude não sentir que a eternidade, desejada*
> *com amor por tantos poetas, é um artifício*
> *esplêndido que nos livra, ainda que de maneira*
> *fugaz, da intolerável opressão do sucessivo?*
>
> J. L. BORGES[13]

Apesar de suas deficiências, o pequeno texto sobre "La nadería de la personalidad", publicado em *Inquisições*, mostra que já então o jovem Borges se via às voltas com um problema para o qual ele dá com a solução cerca de uma década depois. É que já naquele livro de 1925 *a questão da identidade pessoal aparece ligada ao tempo*.

No ensaio que publica dez anos mais tarde sobre "A doutrina dos ciclos", em meio a toda argumentação filosófica está a figura de Nietzsche e de seu dramático relato sobre a invenção ou descoberta do eterno retorno — relato que se encontra em contradição performativa com a teoria que apresenta. O ensaio quer solucionar essa contradição: helenista que é, o autor do *Zaratustra* não podia simplesmente ignorar os seus precursores. Ele bem sabia que o eterno retorno é daquelas "fábulas ou medos ou diversões que retornam eternamente", mas sabia também que "a mais eficaz de todas as pessoas gramaticais é

---

13 "História da eternidade", in *História da eternidade*, op. cit., p. 7; OC I, p. 351; EC, 1, p. 689.

a primeira". Ele escolheu ser profeta, e não filólogo: usar da primeira pessoa do singular era muito mais eficiente do que encher seu texto de aspas e referências aos autores.[14]

Nesse texto, diferentemente do que ocorre com o tom *burlón* do ensaio seguinte (no qual Nietzsche é chamado de "o mais patético inventor ou divulgador" da doutrina), o juízo sobre o filósofo da vontade de potência é equilibrado, muito certamente porque o autor do *Zaratustra*, a despeito do caráter profético de que pretendeu se investir, fez aflorar um problema que até então não passava de um projeto confuso para iludir as esperanças.[15] Isto é, Nietzsche se entregou de corpo inteiro a pensar numa imortalidade pessoal que não fosse a do outro mundo, e o fez, portanto, em confronto consciente com a tradição agostiniana, a qual, para rebater a "abominável doutrina" da ciclicidade histórica, colocou o Ocidente nos trilhos do tempo linear progressivo ("Jesus é a via reta que nos permite fugir do labirinto de tais enganos").[16] Para essa tradição, o tempo circular precisava ser combatido, porque elimina tanto a criação como a responsabilidade pessoal, suprimindo com isso a ideia de pecado e salvação. Como também é sabido, essa ideia de tempo linear progressivo está na base da noção de "história", tal como começa a ser entendida e praticada na Europa do século XVIII. Hegel é um herdeiro dessa tradição.

O mérito de Nietzsche, portanto, não é pequeno: ele vislumbra acertadamente o potencial filosófico e simbólico da doutrina, investindo *pessoalmente* nela. Sua falha foi não ter conseguido coadunar perfeitamente sua individualidade com o símbolo, pois infelizmente não sabia que toda metáfora, para ser tal, precisa ter seu ou seus precursores (mesmo que estes ainda não existam). Apostando na primeira pessoa do singu-

---

14 J. L. Borges, "A doutrina dos ciclos", in *História da eternidade*, op. cit., pp. 80-81; OC I, p. 388; EC I, p. 723.
15 Ibid., p. 82; OC I, p. 389; EC I, p. 724.
16 Ibid., p. 80; OC I, p. 388; EC I, p. 723.

lar, esqueceu-se de que outras pessoas também tinham vivido a mesma experiência.

No cotejo com Nietzsche é possível ver que a posição de Schopenhauer é muito mais nuançada e complexa. Já o advertia o ensaio de 1925 sobre a "Ninharia da personalidade". Num breve parágrafo dele se lê:

> O eu não existe. Schopenhauer, que muitas vezes parece se arrimar nessa opinião, a desmente tacitamente outras tantas, não sei se adrede ou se forçado a isso por essa vasta e rude metafísica — ou melhor, ametafísica — que espreita nos princípios mesmos da linguagem. No entanto, e em que pese tal disparidade, há um lugar na sua obra que, à semelhança de um alumbramento brusco e eficaz, ilumina a alternativa. Traslado o tal lugar que, castelhanizado, diz assim:
>
> "Um tempo infinito precedeu meu nascimento; que fui eu enquanto isso? Metafisicamente poderia quiçá me responder: eu sempre fui eu; quer dizer, todos aqueles que disseram eu durante esse tempo foram realmente eu".[17]

Nessa passagem é perceptível que o jovem Borges ainda está tateando, mas ela não deixa dúvida de que a doutrina da identidade de todos os eus é o facho luminoso a ser seguido. Ele nota que acompanhar os vaivéns do problema da individualidade nos textos schopenhauerianos, conferir-lhes uma coerência, não é certamente uma tarefa simples. Da ótica representativa, o princípio da individuação é inequívoco, mas o indivíduo desaparece sob o prisma da Vontade, tornando a reaparecer como um Dioniso depois de esquartejado. Por trás das formas fugazes, há um sujeito que existe para além do tempo, assim como há um tempo, um presente, que não é meramente fenomênico, sucessivo, fugaz.

---

17 J. L. Borges, "La nadería de la personalidad", in *Inquisiciones*. Madri: Alianza, 2008, p. 102. Cf. acima nota 2 deste capítulo, p. 169.

Já está por certo mais que claro que os dois pontos de vista não são excludentes. Como no símile schopenhaueriano, o círculo e a tangente são as duas formas de conceber o tempo. O círculo é a imagem para o perecível e exprime o ponto de vista da representação; a tangente, mais exatamente o ponto desta tangente que toca e é tocado pelo círculo, exprime a estabilidade, a eternidade, o ponto de vista da Vontade. Não cabe eliminar um deles em prol do outro. E na verdade se poderia dizer até que, ajustando o foco, não só uma mas as duas temporalidades podem ser ditas eternas.

Borges percebeu isso muito bem. Depois de ter arrolado diversos argumentos para mostrar a nulidade do conceito de tempo, ele escreve no finalzinho do seu ensaio sobre a refutação dele:

> *And yet, and yet...* Negar a sucessão temporal, negar o eu, negar o universo astronômico são desesperos aparentes e consolos secretos. Nosso destino (à diferença do inferno de Swedenborg e do inferno da mitologia tibetana) não é terrível por ser irreal; é terrível porque é irreversível e de ferro. O tempo é a substância de que sou feito. O tempo é um rio que me arrebata, mas eu sou o rio; é um tigre que me destroça, mas eu sou o tigre; é um fogo que me consome, mas eu sou o fogo. O mundo, infelizmente, é real; eu, infelizmente, sou Borges.[18]

Muito conhecido e citado, esse excerto poderia ser relido à luz do que agora se sabe sobre a natureza do símbolo. A frase central ("o tempo é a matéria de que sou feito") é uma adaptação do dito shakespeariano: "*We are such stuff as dreams are made on*", repetido muitas vezes por Borges, inclusive para falar do mundo onírico de Macedonio Fernández.[19] Aqui, a matéria de que Borges diz ser feito não é o sonho, mas o tempo (embora

---

18 Id., "Nova refutação do tempo", in *Outras inquisições*, op. cit., p. 218; OC II, p. 149; EC II, p. 133.
19 Cf. a nota 11 no capítulo "O mundo fantasmagórico", p. 28.

para ele, como se verá adiante, tempo e sonho se fundirão numa coisa só). A força do tempo é de tal magnitude, que *o redimensiona em relação a si mesmo*: a sucessão, a fugacidade, a efemeridade temporal, o fato de ser mera representação ilusória é, na verdade, *algo atemporal*, capaz de mexer com todos os homens e de ganhar, por isso, uma função simbólica de primeira grandeza. Daí que o tempo se preste a tantas imagens (rio, tigre, fogo), e que o fluxo heraclitiano seja tão recorrente ao longo da história. Mas atenção para a advertência: *o rio, o tigre, o fogo são também o próprio Borges*. A inseparabilidade do simbólico e do individual é sempre o que decide tudo. Bem compreendida esta, pode-se passar à outra forma, intemporal, do tempo.

O agora eterno; o eterno, agora

Sentir que a vigília é outro sonho
que sonha não sonhar e que a morte
que teme nossa carne é essa morte
de cada noite que se chama sonho.

J. L. BORGES[1]

Como se acaba de dizer, subsiste na metafísica schopenhaueriana uma dubiedade quanto ao estatuto da individualidade, e o mesmo se pode dizer do tempo. Numa primeira aproximação, esses conceitos só fazem sentido do ponto de vista representativo, o que equivale a afirmar que são na verdade produções do entendimento humano. Por outro lado, eles retornam com o vigor que lhes é conferido pela ligação com a Vontade ou até pela capacidade de negá-la. O parágrafo 41 dos Suplementos ao *Mundo como vontade e representação* traz indicações instrutivas sobre como se posicionar diante dessa ambiguidade.

---

[1] "Arte poética", in *O fazedor*. Trad. de Josely Vianna Baptista. São Paulo: Companhia das Letras, 2008, p. 149; OC II, p. 221; EC II, p. 335.

O tema desse parágrafo, muito referido por Borges,[2] é a morte ou, mais exatamente, a inexistência dela para a Vontade, que é indestrutível. Não conhecida pelos animais, mas apenas pelo homem, sendo-lhe motivo de tantas angústias, a morte existe somente no âmbito da aparência, da representação; ela atinge o indivíduo, mas não a espécie ou o gênero. A andorinha deste verão pode desaparecer com suas pequenas diferenças individuais, mas a andorinha do verão passado e a do próximo são essa mesma e única andorinha em sua essência. Ainda de acordo com Schopenhauer, o temor de perder a vida, que se confunde com a própria individualidade, acaba induzindo ao fechamento da pessoa em si mesma, a não perceber que pode viver e existir na forma de outras individualidades, tão ou bem mais interessantes do que a que considera ser a sua. A única vida que em geral se conhece é aquela, fenomênica, voltada para a defesa dos ataques externos e manutenção de si que o cérebro exerce durante a vigília. Cada um

> sabe de si apenas como este indivíduo, como ele se apresenta na intuição externa. Se, por outro lado, pudesse trazer à consciência o que ainda é para além e fora disso, de bom grado abriria mão de sua individualidade, sorriria da tenacidade de seu apego a ela e diria: "Por que a perda desta individualidade me preocupa, eu que trago em mim a possibilidade de inúmeras individualidades?".[3]

Manter-se preso à sua individualidade é querer uma vida sempre igual, sujeita aos mesmos desejos dolorosos que a supliciam. Existe outra vida, subterrânea, que pode ser divisada graças ao sono e à morte, que são formas de revitalizar o organismo:

---

2   Ver, por exemplo, "A penúltima versão da realidade", in *Discussão*. Trad. de Josely Vianna Baptista. São Paulo, 2008, p. 46; OC I, p. 199; EC I, p. 378.
3   A. Schopenhauer, "Sobre a morte", in *O mundo como vontade e representação*, SW, vol. II, Suplementos, § 41, p. 628.

O que o sono é para o indivíduo, a morte é para a Vontade como coisa em si. Ela não suportaria prosseguir por uma eternidade atuando e sofrendo da mesma maneira, sem verdadeiro ganho, se para ela restassem a memória e a individualidade.[4]

A vontade precisa se desvencilhar das peias da memória individual para se revigorar, assim como o indivíduo precisa se livrar de seu eu, se quer entrar numa relação consigo mesmo e com os outros que não passa nem pelo tempo, nem pelo espaço, nem por nexos causais:

> A morte é, por conseguinte, a perda de uma individualidade e o ganho de outra, consequentemente uma modificação da individualidade sob o guia exclusivo da própria vontade.[5]

A morte não é exatamente o que se imagina, mas uma libertação das categorias que prendem o sujeito ao mundo fenomênico e a seu eu empírico; ela é, além disso, uma libertação de uma vontade que até então o sujeita a uma avidez irrefreável. Com ela também caem por terra as barreiras separando um sujeito e outro, sujeito e mundo, o que tem consequências teóricas e éticas importantes:

> A partir de agora, todo o seu eu vive, portanto, naquilo que ele havia visto até então como não-eu: pois cessa a diferença entre exterior e interior. Recordamos aqui que o homem melhor é aquele que faz menos diferença entre si e os outros, não

---

4 Ibid., p. 641.
5 "Ora, além de tudo isso, a morte é a grande ocasião de não ser mais eu. Bom para aquele que a aproveita." Ibid., pp. 649-50. Borges sublinha a frase no seu exemplar da edição de Otto Weiss. Cf. Laura Rosato e Germán Álvarez, *Borges, libros y lecturas*. Buenos Aires: Biblioteca Nacional, 2017 [2010], ed. rev., ampl., pp. 308-09.

os considera como não-eu absolutos, enquanto para o homem ruim essa diferença é grande, absoluta.[6]

É no nível orgânico mais profundo que se pode conhecer a multiplicação, a diversificação da vida; é ali que o sujeito se subtrai às ilusões de seu cérebro naturalmente voltado para a preservação de si e se coloca no lugar dos outros, em intimidade com eles; é ali que ele encontra e identifica suas outras *personae*. É certo que também no nível epidérmico da representação há multiplicação de objetos e eus, só que, neste caso, em sentido absolutamente diverso: aqui as formas também se reproduzem indefinidamente, porém de maneira monótona e sempre igual. Fugir dessa pasmaceira eversiva é fisiológica, ética, metafisicamente saudável, e um dos meios de consegui-lo é tirar de diante dos olhos as "lentes multiplicadoras" (*Vervielfältigungsgläser*) do tempo e do espaço e se entregar momentaneamente à "intermitência de sua eficácia".[7] O eu empírico tem de morrer para dar lugar a eus mais profundos, que não se unem pela atividade cerebral, mas por uma simpatia mais íntima entre os centros vitais dos organismos. O *principium individuationis* precisa vir abaixo para dar lugar a uma individualidade que é ao mesmo tempo todas elas. Suspender o tempo faz cair as lentes que apartam enganosamente um indivíduo dos outros, instituindo um convívio mais íntimo entre eles, para além da ilusão de perecimento, que é a sina deles como seres empíricos.[8]

6 A. Schopenhauer, "Sobre a morte", in *O mundo como vontade e representação*, sw, vol. II, Suplementos, § 41, p. 628.
7 Ibid., p. 645.
8 David E. Wellbery assinala que a relevância de Schopenhauer para a literatura moderna se deve em grande medida a que ela abre espaço para *"formas de subjetividade sem eu"* (*Formen von ichloser Subjektivität*). David E. Wellbery, *Schopenhauers Bedeutung für die moderne Literatur*. Munique: Carl Friedrich von Siemens Stifung, 1998, p. 57. A observação de Wellbery — que cita Machado de Assis no início do seu livro (ibid., p. 12) — leva o leitor brasileiro a se perguntar se o narrador das *Memórias*

A *História da eternidade* já indicava com toda a precisão que o *presente* é o tempo estabilizado que absorve em si passado e futuro, é o tempo do encontro do sujeito com o real, como explica a metafísica schopenhaueriana. Ele é o ponto em que se encontra a tangente e o círculo, ou em outro símile sugerido por Schopenhauer:

> o tempo se parece [*gleicht*] a uma correnteza irrefreável e o presente a um rochedo no qual ela quebra, mas não o arrasta. A Vontade, como coisa em si, não está sujeita ao princípio de razão, tão pouco quanto o sujeito do conhecimento, que no final é em certo sentido ela mesma ou sua exteriorização; e assim como para a Vontade a vida, seu próprio fenômeno, é certa, assim também o presente é a única forma da vida real.[9]

Para Schopenhauer, a experiência desse presente também pode ser vivida nas artes plásticas: a causa do prazer que o contemplador sente diante da pintura de gênero advém desse agora permanente, desse tempo congelado, pois nela "são fixadas cenas fugazes da vida".[10] Cenas cotidianas, comuns, podem ter tanto valor como uma ação histórica altamente significativa, e ministros debruçados sobre mapas disputando a hegemonia de países e povos têm a mesma relevância que camponeses jogando cartas ou dados numa taverna da pintura flamenga. Os artistas plásticos dos Países Baixos bem perceberam a importância de fixar esse presente do maior número de ações hu-

---

póstumas de Brás Cubas não nasce de uma indagação sobre a metafísica da morte de Schopenhauer, filósofo que, como se sabe, foi lido e prezado por Machado. Se for assim, o impacto de Schopenhauer sobre o escritor brasileiro é da mesma ordem daquele que exerceu sobre Thomas Mann e Borges. Conferir acima nota 3 do capítulo "Todos os homens são o mesmo homem", p. 169.

9 A. Schopenhauer, *O mundo como vontade e representação*, sw, vol. I, p. 386.
10 Id., *O mundo como vontade e representação*, sw, vol. II, Suplementos, p. 613.

manas, para que se enxergue a "ideia da humanidade" na mais vasta gama de seus traços.[11] Na metafísica do belo, essa fixação dos momentos simbólicos está correlacionada à poética e à ética do caráter. Como na poética borgiana, eles eternizam os homens para além deles mesmos.

Em Borges, de fato, a eternização do momento é fundamental. Desde "La nadería de la personalidad", ele vinha tateando para entender o que é a individualidade e o tempo. Em 1928, ele redige o pequeno texto "Duas esquinas", publicado no *Idioma dos argentinos*. O escrito é um díptico, em que a pequena narrativa "Hombres pelearan" é antecedida pela descrição de uma paisagem urbana intitulada "Sentirse en muerte". *Sentir-se em morte*: o título schopenhaueriano diz tudo, pois se trata da eternização de um momento. A sensação provocada pela visão de uma esquina de um bairro do arrabalde de Buenos Aires, confinando com a planície pampiana, suscita uma espécie de *déjà vu*. Ao deparar com ela, o narrador pensa consigo mesmo, "com segurança, em voz alta", que aquilo era o mesmo de vinte anos atrás ("*Esto es lo mismo de hace vinte años...*").[12] Alguns anos mais tarde, o texto será republicado, não por acaso, no fim do primeiro ensaio da *História da eternidade*. Depois de repertoriar em ordem cronológica as diversas teorias sobre a eternidade surgidas ao longo dos séculos, sem esquecer a afinidade entre o rouxinol de Keats, de Ruth e os animais de Schopenhauer comentada antes, o ensaio reproduz o texto de "Sentir-se em morte", para assinalar ao leitor a "teoria pessoal"

---

11 "A fugacidade do momento, que a arte fixou numa tal pintura (denominada hoje em dia pintura de gênero) provoca uma emoção leve, peculiar: pois deter numa imagem duradoura o mundo fugaz que se modifica incessantemente em eventos particulares é uma realização da arte pictórica, pela qual ela parece paralisar o próprio tempo, ao elevar o individual à ideia de seu gênero." A. Schopenhauer, *O mundo como vontade e representação*, sw, vol. I, p. 325.

12 J. L. Borges, "Dos esquinas", in *El idioma de los argentinos*. Madri: Alianza, 2006, p. 131.

do escritor sobre a eternidade. Apenas uma pequena alteração é introduzida: aquela visão era a mesma, agora não de vinte, mas de trinta anos antes. Borges não terá constrangimento de publicar pela terceira vez essa mesma descrição daquela esquina *orillera* na *Nova refutação do tempo*, em que não altera sequer a quantidade de anos. Com efeito, ali se pode ler mais uma vez como ele conseguiu "definir" o que sentiu:

> *Eu me senti morto; me senti percebedor abstrato do mundo*; indefinido temor imbuído de ciência que é a melhor clareza da metafísica. Não acreditei, não, ter subido as águas do Tempo; antes, me supus possuidor do sentido reticente ou ausente da inconcebível palavra *eternidade*. Só mais tarde consegui definir aquela imaginação.
>
> Escrevo-a agora, desta forma: essa pura representação de fatos homogêneos — noite serena, paredezinha límpida, cheiro provinciano da madressilva, barro fundamental — não é meramente idêntica à que houve naquela esquina há tantos anos; é, sem semelhanças e repetições, a mesma. O tempo, se pudermos intuir essa identidade, é uma delusão: a indiferença e a inseparabilidade de um momento de seu aparente ontem e de outro de seu aparente hoje bastam para desintegrá-lo.[13]

O tempo, o tempo ilusório e sucessivo, desaparece quando se intui que a experiência presente é a mesma que se fez num agora anterior. O homem, que tem a consciência da morte, pode em momentos como este agora se tornar tão imortal como aquele gato schopenhaueriano que é o mesmo de trezentos anos atrás.

---

13 J. L. Borges, "Nova refutação do tempo", in *Outras inquisições*. Trad. de Davi Arrigucci Jr. São Paulo: Companhia das Letras, 2012, p. 209; OC II, p. 143; EC II, p. 128. Os itálicos na primeira frase foram acrescentados para chamar a atenção para a proximidade do que é aí afirmado com o "sentir-se em morte", isto é, com a ideia de um puro sujeito do conhecimento em Schopenhauer, que estaria além da mera individualidade empírica.

O nunc stans

A perquirição borgiana sobre o tempo não se detém, todavia, naquele "momento de verdadeiro êxtase", naquela "possível insinuação de eternidade" de "Sentir-se em morte". Segue ainda bem mais longe, sempre nos passos de Schopenhauer. É que a ideia de um agora eterno ou da eternidade como um agora, decorrente da supressão de toda a diferença de tempo (e lugar), implica a capacidade de ver todos os acontecimentos e cenas da vida "como existindo *de uma só vez e ao mesmo tempo* e para sempre no *nunc stans*".[14] Ou seja, por essa explicação o eterno presente não se mostra apenas no congelamento de uma cena da vida. Na forma alargada de um amplo presente, o espectador poderia ver toda uma coleção de cenas de uma só vez, como numa enorme galeria de pintura de gênero.[15]

Schopenhauer recorda que para alguns autores medievais é inconcebível imaginar que a eternidade seja representada como uma sucessão sem começo nem fim; para eles, a eternidade é um *nunc stans*, um agora perene, duradouro.[16] Ele cita Alberto

---

14 A. Schopenhauer, "Sobre a morte", in *O mundo como vontade e representação*, sw, vol. II, Suplementos, § 41, p. 613.
15 A passagem do presente pontual para o presente eterno pode ser ilustrada também pelo que ocorre com os animais: "A vida de cada espécie animal é realmente, ao longo de milênios de existência, de certo modo igual a um único instante: pois é mera consciência do *presente* sem consciência do passado e do futuro e, portanto, da morte. Nesse sentido ela deve ser vista como um instante duradouro, um *nunc stans*". A. Schopenhauer, *O mundo como vontade e representação*, sw, vol. II, Suplementos, § 54, p. 732. Borges, que menciona essa passagem do "apaixonado e lúcido" Schopenhauer no primeiro ensaio de *História da eternidade*, assinala o trecho em seu exemplar do *Mundo* na edição de Paul Deussen. Ver Laura Rosato e Germán Álvarez em *Borges, libros y lecturas* (op. cit., p. 307), que também lembram que a ideia ressurge em "El otro tigre", de *El hacedor*, e em "El bisonte", de *La rosa profunda*.
16 A. Schopenhauer, *O mundo como vontade e representação*, sw, vol. I, p. 387.

Magno,[17] mas sua referência mais importante parece ser o "*Aeternitas non est temporis sine fine sucessio, sed nunc stans*", de Boécio.[18] No parágrafo 54 de *O mundo como vontade e representação*, explica-se mais detidamente em que consistiria essa noção escolástica, remetendo ao comentário do parágrafo 46 do *Leviatã* de Hobbes, citado na versão latina:

> Os Escolásticos ensinavam que a eternidade não é uma sucessão sem fim ou começo, mas um agora permanente [*nunc stans*], isto é, que o nosso *agora* é o mesmo *agora* de Adão; ou seja, não há nenhuma diferença entre o *agora* e o *então*.[19]

Essas referências (os escolásticos, Boécio, Hobbes) são preciosas, e o leitor não deve perdê-las de vista, pois são as mesmas que encontra em dois textos de Borges sobre John William Dunne. O primeiro desses escritos é a breve nota sobre "J. W. Dunne y la eternidad", publicada em 1938;[20] o segundo, o ensaio "O tempo e J. W. Dunne", de *Outras inquisições*. Embora o segundo seja um desenvolvimento de temas que não puderam ser tratados no primeiro, os dois escritos revelam a mesma atitude em relação ao filósofo irlandês, o mesmo apreço por suas ideias. Dunne cometeria falácias, petições de princípio etc., mas sua tese é "tão atraente que sua demonstração é desnecessária; sua mera possibilidade nos pode encantar".[21] Como não raro sucede nos textos borgianos, um trecho inteiro é repetido nos dois comentários com modificações insignificantes. Isso acontece no parágrafo de *Outras inquisições* em que se lê:

---

17 Ibid., p. 253.
18 A. Schopenhauer, *Parerga e paralipomena*, II, § 29, SW, vol. V, p. 52.
19 Id., *O mundo como vontade e representação*, SW, § 54, vol. I, p. 387n.
20 J. L. Borges, "J. W. Dunne y la eternidad", in *Textos cautivos*. Org. de Enrique Sacerio-Garí e Emir Rodríguez Monegal. Madri: Alianza, 2005, pp. 280-82.
21 Ibid., p. 281.

Os teólogos definem a eternidade como a posse lúcida e simultânea de todos os instantes do tempo e consideram-na um dos atributos divinos. Dunne, para nosso assombro, supõe que a eternidade já é nossa e que os sonhos de cada noite o confirmam. Neles, segundo pensa, confluem o passado imediato e o imediato futuro. Na vigília, percorremos o tempo sucessivo em velocidade uniforme; no sonho abarcamos uma área que pode ser vastíssima. Sonhar é coordenar os relances dessa contemplação e com eles urdir uma história, ou uma série de histórias. Vemos a imagem de uma esfinge e a de uma loja e inventamos que uma loja se transforma em esfinge. Ao homem que amanhã conheceremos emprestamos a boca de um rosto que olhou para nós ontem à noite... (Já Schopenhauer escreveu que a vida e os sonhos eram folhas de um mesmo livro, e que lê-las em ordem é viver; folheá-las, sonhar.)[22]

O sonho funde passado e futuro, compondo rostos, armando narrativas com os materiais que retira da vigília. O "argumento" encontrado nesse parágrafo borgiano é escandido em três etapas: (1) *teólogos* definem a eternidade como simultaneidade e a atribuem a Deus; (2) *Dunne* chega à conclusão espantosa de que esse atributo divino já se encontra no sonho; (3) *Schopenhauer* compara sonho e vida. A menção a Schopenhauer entre parênteses não é fortuita, pois o filósofo funciona, como se tentará mostrar, como termo de ligação entre os teólogos e o autor de *An Experiment with Time* e *Nothing Dies*.

As duas versões do comentário a Dunne tampouco apresentam grande diferença no que segue. Em ambas se comenta que, para ele, a fusão de passado, presente e futuro no sonho é quase como que um brinquedo que se ganha com a morte, pois nesta haveria restituição e combinação de todos os momentos da vida:

---

[22] J. L. Borges, "O tempo e J. W. Dunne", in *Outras inquisições*, op. cit., p. 33; OC II, pp. 26-27; EC II, p. 26.

Dunne afirma que a morte nos ensinará o exercício feliz da eternidade. Recuperaremos todos os instantes de nossa vida e os combinaremos do jeito que nos agradar. Deus e nossos amigos e Shakespeare colaborarão conosco.

Diante de uma tese tão esplêndida qualquer falácia que o autor tenha cometido se torna insignificante.[23]

Dunne, como se vê, não acrescenta muito ao que Borges já sabia de Schopenhauer. E, na verdade, as referências que Borges usa nos textos sobre Dunne são as mesmas encontradas em Schopenhauer: o *nunc stans* dos teólogos (principalmente Boécio) e sua crítica por Hobbes. Ter isso em mente ajuda a reler o *Aleph* e, com ele, compreender um pouco mais a poética borgiana.

---

[23] Ibid.; OC II, p. 27; EC II, p. 26. Ver também J. L. Borges, "J. W. Dunne y la eternidad", in *Textos cautivos*, op. cit., p. 281.

O falso e o verdadeiro Aleph

Êxtase estético e basura *realista*

Após a morte de Beatriz Viterbo, o narrador do conto "El Aleph" (Borges "ele mesmo") faz notar ao leitor que, apesar de o vasto universo estar se afastando mais e mais dela, a "vã devoção" que ele lhe consagra se mantém intacta. Depois de morta, ele pôde se dedicar integralmente à memória da amada; sem esperança, é verdade, mas também sem vexações.[1] Considerando que o dia 30 de abril seria o seu aniversário, ele passa a visitar anualmente nessa data a casa da rua Garay, para cumprimentar seu pai e seu primo-irmão, Carlos Argentino Daneri. Enquanto espera os anfitriões na salinha abarrotada, estuda os numerosos retratos de Beatriz.

Com os anos, aquelas visitas são mais e mais dominadas pela presença e pelas confidências de Carlos Argentino; a sua figura, em gritante contraste com a da prima, vai se sobrepondo à dela. Um dia, o primo revela a Borges que está escrevendo uma obra cujo tema é nada menos que "A Terra": o poema não quer apenas emular os escritores de renome (Homero, Hesíodo,

---

1 J. L. Borges, "O Aleph", in *O Aleph*. Trad. de Davi Arrigucci Jr. São Paulo: Companhia das Letras, 2008, pp. 136-37; OC I, p. 617; EC I, p. 1061.

a Bíblia, o barroco, o decadentismo, Goldoni etc.), como pretende descrever o planeta inteiro. Segundo seu autor, defensor incondicional do homem moderno, o poema dispensaria as pessoas de viajar pelo mundo: Maomé não iria às montanhas, estas viriam até ele.

A modernidade, porém, cobra seu preço. Zunino e Zungri, os prósperos vizinhos de Daneri e proprietários de seu imóvel na rua Garay, a pretexto de ampliar a já enorme confeitaria, querem pôr abaixo a velha casa. Junto com ela desapareceria, no entanto, um tesouro ali guardado, o Aleph escondido no porão debaixo da sala. Informado sobre isso ao telefone, e interessado não só pelas lembranças da casa mas também pelo objeto inusitado que Daneri julga ser seu direito inalienável, Borges parte imediatamente ao seu encontro.

Como, ao chegar à casa, Carlos Argentino está revelando fotografias no porão, Borges tem ocasião de rever, ao lado de um jarrão sem flor em cima do piano, o grande retrato de Beatriz sorrindo — um retrato "mais intemporal que anacrônico". Num surto desesperado, patético, de ternura, o admirador se aproxima dele, repetindo o nome da amada, de sua "Beatriz querida", mas "perdida para sempre".[2]

O primo-irmão entra em seguida e, depois de oferecer uma tacinha do falso conhaque que lhe fora presenteado por Borges, dá-lhe instruções de como se portar no porão. Deitado desconfortavelmente no chão, Borges vê a miríade de imagens simultâneas lançadas pelo "microcosmo dos alquimistas e cabalistas".[3] Em suma, seus olhos veem "aquele objeto secreto e conjectural cujo nome os homens usurpam mas que nenhum homem contemplou: o inconcebível universo".[4]

No depoimento que presta sobre o conto ao final da edição americana *The Aleph and Other Stories*, Borges comenta que

---

2 Ibid., p. 146; OC I, pp. 623-24; EC I, pp. 1066-67.
3 Ibid., p. 147; OC I, p. 624; EC I, p. 1067.
4 Ibid., p. 150; OC I, p. 626; EC I, p. 1068.

alguns críticos quiseram ver Beatriz Portinari em Beatriz Viterbo, e Dante em Carlos Argentino Daneri.[5] O escritor agradece a comparação, mas afirma que Beatriz Viterbo realmente existiu, que estava "desesperançadamente apaixonado por ela (*hopelessly in love with her*)" e que escreveu a história depois de sua morte. Carlos Argentino Daneri seria um amigo seu, ainda vivo, que nunca suspeitou ser a personagem da história, nem que seus versos são nela parodiados; "espécimes" como ele tinham seu habitat na Academia Argentina de Letras.[6]

O conto não é certamente "redução paródica" da *Divina Comédia*, em que Virgílio estaria de algum modo replicado de ponta-cabeça na figura de Daneri, a idealizada Beatriz da *Comédia* ressurgiria no seu duplo argentino, e Dante seria o pobre Borges. Tudo é muito mais intrincado e sutil. As visitas à residência da rua Garay eram movidas pela necessidade de eternizar o objeto de sua paixão. Esta é a motivação da história ou ao menos é aquilo de que o apaixonado estava convencido. Daí seu empenho (o alfajor de Santa Fé, a garrafa de conhaque nacional) para ganhar acolhida, pois agora podia se consagrar à memória da amada, "sem esperança, mas também sem humilhação".[7] Ali ele poderia desfrutar do mundo íntimo da falecida, ver seus retratos e escutar recordações sobre ela. Mas o propósito é frustrado. Ao final do segundo parágrafo, já se dá a per-

---

5 Emir Rodríguez Monegal é um dos que defende que o conto é uma redução paródica da *Divina Comédia*. "Desse ângulo, 'Borges' é Dante, Beatriz Viterbo é Beatrice Portinari (tão desdenhosa do poeta florentino como a argentina é do autor) e Carlos Argentino Daneri é, a cada vez, Dante e Virgílio. Seu nome Daneri é uma abreviação de Dante Alighieri, como Virgílio é um poeta didático e um guia para a visão do outro mundo." Emir Rodríguez Monegal, *Borges: Una biografía literaria*. Cidade do México: Fondo de Cultura Econômica, 1987, p. 372.

6 J. L. Borges, *The Aleph and Other Stories*. Trad. de Norman Thomas di Giovanni com colaboração de Jorge Luis Borges. Nova York: Bantam, 1971, p. 190.

7 Ibid., p. 136; OC I, p. 617; EC I, p. 1061.

ceber que tudo seria muito diferente: "Assim, em aniversários melancólicos e inutilmente eróticos, ouvi as graduais confissões de Carlos Daneri".[8] A mudança é paulatina: os encontros eram melancólicos e *vanamente* eróticos,[9] porque as confissões declinam, da pessoa desejada, para aquele que se interpõe entre ela e o admirador. Longe de ser um guia virgiliano, o primo é um obstáculo. A frase seguinte vem a confirmar isso:

> Beatriz era alta, frágil, levemente curvada; havia em seu andar desajeitado (se o oximoro for tolerável) uma graça, um princípio de êxtase; Carlos Argentino é rosado, corpulento, encanecido, de traços finos.[10]

O narrador faz notar aqui seu embaraço para definir a mulher por quem se apaixonou, pois, como se já não bastasse avisar sobre o oximoro, este vem ainda acompanhado de um índice de vagueza: o caminhar de Beatriz tinha um certo desajeito gracioso — "*una como graciosa torpeza*" —,[11] que é anúncio do êxtase. Esse êxtase, entretanto, paira suspenso pelo ponto-e-vírgula, do qual começa, ato contínuo, a descrição dos traços de Carlos Argentino Daneri. O contraste, obviamente, é essencial para a intelecção do propósito ficcional. Não se deve, aliás, esquecer que a insinuação, a iminência de algo que está prestes a ocorrer, é fator decisivo na poética borgiana, como explicam estas linhas de "A muralha e os livros":

> A música, os estados de felicidade, a mitologia, os rostos trabalhados pelo tempo, certos crepúsculos e certos lugares que-

---

8   Idem, p. 137; OC I, p. 618; EC I, p. 1062.
9   No inglês, que teve a mão de Borges: "*on these melancholy and vainly erotic anniversaries*". J. L. Borges, The Aleph and Other Stories, op. cit., p. 4.
10 Id., "O Aleph", in *O Aleph*, op. cit., p. 137; OC I, p. 618; EC I, p. 1062.
11 A tradução em inglês diz: "*in her walk there was... a kind of uncertain grace*". J. L. Borges, The Aleph and Other Stories, op. cit., p. 4.

rem nos dizer algo, ou algo disseram que não deveríamos ter perdido, ou estão a ponto de dizer algo: essa iminência de uma revelação que não se produz é, quem sabe, o fato estético.[12]

O entrelaçamento e o estranhamento entre o estético e o erótico é um dos centros de gravidade do conto, sendo característicos da personagem complexa que é Beatriz, na qual vem se insinuar também um quê de vulgaridade. Mas toda tentativa de aproximação é bloqueada pela figura de Daneri.

Borges, então, avisado sobre a venda da casa, vai ter com ele. A criada que o recebe diz que o patrão estava, como de costume, no porão, revelando fotografias. Daneri seria realmente um dublê de fotógrafo, como o é de poeta? De qualquer modo, o contraste é patente: o pseudopoeta está no seu laboratório de *fotografia*, enquanto Borges é levado à sala na qual se encontra a única *pintura* de Beatriz, com o seu sorriso num colorido mais uma vez *desajeitado* ("*en torpes colores*"). Esse retrato sobre o piano, acompanhado do jarro *sem nenhuma flor*, retrato a que ele se entrega num "desespero de ternura", é menos anacrônico que *intemporal*; ele contrasta, portanto, com a temporalidade das fotografias da salinha abarrotada, que a mostram em pormenor, isto é, em diversos perfis, poses e circunstâncias.

Carlos Argentino se situa, com efeito, nesse registro *fotográfico*, como revelam as passagens de seu poema sobre a Terra, cujo propósito é nada menos que "versificar toda a esfera do

---

12 Id., "A muralha e os livros", in *Outras inquisições*. Trad. de Davi Arrigucci Jr. São Paulo: Companhia das Letras, 2012, p. 12; OC II, p. 13; EC II, p. 14. Ana María Barrenechea chama atenção para o "estremecimento pelo mistério que se entrevê e o prazer estético na beleza da formulação" das aporias eleáticas que procuram captar o infinito. Talvez a fórmula encontrada para expressar "Beatriz Viterbo" deva ser pensada nessa relação, que é importante na economia do conto. Cf. *La expresión de la irrealidad en la obra de Jorge Luis Borges y otros ensayos*. Buenos Aires: Ediciones del Cifrado, 2000, p. 36.

planeta".¹³ É por seu intermédio, por intermédio não só de sua máquina fotográfica mas também de sua máquina mágica, que Borges poderá finalmente entabular diálogo "com *todas* as imagens de Beatriz". Junto com tudo aquilo que lhe será dado a ver quando descer ao porão, as graduais confissões frivolamente eróticas chegarão ao fim.

Em meio à miríade de coisas que o Aleph revela, está também uma gaveta de escrivaninha contendo cartas que Beatriz enviara a Carlos Argentino: o reconhecimento da letra faz o narrador tremer. Pior, as missivas eram *obscenas, inacreditáveis e precisas*. Sem o deixar respirar, o Aleph lhe mostra, incontinente, o adorado monumento no cemitério de Chacarita e, junto com ele, o que dela restou; violando-lhe a tumba, o terrível objeto mágico escancara "a relíquia atroz do que deliciosamente havia sido Beatriz Viterbo".¹⁴ No meio do torvelinho de imagens salva-se o advérbio *deliciosamente*, mas para o leitor do texto original "relíquia atroz" não dá de todo conta de uma ressonância interna, que pode ser recuperada com ajuda da versão em inglês. Ali a sentença "*la reliquia atroz de lo que deliciosamente había sido Beatriz Viterbo*" é muito mais crua e *precisa*: "*rotted dust and bones that had once deliciously been Beatriz Viterbo*".¹⁵ Ao explicar uma de suas estrofes descritivas das paisagens australianas, em que supostamente emula e supera o "inevitável tédio inerente às literaturas agropastoris" das *Geórgicas* e de *Don Segundo Sombra*, Daneri comenta o "enérgico prosaísmo" que encontrou na expressão "uma carcaça se aborrece" ("*Se aburre una osamenta*"), que "o melindroso vai

---

13 J. L. Borges, "O Aleph", in *O Aleph*, op. cit., p. 141; OC I, p. 620; EC I, p. 1063.
14 Ibid., p. 150; OC I, p. 626; EC I, p. 1068.
15 "Poeira e ossos apodrecidos que Beatriz Viterbo teria deliciosamente sido um dia." J. L. Borges, *The Aleph and Other Stories*, op. cit., p. 14.

querer excomungar com horror mas que o crítico de gosto *viril* vai apreciar mais que a própria vida".[16]

Vendo o "inconcebível universo" em todas as suas facetas, Borges sente vertigem, chora, mas seu sentimento é "de infinita veneração" e "infinita pena". Sente-se indiferente, vingado e até apiedado de Carlos Argentino Daneri. Afinal, sua casa, suas imagens e lembranças também serão tragadas pelo tempo.

O conto foi todo ele construído para desembocar naquela pequena esfera furta-cor, de fulgor quase intolerável, capaz de espelhar o universo em seus dois ou três centímetros de diâmetro. O escritor sabe muito bem o quão difícil é chegar a esse ponto, conferindo verossimilhança na construção de algo que vai inteiramente contra o senso comum. Ele recorda, por isso, o ensinamento de Wells segundo o qual "se a história deve ser aceitável para a mente do leitor, um único elemento fantástico deveria ser admitido de cada vez".[17] Se é assim, toda a parte "realista" do relato serve de escada para o assombro; a psicologia ajuda a aumentar o suspense, o qual culmina com o pressentimento (também equívoco) de que Carlos montou uma armadilha para matar o narrador.[18] Mas, apesar de tudo, o pro-

---

16 J. L. Borges, "O Aleph", in *O Aleph*, op. cit., p. 141; OC I, p. 620; EC I, p. 1064. Grifo acrescentado. A vulgaridade de Daneri é mais que evidente no conto. Borges a comenta ainda na entrevista a James I. Irby, "Encuentro con Borges". *Revista de la Universidad de México*, n. 10, jun. 1962, p. 9. Uma passagem das *Antiguas literaturas germánicas* (Cidade do México / Buenos Aires: Fondo de Cultura Económica, 1965, 2ª ed., p. 72) talvez seja bem mais proveitosa: nela se encontra a apreciação instigante sobre as diferentes espécies de realismo: o realismo espanhol da literatura picaresca tem sempre um propósito moral; o norte-americano "vai do sentimental ao cruel"; o das sagas "corresponde à observação imparcial"; já o francês "oscila entre o estímulo erótico e aquilo que Paul Groussac chamou de 'fotografia imunda' [*la fotografía basurera*]".

17 J. L. Borges, *The Aleph and Other Stories*, op. cit., p. 189.

18 "Basta o conhecimento de um fato para no mesmo instante perceber uma série de traços confirmatórios, antes insuspeitados; fiquei assombrado

digioso projetor simultâneo de imagens frustra as expectativas. A experiência de passar por ele redefine melhor as fronteiras. Tarefa de antemão condenada ao fracasso, a precisão naturalista, fotográfica, precisa absorver, pormenorizar, em suma, nivelar tudo; daí a falta de escrúpulo em abrir gavetas para bisbilhotar a correspondência e em violar o túmulo alheio para mostrar a horrível carcaça.

"O Aleph" faz assim um claro *pendant* com "Funes, o memorioso". Aqui como lá, o problema é o esquecimento: esquecer não é necessariamente ruim. Duas frases do conto indicam essa ambivalência. Na que conclui o relato se lê: "Felizmente, ao cabo de algumas noites de insônia, de novo agiu sobre mim o esquecimento".[19] Tendo visto já todas as coisas no Aleph, tudo o que o narrador encontra na rua lhe parece familiar, com a sensação de um tedioso *déjà vu*. Reabilitado pelo sono, o esquecimento significa a possibilidade de conseguir ver coisas novas. Já na frase que fecha o pós-escrito, o sentido é diferente. Ela diz: "Nossa mente é poderosa ao esquecimento; eu mesmo estou falseando e perdendo, sob a trágica erosão dos anos, os traços de Beatriz".[20]

Mas como fica, depois de tantas revelações, a figura de Beatriz? Na memória do narrador, ela está erodindo, como tudo. Terá sido já tragada junto com aqueles "milhões de atos deleitáveis ou atrozes" que o simulador do real projetou? Como se disse antes, a inteireza de sua personagem depende de saber se a promessa de êxtase resiste ainda *deliciosamente* ao ero-

  de não ter compreendido até aquele momento que Carlos Argentino era louco. Todos aqueles Viterbo, além do mais... Beatriz (eu mesmo costumo repetir) era uma mulher, uma menina de uma clarividência quase implacável, mas havia nela negligências, distrações, desdéns, verdadeiras crueldades, que talvez exigissem uma explicação patológica". J. L. Borges, "O Aleph", in *O Aleph*, op. cit., p. 146; OC I, p. 623; EC I, p. 1066. A falsa pista aproxima os primos sugerindo a ligação ainda mais íntima dos dois.
19 Ibid., p. 151; OC I, p. 626; EC I, p. 1069.
20 Ibid., p. 153; OC I, p. 628; EC I, p. 1070.

tismo frívolo, fotográfico, vulgar. Como quer que seja, no que diz respeito à morte sua conduta foi impecável, irrepreensível: Beatriz morreu numa "candente manhã de fevereiro", depois de uma "imperiosa agonia que em nenhum instante se rebaixou ao sentimentalismo ou ao medo".[21]

O verdadeiro Aleph

Se a Beatriz mundana guarda ainda algo da Beatriz dantesca, e Borges teria alguma coisa de Dante, o caso de Carlos Argentino Daneri já é bem mais complicado. Ele seria, no máximo, um Virgílio bastante caricato, com uma posição estética (se é que ainda cabe o adjetivo) frontalmente oposta à do escritor argentino. Como seu descobridor, o Aleph daneriano é provavelmente uma farsa, o que é sugerido pelo título *Os naipes do trapaceiro*, obra cifrada com que Borges concorre no Segundo Prêmio Nacional de Literatura (e obviamente nada ganha). Há outras suspeitas que reforçam a inautenticidade: o conhaque argentino (também um dos nomes do pseudopoeta) é um falso conhaque. Daneri pode ter ouvido ou visto o nome Aleph em outro lugar ou no próprio falso Aleph, e aí lhe teria vindo a ideia de denominá-lo dessa maneira. Mas, de qualquer modo, há razões para suspeitar que exista o Aleph verdadeiro, e o narrador, como de hábito, indica no pós-escrito uma série de indícios reais e literários sobre a sua existência. Na verdade, o conto, se lido com o humor que sua inteligibilidade requer, contém toda uma poética — uma poética, na verdade, escrita no avesso daquela representada pelo falso poeta. Se é assim, caberia recomeçar pelas epígrafes do conto, com o que se retomará a discussão sobre o "agora eterno".

---

21 Ibid., p. 136; OC I, p. 617; EC I, p. 1061.

Embora de forte impacto e também significativa, a primeira epígrafe, tirada do Hamlet,[22] descreve a relação, muito comum desde o Renascimento, entre macro e microcosmo. A segunda interessa bem mais diretamente aqui. Ela é extraída do livro IV, parágrafo 46, do *Leviatã*, de Thomas Hobbes:

> Mas eles querem nos ensinar que a eternidade é a suspensão do tempo presente, um *nunc stans* (como o denominam as Escolas); o que nem eles nem ninguém mais entende, não mais que se dissessem um *hic stans* para a infinita grandeza do lugar.[23]

Hobbes está desafiando os escolásticos que defendem a doutrina de Alberto Magno e Boécio a explicarem o que entendem, se é que entendem, por suspensão do tempo num eterno agora. Eles não podem saber o que é o *nunc stans*, como tampouco poderiam saber o que seria um *lugar* em que coubessem todos os lugares. A verdade é que Borges aceita o desafio proposto em sua epígrafe, pois desloca o problema do *nunc stans* justamente para o *hic stans*. Isso é claramente assinalado por ele no comentário que faz ao conto:

> O que a eternidade é para o tempo, o Aleph é para o espaço. Na eternidade, todo o tempo — passado, presente e futuro — coexiste simultaneamente. No Aleph, a soma total do universo espacial tem de ser encontrada numa pequenina esfera cintilante de pouco mais de uma polegada de largura.[24]

---

22 "O God!, I could be bounded in a nutshell and count myself a King of infinite space" (*Hamlet*, II, 2).

23 J. L. Borges, "O Aleph", in *O Aleph*, op. cit., p. 136; OC I, p. 617; EC I, p. 1061. Se o leitor ainda está lembrado, esse trecho do *Leviatã* também é referido em nota no *Mundo como vontade e representação*, SW, vol. I, § 54, p. 387n. Ver acima nota 19 do capítulo "O agora eterno; o eterno, agora", p. 186. A única diferença é que Borges cita a passagem em inglês, enquanto Schopenhauer utiliza a versão em latim.

24 J. L. Borges, *The Aleph and Other Stories*, op. cit., p. 189.

Versado que é na matéria, Borges sabe muito bem que a possibilidade de *presentificar* tudo num só espaço implica suprimir o tempo sucessivo. Tempo e espaço estão em relação recíproca. Aliás, a angústia sentida diante do Aleph naturalista de Daneri decorre da impotência de relatar sucessivamente o que ali se vê simultaneamente.[25] O tempo sucessivo é duplamente desesperador, já que não apenas impede o relato mas também tudo corrói: a velha casa da rua Garay, o Aleph, a lembrança de Beatriz. A saída para o duplo desespero seria então encontrar um Aleph verdadeiro, aquele que está nos teólogos escolásticos, em Dante e em Schopenhauer? Foi exatamente isso que aconteceu: o contista já havia descoberto o verdadeiro Aleph quando pensou em escrever o falso. Tendo dominado filosoficamente a questão e percebido o quanto está conectada à própria natureza da ficção, ele se permitiu brincar magistralmente com uma réplica ao avesso do que lhe era mais caro, aproveitando ao máximo o ensejo para explorar tantos paralelismos e antíteses.

Se o pós-escrito, datado de 1943, refere algumas pistas para descobrir onde estaria o autêntico, o verdadeiro *multum in parvo* (para falar segundo o pedantismo de Daneri), o "Prólogo" aos *Nove ensaios dantescos*, publicado muito tempo depois, vai diretamente à fonte:

> Imaginemos, numa biblioteca oriental, certa lâmina pintada há muitos séculos. Talvez seja árabe, e nos dizem que nela estão figuradas todas as fábulas das *Mil e uma noites*; talvez seja chinesa, e sabemos que ilustra algum romance com centenas ou milhares de personagens. No tumulto de suas for-

---

[25] "Chego, agora, ao centro inefável de meu relato; começa, aqui, meu desespero de escritor. Toda linguagem é um alfabeto de símbolos cujo exercício pressupõe um passado que os interlocutores compartilham; como transmitir aos outros o infinito Aleph que minha temerosa memória mal consegue abarcar?" J. L. Borges, "O Aleph", in *O Aleph*, op. cit., p. 148; OC I, p. 624; EC I, p. 1067.

mas, alguma — uma árvore semelhante a um cone invertido, mesquitas de cor avermelhada sobre uma muralha de ferro — desperta-nos a atenção, e dessa passamos a outras. Declina o dia, fatiga-se a luz e, à medida que nos internamos na gravura, compreendemos que não há coisa na terra que não esteja aí. O que foi, o que é e o que será, a história do passado e a do futuro, as coisas que tive e as que terei, tudo isso nos espera em algum lugar desse labirinto tranquilo... Fantasiei uma obra mágica, uma lâmina que também fosse um microcosmo; o poema de Dante é essa lâmina de âmbito universal.[26]

Entrar na *Divina Comédia* é estar diante dessa lâmina universal criada por Dante, e o máximo da realização ficcional estaria na produção desse objeto mágico que contém tudo o que está no mundo, com os pormenores reduzidos ao necessário para discernir o caráter das coisas e dos indivíduos. O universo todo cabe num objeto, numa lâmina, num livro. O modo como Borges entende esse livro é também uma síntese de toda a sua poética.

Um breve resumo do que seria o essencial para a compreensão da noção de *nunc stans* no pensamento patrístico e medieval, no qual Dante está inserido, pode ser encontrado no livro *The Machiavellian Moment*, de J. G. A. Pocock. No capítulo intitulado "Particularidade e tempo", o historiador do pensamento político escreve:

> O problema da presciência divina, o problema de como o indivíduo pode relacionar sua existência submetida ao tempo com a presença imediata de um Deus atemporal e eterno, levou Agostinho e Boécio a postular a ideia de um *nunc stans* ou ponto de vista na eternidade, a partir do qual Deus via cada

---

[26] J. L. Borges, "Prólogo", in *Nove ensaios dantescos*. Trad. de Samuel Titan Jr. em *Obras completas*, vol. III: *1975-1985*. São Paulo: Globo, 1999, p. 381; OC III, p. 343; EC III, p. 575.

momento no tempo como simultaneamente criado e presente; no entanto, se o indivíduo afirmava o *nunc stans* como um ato do intelecto ou da fé, era evidente que não podia compartilhar dele, e que um momento do tempo não podia ser conhecido por uma inteligência emprisionada em outro momento.[27]

Pocock coloca o problema central da postulação de um eterno agora: situando-se num dado momento do tempo, o indivíduo não pode conhecer os acontecimentos futuros, que estão além do seu limitado alcance. Todos os acontecimentos futuros, porém, estão antecipados pela inteligência divina, e, no caso de Boécio, conquanto não tenha essa mesma onisciência, o homem pode e deve ter fé de que os atos de sua vontade estarão de acordo com a ordem cósmica fixada por Deus, que vê ao mesmo tempo tudo aquilo que só será conhecido no desdobramento temporal. Borges já está rondando neste terreno desde bem cedo, e o testemunho inicial dessa sua ruminação é a passagem da *História da eternidade* na qual cita em latim a frase decisiva da *Consolação da filosofia*: "*Aeternitas est interminabilis vitae tota et perfecta possessio*".[28] A frase precisa ser lida no seu contexto, pois a passagem de Boécio traça um contraste entre vida e ciência divina e sua contrapartida humana:

> Eternidade é, pois, a posse simultaneamente total e perfeita de uma vida interminável, o que resulta mais claramente do cotejo com as coisas temporais. Com efeito, para tudo o que

---

27 J. G. A. Pocock, *The Machiavellian Moment. Florentine Political Thought and the Atlantic Republican Tradition*. Princeton: Princeton University Press, 1975, p. 7. É preciso lembrar que a expressão *nunc stans* só aparece posteriormente para exprimir o conceito de "eterno agora", tal como exposto por Agostinho e Boécio. Cf. ibid., p. 39.

28 J. L. Borges, "História da eternidade", in *História da eternidade*. Trad. de Heloísa Jahn. São Paulo: Companhia das Letras, 2010, p. 80; OC I, p. 361; EC I, p. 698. A citação de Borges omite o termo capital na frase, o advérbio *simul* (simultaneamente, ao mesmo tempo).

vive no tempo o presente procede do passado para o futuro, e nada que esteja constituído no tempo pode abraçar igualmente todo o espaço de sua vida; e aquele que ainda não apreendeu o amanhã já perdeu o ontem; tampouco na vida de hoje viveis mais amplamente que naquele momento móvel e transitório.[29]

Essa diferença traçada por Boécio entre o ponto de vista humano e o divino é fundamental para a composição da *Divina Comédia*.[30] Pocock relembra um momento "altamente boeciano" da obra, em que Dante e Virgílio assistem à batalha entre pródigos e avaros no Inferno (VII, 25-99).[31] Os combatentes entram em disputa porque, segundo o poeta antigo, não são capazes de se contentar com o que lhes foi dado pela Fortuna: queixar-se dos caminhos estipulados por Deus é não se conformar à ordenação do mundo, é perder "*il ben dell'intelletto*".[32] Pocock não comenta, entretanto, como a pena imputada a esses descontentes tem que ver com a compreensão da relação entre a previdência divina e a insciência e insatisfação humanas.

Com a argúcia de sempre, a apreciação de Borges vai incidir precisamente sobre a distância entre o ponto de vista divino e o ponto de vista humano. Ainda no "Prólogo" aos *Nove en-*

---

29 Boécio, *A consolação da filosofia*. Ed. bilíngue. Intr., trad. e notas de Fabio Troncarelli. Florença / Milão: Bompiani, 2019, pp. 482-83.
30 Para uma visão mais geral da importância de Boécio em Dante (e Shakespeare), ver o Prefácio de Marc Fumaroli à *Consolação da filosofia*. Trad. de Willian Li. São Paulo: Martins Fontes, 2012, 2ª ed. Sobre a semelhança da *Divina Comédia* com a *Consolação da filosofia*, ver as referências citadas (principalmente Peter Dronke) por Giovanni Cerri em "Dante, Boezio e il metaforismo triadico del sonno, del sogno e della veglia. Nota a *Par.* XXXII, 139-144". *Dante. Rivista internazionale di studi su Dante Alighieri*, vol. VIII, 2011, pp. 163-64.
31 Dante Alighieri, *A Divina Comédia*, vol. I: *Inferno*. Ed. bilíngue. Trad. e notas de Italo Eugenio Mauro. São Paulo: Editora 34, 1998, pp. 62-64.
32 J. G. A. Pocock, *The Machiavellian Moment*, op. cit., p. 39.

saios dantescos procura refutar a acusação corriqueira de que, ao conceber as sentenças dos condenados no Inferno, Dante teria sido levado pela crueldade. Essa opinião foi externada do modo mais extremo por Nietzsche, que no *Crepúsculo dos ídolos* cunhou o "aturdido epigrama" caracterizando o poeta italiano como "a hiena que versifica nas sepulturas".[33] Nem psicológica, nem moral, a resposta que se deve dar a esse juízo é de ordem bem outra:

> Outra razão, de ordem técnica, explica a dureza e a crueldade de que Dante tem sido acusado. A noção panteísta de um Deus que também é o universo, de um Deus que é cada uma de suas criaturas e o destino dessas criaturas, é talvez uma heresia e um erro se aplicamos à realidade, mas é indiscutível sua aplicação ao poeta e a sua obra. O poeta é cada um dos homens de seu mundo fictício, é cada sopro e cada pormenor. Uma de suas tarefas, não a mais fácil, é ocultar ou dissimular essa onipresença. O problema era singularmente árduo no caso de Dante, obrigado pelo caráter de seu poema a adjudicar glória ou perdição de tal modo que seus leitores não notassem que a Justiça que emitia as sentenças era, em última instância, ele mesmo. Para lograr esse fim, incluiu-se como personagem na *Comédia*, e fez com que suas reações não coincidissem, ou só coincidissem vez por outra — no caso de Filippo Argenti ou no de Judas —, com as decisões divinas.[34]

A solução a que chega Dante é impecável: ele não pode abrir mão do eterno agora sem o qual não haveria possibilidade de concentrar tantas histórias individuais, o mundo todo, em sua obra. Só que o *nunc stans* supõe uma onisciência que não é dada a nenhum mortal, já que o conhecimento humano não pode ex-

---

33 J. L. Borges, "Prólogo", in *Novos ensaios dantescos*, op. cit., p. 384; OC III, p. 346; EC III, p. 577.
34 Ibid., p. 385; OC III, p. 546; EC III, pp. 577-78.

trapolar as limitações do tempo sucessivo. Era preciso, portanto, para evitar a sobreposição das perspectivas, para evitar que ele mesmo se tornasse deus, que o escritor entrasse pessoalmente em cena e se colocasse na mesma altura que as personagens que condena ou absolve. Com isso criou a impressão de uma visão rebaixada, a de que estaria conhecendo pela primeira vez o destino supramundano de cada um. Virgílio, Estácio, São Bernardo e Beatriz também estão num patamar acima, representando a visão divina, artifício com o qual igualmente se atenua a impressão de onipotência do autor.

A explicação dos *Novos ensaios dantescos* é muito interessante porque, embora situada numa posição mais prudente, supõe ainda um paralelo central na poética do fantástico borgiano: o escritor deve ser para as personagens de sua obra o que o deus panteísta é para cada uma das suas criaturas e cada um de seus destinos. Foi assim que Borges reinterpretou panteisticamente a metafísica schopenhaueriana, de cuja estética tira quase *ipsis litteris* a lição. Pois é Schopenhauer quem afirma:

> o poeta dramático ou épico deve saber que ele é o destino [*daß er das Schicksal ist*] e que, por isso, deve ser tão implacável como este — e que, da mesma forma, é o espelho do gênero humano e, por isso, deve fazer surgir muitíssimos caracteres ruins e, por vezes, perversos, como também muitos tolos, amalucados e doidos, mas aqui e ali um sensato, um prudente, um probo, um bom e, apenas como a mais rara exceção, um caráter nobre.[35]

O escritor precisa saber colocar em cena os caracteres como são e como estão ligados a seu destino. A "razão de ordem técnica" que Borges usa para explicar Dante foi encontrada também em Schopenhauer. Para este, grandes poetas

---

35 A. Schopenhauer, *O mundo como vontade e representação*, sw, vol. ii, Suplementos, § 36, pp. 560-61.

se transformam inteiramente em cada uma das personagens a ser apresentadas [*in jede der darzustellende Personen*] e falam desde cada uma delas, como os ventríloquos; aqui, desde o herói e, logo depois, desde a jovem inocente, com a mesma verdade e naturalidade: como Shakespeare e Goethe. Poetas menores, como Byron, transformam em si mesmos o protagonista a ser apresentado; daí que os coadjuvantes permanecem com frequência sem vida, como nas obras dos medíocres também os protagonistas.[36]

É certo que nem todas as criações literárias precisam ser tão grandes como o mundo, isto é, tão ambiciosas e amplas como a *Divina Comédia*. Mas é justamente pela grandeza de seu escopo que o poema de Dante se torna paradigmático para a compreensão da relação entre autoria e obra. Pois, como está claro, o que se pode extrair da sua fatura é nada menos que o paralelismo entre o processo de ordenação divina do cosmo e o processo de criação literária. Talvez em função do público, o Borges maduro toma algum recuo diante desta que não deixa de ser a sua hipótese central, isto é, de que a realidade seja produzida por um deus panteísta que é ao mesmo tempo o universo, cada uma de suas criaturas e cada um de seus destinos. Mesmo com esse recuo, o que afirma da estrutura da *Divina Comédia* não é pouco. Pela sua leitura, o livro já não representa tanto o sistema altamente hierarquizado do mundo cristão medieval: tendo introjetado o deus panteísta no lugar do deus teísta, o *nunc stans* deixa de ser prerrogativa divina ou mero objeto de fé para o crente; ele se realiza concretamente na obra literária.

Uma argumentação encontrada em *Sete noites* revela toda a grande manobra realizada por Borges. Com efeito, a conferência sobre o pesadelo retoma mais uma vez a teoria de Dunne sobre o sonho — sobre a pequena eternidade que se

[36] Ibid., pp. 555-56.

conhece no sonho —, bela teoria que, segundo o escritor argentino, mereceria ser recordada. Para simplificá-la, Borges a apresenta recorrendo nada mais nada menos que ao *De consolatione philosophiae*, de Boécio, que "Dante sem dúvida leu e releu, como leu e releu toda a Idade Média". No seu "grande livro", Boécio, conhecido como o "último romano", descreve uma corrida de cavalos:

> O espectador está no hipódromo e vê, do seu balcão, os cavalos e a largada, as vicissitudes da corrida, a chegada de um dos cavalos à reta final, tudo sucessivamente. Mas Boécio imagina outro espectador. Esse outro espectador é espectador do espectador e espectador da corrida: é, previsivelmente, Deus. Deus vê toda a corrida, vê num único instante eterno, em sua instantânea eternidade, a largada dos cavalos, as vicissitudes, a chegada. Vê tudo isso com uma única vista d'olhos e da mesma maneira vê toda a história universal. Assim, Boécio recupera as duas noções: a ideia do livre-arbítrio e a ideia da Providência. Assim como o espectador vê a corrida inteira e não interfere nela (só que sucessivamente), Deus vê a corrida inteira, do berço até a sepultura. Não interfere no que fazemos, agimos livremente, mas Deus já conhece — Deus já conhece neste momento, digamos — nosso destino final. É assim que Deus vê a história universal, o que acontece com a história universal; vê tudo num único esplêndido, vertiginoso instante, que é a eternidade.[37]

O texto moderniza o cenário transformando em corrida de cavalos o que em Boécio é uma corrida de quadrigas,[38] mas o resumo dos argumentos principais do livro v do *De consola-*

---

37 J. L. Borges, "O pesadelo", in *Borges oral & Sete noites*. Trad. de Heloísa Jahn. São Paulo: Companhia das Letras, p. 105; OC III, pp. 221-22; EC III, pp. 365-66.
38 Boécio, *Consolação da filosofia*, op. cit., v, 4, 15, p. 469.

tione philosophiae é impecável (concordância entre Providência e livre-arbítrio, tempo sucessivo e eternidade instantânea). A percepção da cena é dada por dois espectadores (o que assiste a ela "do seu balcão" e aquele que vê também o outro espectador), os quais acompanham a história universal em seu caminho até o destino final dos homens. Para perceber melhor aonde Borges quer chegar é preciso recapitular seus passos.

O breve texto sobre Dunne de 1938 já dizia que os teólogos tinham uma explicação do que é a eternidade (o eterno agora), uma eternidade que é atributo divino; exatamente a mesma ideia, como foi lembrado, aparece no ensaio sobre Dunne de *Outras inquisições*.[39] Agora se sabe que o principal "teólogo", ou pelo menos aquele que se tornou o principal, é Boécio. Com Boécio, Borges explicita o pensamento de Dunne, ao mostrar como funciona a eternidade no interior do sonho. Mas, ao fazê-lo, deixa de lado o fato, para ele irrisório, de que o "último romano" *não tratou absolutamente do sonho*. Com efeito, Boécio só trata do sonho em passagens episódicas e de um modo inteiramente convencional, opondo à sua obscuridade a luz da razão e da inteligência. Ou seja, Boécio explica como no sonho se é capaz de intuir a eternidade, mas o próprio Boécio jamais tratou propriamente do sonho nesse sentido. Quer dizer: Dunne é lido a partir do *De consolatione* de Boécio, mas a explicação deste responde a um problema que foi lançado por aquele. Há, portanto, uma contaminação recíproca entre o filósofo contemporâneo e o último romano. Mas essa contaminação só é possível, ao que tudo indica, porque o Deus de Boécio foi transformado num Deus panteísta, isto é, num Deus que tem as características da Vontade schopenhaueriana. Foi o que se tentou sugerir acima quando, comentando a aproximação entre Dunne e os teólogos, ficou dito que Schopenhauer — não por acaso citado nos textos — funcionava como termo de

---

39 Cf. o final do capítulo anterior, pp. 186-88.

ligação entre eles.[40] Alguns documentos testemunham que foi isso o que ocorreu.

A conferência sobre o pesadelo, de *Sete noites*, explicita então a relação existente entre o sonho e a divindade: no sonho é dado ao homem enxergar tudo "com uma só vista d'olhos", assim como "Deus, em sua vasta eternidade, vê todo o processo cósmico".[41]

Um episódio da vida pessoal de Borges corrobora que fundiu Dunne e Boécio pela mediação do panteísmo onírico de Schopenhauer. No livro sobre sua convivência com Borges, Alberto Manguel relata que uma noite eles foram juntos jantar na casa de Silvina Ocampo e Adolfo Bioy Casares. Depois da comida terrível e da colher de *dulce de leche* como sobremesa, Bioy, Silvina e Borges contam sonhos que tiveram:

> Com uma voz surda e trêmula, Silvina contou ter sonhado que estava se afogando, mas que o sonho não era um pesadelo: ela não sofria, não tinha medo, apenas tinha a impressão de estar se dissolvendo, de estar se fundindo na água. Bioy conta então ter sonhado estar diante de duas portas. Ele sabia, com aquela certeza que frequentemente se sente no sonho, que a porta à direita o faria entrar num pesadelo; ele transpôs a da esquerda e teve um sonho sem história. Borges observa que os dois sonhos, o de Silvina e o de Bioy, são idênticos, já que ambos os sonhadores tiveram êxito em evitar o pesadelo, um cedendo a ele e outro se recusando a entrar nele. Então recorda um sonho descrito por Boécio no século V. No sonho, Boécio está assistindo a uma corrida de cavalos: ele vê os cavalos, a partida, os diferentes momentos sucessivos da corrida até um dos cavalos cruzar a linha de chegada. Mas Boécio percebe então um

---

40 Cf. acima p. 187.
41 J. L. Borges, "O pesadelo", in *Borges oral & Sete noites*, op. cit., p. 106; OC III, p. 222; EC III, p. 366.

outro sonhador: alguém que o vê, assim como vê os cavalos, a corrida, tudo ao mesmo tempo, num só instante. Para esse sonhador, que é Deus, o resultado da corrida depende dos cavaleiros, mas o resultado já é sabido pelo Sonhador. Para Deus, diz Borges, o sonho de Silvina seria, ao mesmo tempo, um belo sonho e um pesadelo, e o sonho de Bioy suporia transpor as duas portas ao mesmo tempo. "Para aquele sonhador colossal, cada sonho é equivalente à eternidade, que contém todos os sonhos e todos os sonhadores."[42]

Como em toda recapitulação oral, algo ou muito do que é narrado no episódio pode ser posto na conta de Manguel. Mas, ainda que sua versão não seja verdadeira, ela é altamente verossímil. Os sonhos de Silvina e Bioy são, no fundo, o mesmo sonho, e o expediente para explicá-los não é agora um inexistente argumento de Boécio sobre o sonho, mas já um *sonho do próprio Boécio*, sonho em que este, assistindo à corrida de cavalos, se vê observado por outro espectador. A reviravolta provocada pelo Sonhador panteísta schopenhaueriano não é nada desprezível, já que consegue a proeza de unir temporalidade, isto é, história individual e universal, ao sonho. Deus continua presciente de todo o futuro, embora não mais como um Deus em vigília, e sim como um Deus cujo principal atributo é sonhar: ou seja, Deus, o Sonhador, pode substituir plenamente seu antecessor onividente da metafísica medieval, porque guarda as principais características dele, sem ter a necessidade de estar acordado. Ele está no interior do sonho de cada sonhador; prevê os sonhos que ele mesmo dirige. Ele é, panteisticamente, cada um desses sonhadores; cada um destes é o mesmo sonhador:

---

42 Alberto Manguel, *Chez Borges*. Trad. de Christine Le Bœuf. Paris: Babel-Actes Sud, 2005, pp. 51-52.

Existe um único sonhador; esse sonhador sonha todo o processo cósmico, sonha toda a história universal anterior, sonha inclusive sua infância, sua mocidade. Tudo isso pode não ter acontecido: nesse momento começa a existir, ele começa a sonhar e é cada um de nós, não é *nós*, é *cada um de nós*.[43]

---

43 J. L. Borges, "O pesadelo", in *Borges oral & Sete noites*, op. cit., p. 108; OC III, p. 223; EC III, p. 367.

O programa fantástico-idealista de Borges

Por Schopenhauer,
Que acaso descifró el universo

J. L. BORGES[1]

Das muitas entrevistas de Borges, a que concedeu em 1982 ao poeta irlandês Seamus Heaney e a Richard Kearney tem algo de especial, por tratar particularmente de autores da Irlanda e falar da centralidade do sonho em sua vida e obra. Quando os entrevistadores lhe perguntam se usa conscientemente matéria tirada de seus sonhos, ele responde:

> Toda manhã, ao acordar, eu recordo sonhos e os tenho gravados ou escritos. Às vezes me pergunto se estou acordado ou sonhando. Estou sonhando agora? Quem pode dizer? Estamos sonhando uns com os outros o tempo todo [*We are dreaming each other all of the time*].

Em seguida, acrescenta:

---

1 "Outro poema dos dons", in *O outro, o mesmo*. Trad. de Heloísa Jahn. São Paulo: Companhia das Letras, 2009, pp. 198-99; OC II, p. 314; EC II, p. 488.

Berkeley considerava que era Deus quem estava nos sonhando. Talvez ele tivesse razão. Mas quão tedioso para o pobre Deus! Ter de sonhar qualquer arranhão ou pedaço de poeira em qualquer xícara de chá e cada letra em cada alfabeto e cada pensamento em cada cabeça. Ele deve estar exausto![2]

A ligação do bispo de Cloyne com o sonho não deixa de surpreender. De fato, como terá ocorrido ao conhecedor da filosofia boeciana, não será pequena a surpresa do leitor de Berkeley diante dessa aproximação de Deus com o sonho. Pois, na verdade, até onde se sabe, para Berkeley é exatamente o contrário: Deus tem de estar o tempo todo vigilante e desperto para que as coisas não evaporem, caso não haja ninguém a observá-las (segundo o lema "ser é ser percebido"). Essa pequena inversão, no entanto, não deve ser levada a mal, já que é, antes, sinal de grande apreço por aquele que foi um dos mais radicais idealistas de todos os tempos.[3]

[2] J. L. Borges, "Borges and the World of Fiction", entrevista a Seamus Heaney e Richard Kearney. *The Crane Bag*, vol. VI, n. 2, 1982, p. 76.

[3] Como também o considerava Schopenhauer. Em Borges, o idealismo de Berkeley aparece associado ao schopenhaueriano já desde *Fervor de Buenos Aires*, em que se percebe que a leitura do filósofo irlandês está contaminada ou assimilada pela de Schopenhauer (mas também vice-versa): "Curioso da sombra / e acovardado pela ameaça da alvorada, / revivi a tremenda conjectura / de Schopenhauer e de Berkeley / que afirma que o mundo / é uma atividade da mente / *um sonho das almas* / sem base nem propósito nem volume". Cf. acima nota 24 do capítulo "O mundo fantasmagórico", p. 35. O mesmo ocorre com a "ideia central" do poema: "Se as coisas carecem de substância / e se esta numerosa Buenos Aires / não passa de um sonho / que erigem em partilhada magia as almas / há um instante / em que seu ser se vê em desmedido perigo / e é o instante estremecido da aurora / *quando são poucos os que sonham o mundo*". J. L. Borges, "Amanhecer", in *Primeira poesia*. Trad. de Josely Vianna Baptista. São Paulo: Companhia das Letras, 2007, p. 65; OC I, p. 38; EC I, p. 40. Grifos adicionados. O tema volta bem mais tarde, quando, na "Ode escrita em 1966", o poeta não fala da cidade, mas da pátria, ligando-a ao tema

O contato de Borges com Berkeley ocorre muito prematuramente, aos dez anos, sob a batuta do pai, Jorge Guillermo Borges, e o que o encanta na doutrina imaterialista é a possibilidade de pensar que o mundo empírico é "uma invenção da mente criativa" (*an invention of the creative mind*).[4] A expressão vai direto ao ponto: mesmo que o rigor de pensamento possa contar, o que interessa a Borges é a *inventividade filosófica*.

No mesmo depoimento, quando os entrevistadores lhe perguntam qual é a relação dele com a filosofia, sua resposta é:

> Para mim, Schopenhauer é o maior de todos os filósofos. Ele conhecia o poder da ficção nas ideias. Compartilho essa convicção, claro, com [Bernard] Shaw. Ambos, Schopenhauer e Shaw, põem à luz a divisão enganosa entre o escritor e o pensador. Ambos são grandes escritores e grandes pensadores. O outro filósofo que me fascinou sobremaneira foi George Berkeley — outro irlandês! Berkeley sabia que a metafísica não é menos produto da mente criativa que a poesia. Não foi um funcionário das ideias, como tantos outros filósofos. Platão e os pensadores pré-socráticos sabiam que a lógica filosófica e a mitologização poética estavam inseparavelmente ligadas, que eram parceiras que se complementavam. Platão podia fazer as duas coisas. Mas, depois de Platão, o mundo ocidental parece ter oposto essas atividades, declarando que ou sonhamos, ou raciocinamos, ou usamos argumentos, ou metáforas. Mas a ver-

---

do grande sonhador: "Si el Eterno / Espectador dejara de soñarnos / Un solo instante / nos fulminaría, / Blanco y brusco relámpago, Su olvido". Id., *O outro, o mesmo*, op. cit., p. 204; OC II, p. 316; EC II, p. 490. Isso não significa que Berkeley não seja, por si só, importante para Borges sob múltiplos aspectos, como mostra a análise de Marta Kawano em "A escassa fórmula e a prolixidade do real: Borges e Berkeley", in *Invenção e crítica. Sobre a obra de Davi Arrigucci Jr.* Org. de Marta Kawano, Milton Hatoum e Samuel Titan Jr. São Paulo: Companhia das Letras, 2021, pp. 299-322.

4 J. L. Borges, "Borges and the World of Fiction". *The Crane Bag*, op. cit., p. 74.

dade é que usamos ambos ao mesmo tempo. Vários pensadores herméticos e místicos resistiram a essa oposição; no entanto, só depois da emergência do idealismo moderno em Berkeley, Schelling, Schopenhauer e Bradley (aliás, sou citado no prefácio de seu maravilhoso livro, *Aparência e realidade*: fiquei bastante lisonjeado de ser levado a sério como pensador) é que os filósofos começaram a reconhecer explicitamente de novo sua dependência dos poderes criadores e figurativos da mente.[5]

Alguns pontos dessa profissão de fé na criatividade literária e filosófica não devem ser passados por alto. O primeiro deles é que Borges julga importante ter sido levado a sério como pensador, o que, longe do mero envaidecimento, faz jus a sua alta competência técnica em filosofia. Em segundo lugar, ele aponta que, depois de Platão, a filosofia ocidental só teria voltado a ser criativa com o *idealismo*, quase como se a inventividade não pudesse, ou só raramente pudesse, andar de mãos dadas com outro posicionamento filosófico. Como o leitor se lembra, esse enlace de criatividade e pensamento idealista é também o diferencial das metafísicas fantásticas de Tlön, planeta que assistiu à vitória do idealismo panteísta e em que o senso comum é avesso ao materialismo e ao realismo. Obviamente, sua defesa do idealismo não quer provocar apenas um assombro artificial, ser uma conduta de fachada. Ela implica igualmente a compreensão da limitação e mesmo de certa ingenuidade do realismo.[6] O comprometimento é efetivo, a julgar pelos

---

5 Ibid.
6 "Pois a doutrina de Kant produz em todo indivíduo que a compreendeu uma mudança fundamental, que é tão grande que pode ser considerada um renascimento espiritual. Só ela, com efeito, é capaz de remover efetivamente o realismo inato, proveniente da determinação original do intelecto [...]. Quem, ao contrário, não dominou a filosofia de Kant, seja o que for que tenha empreendido, permaneceu preso por assim dizer ao estado de inocência, ou seja, àquele realismo natural e infantil no qual todos nós nascemos e que nos capacita para tudo o que é possível,

testemunhos, que não são poucos: "Creio que, além de Schopenhauer ou de Berkeley, nunca tive a sensação de estar lendo uma descrição verdadeira ou sequer verossímil do mundo".[7] Em tom semelhante: "Para mim, Schopenhauer é o filósofo. Creio que ele chegou a uma solução. Se é que se pode chegar a uma solução com palavras humanas".[8] Aqui já não se está apenas no terreno idealista, mas da eleição do filósofo por excelência, do maior de todos ("*the greatest philosopher*"), como está dito na mesma entrevista a Seamus Heaney e Richard Kearney. E caso ainda reste dúvida:

> Se eu tivesse de eleger um único filósofo, creio que elegeria Schopenhauer. Se o enigma do universo pudesse ser expresso em palavras, creio que essas palavras se encontrariam em seus escritos.[9]

Foi Schopenhauer quem desvelou o enigma do universo, se é que há alguém capaz de desvendá-lo e descrevê-lo em linguagem. Longe de exagerada, pelo que se pôde ver nestas páginas, a declaração sobre a dificuldade de pôr o mundo em palavras apenas retoma o que Borges já havia dito cerca de cinquenta anos antes no ensaio "Os avatares da tartaruga" de *Discussão*.

Esse ensaio se apresenta, segundo ele próprio, como uma contribuição à "movediça história" do conceito de infinito. Dessa ilusória "biografia do infinito" fazem parte substancial,

---

menos para a filosofia." A. Schopenhauer, "Prefácio à segunda edição", in *O mundo como vontade e representação*, SW, vol. I, p. 21.

7   J. L. Borges, "Entrevista con Borges", entrevista a Rita Guibert, in *Jorge Luis Borges*. Org. de Jaime Alazraki. Madri: Taurus, 1976, p. 335.

8   Id., *Borges el memorioso: Conversaciones de J. L. Borges con Antonio Carrizo*. Cidade do México / Buenos Aires: Fondo de Cultura Económica, 1982, p. 142, citado em Roberto Paoli, "Borges y Schopenhauer". *Revista de Crítica Literaria Latinoamericana*, Lima, ano 12, n. 24, 1986, p. 175.

9   J. L. Borges, *Borges el memorioso*, op. cit., p. 108, citado em Roberto Paoli, "Borges y Schopenhauer". *Revista de Crítica Literaria Latinoamericana*, op. cit., p. 175.

como indica o título, o paradoxo de Zenão e suas transfigurações. Depois de se aprofundar nos seus desenvolvimentos (Aristóteles, Agripa, São Tomás, Lotze, Bradley, William James, Lewis Carroll, afora outros que trataram do problema), o texto aparentemente muda de registro, a fim de mostrar a que veio: os argumentos em torno do *regressus in infinitum* são sempre dialéticos, e suas diversas variantes podem ser lidas como formulações do que seja o universo. Mas seria engano pensar que o problema do regresso infinito seja *estritamente filosófico*. Pois está claro para Borges que ele é também uma ou talvez *a* questão literária por excelência. Há, na verdade, uma correlação estreita entre o problema filosófico e o literário e, se for assim, o paradoxo de Zenão e seus avatares podem ser lidos como versões filosóficas de uma narrativa sobre o infinito. É por isso que o ensaio reverencia o autor anônimo antigo que conferiu ao paradoxo a figura de Aquiles: "eu gostaria de conhecer o nome do *poeta* que dotou [o problema] de um herói e uma tartaruga",[10] e ao mesmo tempo lembra o diálogo sem fim de Lewis Carroll cujos personagens são, novamente, Aquiles e a tartaruga. Não custa recordar que os mesmos Aquiles e sua rival são também precursores de Kafka. Em resumo, não só a filosofia, também a literatura tem de lidar com o problema do regresso infinito, já que no limite toda tentativa de apresentar literariamente o mundo não pode se furtar a ele.[11]

Assim se entende melhor o propósito de fundo dessas tentativas de formular o infinito:

---

10 J. L. Borges, "Os avatares da tartaruga", in *Discussão*. Trad. de Josely Vianna Baptista. São Paulo: Companhia das Letras, 2008, p. 128; OC I, p. 254; EC I, p. 426. Grifo acrescentado.
11 A mesma questão é apresentada, pelo lado realista, vale dizer, pela sua cabal impossibilidade, no ensaio "A postulação da realidade", incluído em *Discussão*.

> É arriscado pensar que uma coordenação de palavras (as filosofias não são outra coisa) possa se assemelhar muito ao universo. Também é arriscado pensar que dessas coordenações ilustres, alguma — ao menos de modo infinitesimal — não se assemelhe um pouco mais do que as outras.[12]

Note-se o dilema proposto pelo escritor: "é arriscado" pensar que positivamente um sistema filosófico se assemelhe ao universo, como "também é arriscado" negar que se pareça mais ou menos com ele. O problema aqui é o termo "assemelhar", que pode ter o sentido de uma parecença (no original, o verbo espanhol utilizado é *parecerse*), de uma semelhança entre filosofia e mundo; ou também o sentido de metáfora, na acepção discutida antes, em que eles se assemelham não tanto porque se parecem, mas porque há uma proporcionalidade entre eles. Obviamente, essa segunda alternativa parece fazer mais sentido. Toda apresentação do mundo pela filosofia é, assim, sempre metafórica, porque pretende estabelecer essa equivalência entre termos díspares. Permanece, de qualquer modo, problemático saber qual é o correlato ao qual o discurso filosófico deve ser equiparado. Na sequência, o texto sugere aquela que mais se aproximaria de seu outro incógnito:

> Examinei as [coordenações de palavras] que gozam de certo crédito; atrevo-me a assegurar que só na formulada por Schopenhauer reconheci algum traço do universo. Segundo essa doutrina, o mundo é uma fábrica da vontade.[13]

Que Schopenhauer foi quem chegou mais perto de desvendar do que é feito o universo já é sabido. O interesse dessa passagem é que anuncia pela primeira vez nos livros reconhecidos

---

12 J. L. Borges, "Os avatares da tartaruga", in *Discussão*, op. cit., p. 133; OC I, p. 258; EC I, p. 429.
13 Ibid., pp. 133-34; OC I, p. 258; EC I, p. 430.

por Borges (*Discussão* é de 1932) a posição ímpar concedida ao metafísico alemão. A filosofia que conseguiu chegar mais próxima do traçado do universo é a metafísica que vê o mundo como uma "fábrica da vontade". O desenho do mundo foi esboçado por Schopenhauer, e é com esse "mapa" schopenhaueriano que Borges pôde articular topicamente o seu universo, um universo repleto de todas aquelas metáforas que seu engenho não se cansava de explorar segundo o método heurístico desenvolvido a partir da *Retórica* de Aristóteles. No "sistema de pensamento" borgiano, Schopenhauer opera, assim, como a *grande metáfora*, pois a sua filosofia explicita o modo como outros homens produzem os seus símbolos, isto é, graças à Vontade, essa grande sonhadora.

Depois do elogio da metafísica schopenhaueriana, *o caráter programático do fantástico borgiano* é anunciado no passo seguinte do texto de *Discussão*. Tendo afirmado que a fábrica da vontade é o símile do mundo que mais se quadra com o seu imaginário, Borges escreve:

> A arte — sempre — requer irrealidades visíveis. Limito-me a citar uma: a dicção metafórica ou numerosa ou cuidadosamente casual dos interlocutores de um drama... Admitamos o que todos os idealistas admitem: o caráter alucinatório do mundo. Façamos o que nenhum idealista fez: busquemos irrealidades que confirmem esse caráter. Nós as encontraremos, creio, nas antinomias de Kant e na dialética de Zenão.[14]

As irrealidades que devem ser buscadas servirão de confirmação do caráter alucinatório que os idealistas descobriram ser o do mundo. E essas irrealidades estariam na dialética transcendental de Kant e na dialética paradoxal de Zenão. O programa fantástico-idealista continua no parágrafo final:

---

14 Ibid.; OC I, p. 258; EC I, p. 430.

"O maior feiticeiro" (escreve memoravelmente Novalis) "seria o que se enfeitiçasse até o ponto de ver suas próprias fantasmagorias como aparições autônomas. Não seria esse o nosso caso?" Presumo que sim. Nós (a indivisa divindade que opera em nós) sonhamos o mundo. Nós o sonhamos resistente, misterioso, visível, ubíquo no espaço e firme no tempo; mas aceitamos em sua arquitetura tênues e eternos interstícios de desrazão para saber que é falso.[15]

A passagem vai à quintessência do idealismo que é o romantismo, para fisgar ali a ideia de que, para ser tais, os feitiços têm de enfeitiçar os próprios feiticeiros. Interessante é o diálogo que Borges entabula com Novalis, respondendo afirmativamente à questão "Não seria esse o nosso caso? Presumo que sim", como se atendesse ao chamamento do fragmento novalisiano, de realizar na *vida comum* aquilo que os mágicos efetuam nas altas esferas. Pois o mundo visível é, para Novalis, uma produção imaginária coletiva, também onírica, na qual todos os homens entram com sua parcela de magia, e é certamente prova da grande acuidade borgiana ter visto a afinidade de Schopenhauer com o idealismo mágico novalisiano. A intuição é certeira, pois, de fato, Novalis deve muito a Fichte, e este último, por mais que Schopenhauer teime em renegá-lo, tem uma inegável semelhança com sua filosofia.[16] Ambos tiram de Kant o principal de seus sistemas; ambos radicalizam o transcendentalismo kantiano. Fichte considera que o mundo objetivo é um produto da imaginação, enquanto para Schopenhauer ele é "mera" representação. Obviamente que a resposta schopenhaueriana é muito mais condizente com Borges, pois

---

15 Ibid.; OC I, p. 258; EC I, p. 430.
16 Por exemplo, na ideia de que "o sujeito cognoscitivo não pode ser conhecido como tal, porque seria objeto de outro sujeito cognoscitivo". J. L. Borges, "O tempo e J. W. Dunne", in *Outras inquisições*. Trad. de Davi Arrigucci Jr. São Paulo: Companhia das Letras, 2012, p. 30; OC II, p. 24; EC II, p. 24.

se trata de uma perspectiva por assim dizer duplamente alucinante: o mundo visível parece ter solidez, resistência, ubiquidade espacial e permanência temporal, mas é pura aparência, puro sonho. Na sua arquitetura se veem "tênues e eternos interstícios de desrazão", que mostram a sua inverdade. Mas essas fissuras não seriam um índice de que há algo para além da impostura? Sem dúvida, é a Vontade que está "por trás" de tudo. O problema é que entender a sua lógica alucinada é muito mais trabalhoso do que acreditar "confortavelmente" que ali esteja uma matéria, uma "realidade". Só mesmo um filósofo lúcido e apaixonado para ter querido penetrar nesses desvãos; só uma mente não menos poderosa e atenta para compreendê-lo em todo o seu assombro.

O fatalismo jagunço

Saepe premente deo fert deus alter opem.

OVÍDIO[1]

*[...] o dia vindo depois da noite —
esse é o motivo dos passarinhos...*

J. G. ROSA[2]

"Qualquer destino, por longo e complicado que seja, consta na realidade *de um único momento*: o momento em que o homem sabe para sempre quem é."[3] Comentando a importância capital dessa frase da "Biografia de Tadeo Isidoro Cruz" no ensaio que escreveu interpretando o conto, Davi Arrigucci Jr. lembra que ideia semelhante sobre a concentração da temporalidade narrativa se encontra em "O burrinho pedrês", que abre o livro

---

1 *Tristia*, I, 1-2.
2 *Grande sertão: veredas*. São Paulo: Companhia das Letras, 2021, p. 433.
3 J. L. Borges, "Biografia de Tadeo Isidoro Cruz (1829-74)", in *O Aleph*. Trad. de Davi Arrigucci Jr. São Paulo: Companhia das Letras, 2008, p. 51; OC I, p. 562; EC I, p. 1013.

Sagarana de Guimarães Rosa.[4] Efetivamente, logo na segunda página do conto, depois de relatar muito sucintamente as coisas que sucederam ao velho animal e os nomes que recebeu em sua vida, o narrador comenta: "Mas nada disso vale a pena, porque a estória de um burrinho, como a história de um grande homem, é bem dada no resumo de um só dia de sua vida".[5]

O que vale para a vida de um homem vale também para a de um animal (ou de um punhal que quer vida de tigre, segundo Borges). A fecundidade dessa observação do crítico para entender a proximidade estética dos dois escritores é, de fato, imensa. Retendo essa sua pista, o que se tentará fazer a seguir é explorar um pouco mais o que há de comum entre eles, a partir de uma possível leitura que Guimarães Rosa fez da obra schopenhaueriana. Se no seu caso as evidências não são tão fortemente documentadas como no de Borges, nem por isso se pode deixar de notar um ar de família entre o filósofo alemão e o escritor mineiro. O que pode ser sugestivo para uma leitura de *Grande sertão: veredas* e para a compreensão do *fatalismo* presente no romance.

No início do livro, quando ainda está contando "coisas divagadas" fora de sequência, o narrador lembra de dias em que, já no meio dos jagunços, acordava escutando o canto de diversos pássaros. Porém, bem mais o do bem-te-vi:

Atrás e adiante de mim, por toda a parte, parecia que era um bem-te-vi só. — "Gente! Não se acha até que ele é sempre um,

---

4 Davi Arrigucci Jr., "Da fama e da infâmia (Borges no contexto literário latino-americano)", in *Enigma e comentário*. São Paulo: Companhia das Letras, 2001, p. 209.
5 J. G. Rosa, "O burrinho pedrês", in *Sagarana*. Rio de Janeiro: José Olympio, 1972, p. 4.

em mesmo?" — perguntei a Diadorim. Ele não aprovou, e estava incerto de feições.[6]

Apesar da desaprovação do amigo, Riobaldo insiste

> duvidando que seria — que era um bem-te-vi, exato, perseguindo minha vida em vez, me acusando de más-horas que eu ainda não tinha procedido. Até hoje é assim...[7]

Os muitos bem-te-vis parecem ser um só, eles procedem todos da mesma maneira, acusando, com seu canto, desacertos ainda não cometidos, mas por cometer: o nome do pássaro vem no pretérito, mas agoura desditas futuras. Seguindo instintivamente uma ordem e regularidade inabaláveis, é como se conhecessem os segredos das coisas, antes de elas virem a ser.

Uma primeira aproximação de leitura do romance parece que pode ser posta então nesta dupla chave: o mundo segue um curso inexorável, do qual bichos, plantas, minério, água, nada se afasta, e um outro curso bem mais complicado, vacilante e obscuro, aquele que os homens tentam teimosamente perseguir e impor contra aquela ordem natural. Já bem no final do romance, na madrugada que antecede a batalha no Paredão, Riobaldo, junto com Alaripe e Quipes, vê uns "pássaros arrozeiros". Ele pensa:

> Medito como aos poucos e poucos um passarinho maior ia cantando esperto e chamando outros e outros, para a lida deles, que se semêlha trabalho. Me passavam inveja, de como devia de ser o ninho que fizessem — tão reduzido em artinha, mas modo mandado cabido, com o aos-fins-e-fatos. E o que pen-

[6] Id., *Grande sertão: veredas*, op. cit., p. 35. As citações do romance levam em conta a ortografia utilizada nas edições publicadas ainda em vida do autor e mantida nesta edição.
[7] Ibid.

sei: que aquela água de vereda sempre tinha permanecido ali, permeio às touças de sassafrás e os buritís dos ventos — e eu, em esse dia, só em esse dia, justo, tinha carecido de vir lá, para avistar com eles; por quê que era? Bobéia...[8]

Cismado aqui com a pequena arte ("artinha") dos pássaros, com sua destreza técnica que encontra o meio certeiro para produzir os fins (e fatos), mas também com a duração e permanência daquela vereda, Riobaldo se acostumou a estar atento aos sinais dados pela natureza. Foi com Diadorim que aprendeu ainda menino a prestar atenção aos pássaros e flores,[9] dos mais comuns até o mais bonito de todos, o manuelzinho-da-crôa.[10] Entretanto, a rápida menção aos bem-te-vis mostra que os olhares dos dois amigos, a partir de algum momento, já não viam o mesmo. Enquanto um parece permanecer fixado na beleza das aves, o outro se sentirá mais e mais atraído, como em todo o resto, por aquilo que prenunciam.

Embora próximos, o distanciamento entre Riobaldo e Diadorim manifesta-se já no episódio de Ana Duzuza, que vem logo após a breve troca de frases entre eles.[11] Parece óbvio, aliás, que os bem-te-vis estavam anunciando o que haveria de ocorrer ali: o encontro com a filha dela, Nhorinhá, e a revelação da adivinha de que Medeiro Vaz tentaria atravessar o Liso do Sussuarão. O encontro com a filha e a indiscrição da mãe exasperam Diadorim, e a divergência entre os dois amigos fica muito bem marcada. Pois foi Diadorim-Reinaldo quem sugeriu a travessia a Medeiro Vaz, enquanto Ana Duzuza não ouviu propriamente do chefe jagunço que iria atravessar aquele *raso*, mas o adivinhou pelas perguntas que ele lhe fez. Diante do ceticismo de Riobaldo, o companheiro lhe revela o sucedido:

8   Ibid., p. 502.
9   Ibid., p. 97.
10 Ibid., p. 131.
11 Ibid., p. 35.

Mas Diadorim, de vez mais sério, temperou: — "Essa velha Ana Duzuza é que inferna e não se serve... Das perguntas que Medeiro Vaz fez, ela tirou por tino a tenção dele, e não devia de ter falado as pausas... Essa carece de morrer, para não ser leleira...".[12]

O episódio é bastante instrutivo: antes de tomar decisão de tal vulto, Medeiro Vaz, o "supro", "o mais sério" dos comandantes jagunços, não deixa de consultar aquela que diziam ser "filha de ciganos, e dona adivinhadora da boa ou má sorte da gente".[13] E, negando que tivesse ido à casa da "bruxa feiticeira" por causa da filha, Riobaldo mente a Diadorim, afirmando ter lá estado apenas por causa da velha "a fim de requerer o significado do meu futuro".[14] É essa resposta impensada, aliás, que o faz ver, significativamente, o que devia ter feito, mas não fez:

> No momento, foi que eu caí em mim, que podia ter perguntado à Ana Duzuza alguma passagem de minha sina por vir. Também uma coisa, de minha, fechada, eu devia de perguntar. Coisa que nem eu comigo não estudava, não tinha a coragem. E se a Duzuza adivinhasse mesmo, conhecesse por detrás o pano do destino? Não perguntei, não tinha perguntado. Quem sabe, podia ser, eu estava enfeitiçado? Me arrependi de não ter pedido o resumo à Ana Duzuza.[15]

Riobaldo diz na sequência que cometeu o mesmo erro outras vezes. Por isso, a partir daí procura se assegurar mais e mais dos sinais, dos prognósticos que o conduzem em suas travessias. Já mais para o final do romance, pergunta a Diadorim se a mulher do Hermógenes, em conversa com ele, teria pronunciado, não

---

12 Ibid., p. 38.
13 Ibid., pp. 21 e 36.
14 Ibid., p. 37.
15 Ibid.

algo de superficial, mas "alguma doidice de profecias".[16] O fio da narrativa acompanha, assim, as tentativas de Riobaldo de ler os signos naturais, de que os sortilégios são a continuação, como revelação dos segredos de uma ordem a ser seguida a fim de não se perder nas doideiras de toda sorte com que deparou e depara — incluindo as próprias. Essa necessidade de se apegar a sinais que guiem sua conduta tem a ver com o fato de ser um tanto desajustado ao meio, alguém intelectualizado demais para se integrar totalmente à comunidade em que foi parar depois de fugir da fazenda São Gregório, do pai Selorico Mendes, e de abandonar o posto de secretário de Zé Bebelo. Essa falta de rumo[17] chega a lhe parecer falta caráter:

> De seguir assim, sem a dura decisão, feito cachorro magro que espera viajantes em ponto de rancho, o senhor quem sabe vá achar que eu seja homem sem caráter. Eu mesmo pensei. Conheci que estava chôcho, dado no mundo, vazio de um meu dever honesto. Tudo, naquele tempo, e de cada banda que eu fosse, eram pessoas matando e morrendo, vivendo numa fúria firme, numa certeza, e eu não pertencia a razão nenhuma, não guardava fé e nem fazia parte.[18]

Esse estado de desajuste aparece com tanto mais clareza quanto ele mesmo sente o contraste de seu proceder hesitante comparado às estratégias que os jagunços empregam para ser ou aparentar ser:[19] estes ora arremedam os bichos (afilando os dentes da frente com o gume da faca para os deixar parecidos

---

16 Ibid., p. 508.
17 "Meu rumo mesmo era o do mais incerto. Viajei, vim, acho que eu não tinha vontade de chegar em nenhuma parte." Ibid., p. 125.
18 Ibid., p. 130.
19 Com a dificuldade inicial de Riobaldo de entrar para o bando de Hermógenes, e a dificuldade do bando de aceitá-lo. Ibid., pp. 149-50.

com os da piranha do rio São Francisco),[20] ora agem mesmo como os próprios animais, com os gestos, as vozes, os sinais do caráter bem determinado que é o deles. Mesmo os chefes não escapam dessa assimilação ao animal. Assim, Medeiro Vaz morreu como um touro, "touro preto todo urrando no meio da tempestade";[21] Sô Candelário "espiava as paradas distâncias, feito um gavião querendo partir em voo" etc. Algumas personagens do romance assumem vários traços conforme a situação: Zé Bebelo, por exemplo, é associado à abelha branca,[22] é "garnizé" quando desafia os que vão prendê-lo[23] mas também raposa, embora, diferentemente do vendedor alemão Emílio Vupes (= *Fuchs* em alemão, *vulpes* em latim), "raposa que demorou".[24] A personagem mais característica nesse sentido é Hermógenes, que "nasceu formado tigre";[25] é fedorento como a irara;[26] carangueja,[27] parece "caramujo de sombra",[28] "jumento velho",[29] "raposo meco".[30] Ele é homem todo cruzado.[31] Grosso misturado: dum cavalo e duma jiboia, ou um cachorro grande.[32] Esses cruzamentos, essas misturas, essas simbioses do humano e do animal, são altamente importantes para a estória.

20 Ibid., p. 150.
21 Ibid., p. 276. Cf. 264.
22 Ibid., p. 84. Cf. "Os bebelos se desabelhavam zuretas, debaixo de fatos machos e zúo de balas". Ibid., p. 221.
23 Ibid., p. 227.
24 Ibid., p. 21.
25 Ibid.
26 Ibid., p. 110.
27 Ibid., pp. 164-65.
28 Ibid., p. 192.
29 Ibid., p. 194.
30 Ibid., p. 210. Para a ligação das personagens do romance com o mundo natural, ver Walnice Nogueira Galvão, *As formas do falso. Um estudo sobre as ambiguidades no* Grande sertão: veredas. São Paulo: Perspectiva, 1972, p. 124.
31 J. G. Rosa, *Grande sertão: veredas*, op. cit., p. 235.
32 Ibid., p. 167.

Se isso faz sentido, Hermógenes, a seu modo, não está longe de Diadorim, que é identificada aos pássaros, mas, guerreando, se torna mais fera que os animais ferozes. Assim, da mesma forma que Hermógenes é lobisomem, isto é, meio lobo, meio homem, igualmente não se sabe se, conforme a situação, Reinaldo-Diadorim é gente ou fera, homem ou mulher.[33] E, por essa indefinição, como Hermógenes, ela também aparece associada ao demônio.[34]

Um tanto à parte desse mundo, a maior dificuldade de Riobaldo é tentar dissipar a neblina que recobre não só Diadorim;[35] ele precisa saber lidar com esse "mundo misturado"[36] em que os animais assumem características morais,[37] e os homens são *catrumanos*. Ele não consegue entender os liames de amizade existente entre os jagunços[38] e explicar a organização política

---

33 "O Reinaldo. Diadorim, digo. Eh, ele sabia ser homem terrível. Suspa! O senhor viu onça: boca de lado e lado, raivável, pelos filhos? Viu rusgo de touro no alto campo, brabejando; cobra jararacussú emendando sete botes estalados; bando dôido de queixadas se passantes, dando febre no mato? E o senhor não viu o Reinaldo guerrear!..." Ibid., p. 145.

34 Ibid., pp. 134-35; p. 145. O próprio nome da personagem preserva a ambiguidade: enquanto em Maria DEODORINA da Fé Bettencourt Marins é patente a presença de Deus (Deo + doro: presente, dádiva de Deus), em Diadorim a passagem vocálica do "e" para o "i" muda tudo: Dia (Diá, como ocorre também no romance, ibid., p. 192) é forma apocopada de diabo.

35 Ibid., p. 28.

36 Sobre essa mistura que conforma o mundo e a mescla de gêneros da narrativa do *Grande sertão*, ver o ensaio de Davi Arrigucci Jr. "O mundo misturado. Romance e experiência em Guimarães Rosa", in *América Latina: palavra, literatura e cultura*. Org. de Ana Pizarro. São Paulo: Memorial da América Latina / Ed. da Unicamp, 1995, vol. III, pp. 447-77.

37 Sugestiva no romance é a passagem que fala de cavalos que cochicham com o cavaleiro e da desconfiança da raposa. J. G. Rosa, *Grande sertão: veredas*, op. cit., p. 34.

38 Ibid., p. 164.

deles, que tem semelhança com a dos bichos.[39] Sente-se sozinho no meio da travessia;[40] atirador de pontaria certeira, tem medo de se enganar aderindo à vida errática, violenta, cruel, da jagunçagem.[41] Avesso à mistura, quer o preto no branco:

> Baixei, mas fui ponteando opostos. Que isso foi o que sempre me invocou, o senhor sabe: eu careço que o bom seja bom, e o rúim rúim, que dum lado esteja o preto e do outro o branco, que o feio fique bem apartado do bonito e a alegria longe da tristeza! Quero os todos pastos demarcados... Como é que posso com este mundo?[42]

Riobaldo quer separar o joio do trigo, quer as coisas límpidas, os homens bem definidos, como aqueles caracteres bem precisos encontrados nas peças de teatro:

> Em desde aquele tempo, eu já achava que a vida da gente vai em êrros, como um relato sem pés nem cabeça, por falta de sisudez e alegria. Vida devia de ser como na sala do teatro, cada um inteiro fazendo com forte gosto seu papel, desempenho. Era o que eu acho, é o que eu achava.[43]

---

39 "Atinei mal, no começo, com quem era que mandava em nós todos [...]. E o sistema diversiava demais do regime com Zé Bebelo. Olhe: jagunço se rege por um modo encoberto, muito custoso de eu poder explicar ao senhor. Assim — sendo uma sabedoria sutil, mas mesmo sem juízo nenhum falável; o quando no meio deles se trança um ajuste calado e certo, com semêlho, mal comparando, com o governo de bando de bichos — caititú, boi, boiada, exemplo. E, de coisas, faziam todo segredo." Ibid., pp. 152-53.
40 Ibid., p. 167.
41 Ibid., p. 168.
42 Ibid., p. 199.
43 Ibid., pp. 219-20.

Tal resolução, tal determinação de caráter, é o que Riobaldo mais preza em Zé Bebelo. Preso, diante do tribunal que vai julgá-lo ele não se acovarda: sentando-se no tamborete destinado a Joca Ramiro, convida os outros chefes a se acomodar em sua roda — para espanto da plateia jagunça. Quando Joca Ramiro, "astuto natural", se senta no chão e corre por todos "um arruído entusiasmado" de aprovação, Zé Bebelo não deixa por menos. Levanta-se, joga o tamborete de lado e se senta também no chão: "Foi aquele falatório geral, contente. De coisas de tarasco, assim, a gente não gostava?".[44] Zé Bebelo é bufão, teatral, mas tem sua índole bem definida e, por isso, apreciada. Essa marca, ele traz desde o início. Diferentemente de Riobaldo, sabe o que quer: limpar o sertão da jagunçada, isto é, a cidade deve acabar com o mundo misturado que é o sertão. Mesmo com seu projeto derrotado, ele continuará sabendo o que é: chefe, jamais subordinado.

Zé Bebelo, na verdade, não é a única personagem, a personagem central, de seu julgamento; este é, no conjunto, um

---

44 Ibid., p. 232. Tarasco, conforme lembra Nilce Sant'Anna Martins, é bufão, fanfarrão, espalhafatoso, "provavelmente uma alusão ao personagem Tartarin de Tarascon, de A. Daudet". Ver *O léxico de Guimarães Rosa*. São Paulo: Edusp, 2020, 3ª ed., p. 483. Ainda durante o julgamento, Riobaldo observa a encenação do ex-patrão: "E riu chiou feito um sõim, o caretejo. Parecia mesmo querer fazer raiva no outro [Hermógenes], em vez de tomar cautela? Vi tudo era enfinta; mas podia dar em mal". J. G. Rosa, *Grande sertão: veredas*, op. cit., p. 236. Ainda segundo Nilce Sant'Anna Martins, sõim é sinônimo de sagui (*O léxico de Guimarães Rosa*, op. cit., p. 463). Além disso, como bom ator ("enfinta"), Zé Bebelo imita as emoções dos animais. Também assim na descrição de como enfrentara o grupo do Hermógenes com seus cinco catrumanos e a reação dos jagunços, que já conheciam, àquela altura, a teatralidade de Zé Bebelo: "'Tudo eu não tinha, com os meus, munição para nem meia-hora...' A gente reconheceu mais a coragem dele. Isto é, qualquer um de nós sabia que aquilo podia ser mentira. Mesmo por isso, somenos, por detrás de tanta *papagaiagem* um homem carecia de ter a valentia muito grande". J. G. Rosa, *Grande sertão: veredas*, op. cit., p. 86. Grifo adicionado.

notável espetáculo teatral: nele se definem mais claramente as personagens centrais (os grandes chefes) e a partir dele se mostrará quem está do lado de quem. Mesmo Riobaldo mostra sua cara ali, ao defender o ex-aluno; ainda que bastante hesitante, o seu caráter ganha um pouco mais de definição.

Se isso tudo tem propósito, então se pode dizer que a caracterização do personagem principal do romance vai sendo feita aos poucos: ele é bastante inseguro, irresoluto, sendo levado pelos eventos, mas de uma maneira tal que sempre algum indício está a prenunciar o seu destino futuro. Isso se evidencia também na sua relação com os chefes.

A relação de Riobaldo com eles foi assinalada por Antonio Candido em "O homem dos avessos", onde chama atenção para os "aspectos de caráter mágico ou ritual que ponteiam a sua carreira". Escreve Candido:

> Num plano profundo, a sucessão de chefes que morrem ou se afastam, mas em todo caso cedem lugar, poderia ser comparada a uma série de imolações, mediante as quais a energia vai se conservando no grupo até concentrar-se em Riobaldo, herdeiro que encarna significativamente um pouco de cada predecessor.[45]

Sem discordar do grande crítico e ensaísta, talvez se possa infletir um pouco sua afirmação e sugerir que Riobaldo não é tanto herdeiro dos antigos chefes quanto é levado, *está fadado a sê-lo*. Talvez se possa dizer até que ele já o é desde o início. Por sua vontade própria, não quer o posto, mesmo quando eleito por Medeiro Vaz; não quer nem mesmo ser jagunço, duvida de sua

---

45 Antonio Candido, "O homem dos avessos", in *Tese e antítese*. São Paulo: T. A. Queiroz, 2002, 4ª ed., p. 133.

"vocação",[46] não se vê em bando nenhum,[47] pensa em fugir, ir para a cidade,[48] voltar à Fazenda Santa Catarina e se casar com Nhorinhá. Por que é então que vai ficando até se tornar chefe, é algo que não consegue explicar.

É por sua lealdade para com Diadorim, pelo vínculo inexplicável que o liga ao companheiro, que seu destino está atado ao dos chefes. Com o ex-aluno e ex-patrão: ele tem chance de trair[49] e também de matar Zé Bebelo (duas vezes),[50] mas não o faz. Abandona os bebelos e segue os ramiros, porque, tendo Joca Ramiro pernoitado na fazenda São Gregório, seu "seguimento" era por ele, "em coração de devoção".[51] Com Hermógenes, ele é obrigado a matar, mas o que deseja mesmo é matá-lo, e não pode. Também tem duas ocasiões para executá-lo: na primeira não podia,[52] mas na segunda o momento era propício, e mesmo assim não pode dar cabo dele:

> Que [Hermógenes] mandasse avançasse, a fino de faca, nós todos tínhamos de avançar? Então, eu estava ali era feito um escravo de morte, sem querer meu, no puto do homem, no

---

46 "Então, eu não era jagunço completo, estava ali no meio executando um erro." J. G. Rosa, *Grande sertão: veredas*, op. cit., p. 318.
47 Ibid., p. 241.
48 Ibid., p. 221.
49 Ibid., p. 138.
50 "Era Zé Bebelo! [...] Assim eu condenado para matar." Ibid., p. 225. "[...] que, na hora de os soldados sobrechegarem, eu parava perto de Zé Bebelo; e que, ele fizesse feição de trair, eu abocava nele o rifle, efetuava. Matava, só uma vez. E, daí..." Ibid., p. 297.
51 Ibid., p. 126.
52 "Por que era que eu tinha de obedecer ao Hermógenes? Ainda estava em tempo: se eu quisesse, sacanhava meu revólver, gastava nele um breve tiro, bem certo, e corria, ladeira abaixo, às voltas, caçava de me sumir nesse vai-te-mundo. Ah, nada: então, aí mesmo era que o fogo feio começava, por todas as partes, de todo jeito morresse muita gente, primeiro de todos morria eu." Ibid., p. 188.

> danadório! E eu não podia virar só o corpo um pouco, abocar minha arma nele Hermógenes, desfechar? Podia não, logo senti. Tem um ponto de marca, que dele não se pode mais voltar para trás. Tudo tinha me torcido para um rumo só, minha coragem regulada somente para diante, somente para diante; e o Hermógenes estava deitado ali, em mim encostado — era feito fosse eu mesmo.[53]

O destino de Riobaldo se confunde com o de Hermógenes: eles são de certa maneira um só ("era feito fosse eu mesmo"). O fatalismo, a ausência de livre-arbítrio, se evidencia justamente na proximidade dele:

> A lanço a lanço, fui, pulei, nos abertos entre árvores, acompanhei o Hermógenes. [...] Porque, na desordem da mente do alvoroço, aquela hora era só no Hermógenes que eu via salvamento, para meu cão de corpo. Quem que diz que na vida tudo se escolhe?[54]

O grande atirador Tatarana não tem um querer independente: sua coragem não é capaz de mudar ou deter o curso das coisas; ela apenas serve para o levar mais e mais *para adiante*.

Essa ideia de que *a partir de um ponto não há mais volta* reaparece um pouco à frente, no momento em que começa o relato sobre o que se deu na Guararavacã do Guaicuí:

> Mas foi nesse lugar, no tempo dito, que meus destinos foram fechados. Será que tem um ponto certo, dele a gente não podendo mais voltar para trás? Travessia de minha vida. Guararavacã — o senhor veja, o senhor escreva. As grandes coisas, antes de acontecerem.[55]

---

53 Ibid., p. 193.
54 Ibid., p. 195.
55 Ibid., p. 258.

Novamente: chegado a um ponto, não há volta. O trecho insiste mais uma vez em que tudo está voltado para diante: *as grandes coisas acontecem antes de acontecerem*. Este é o ritmo que dita o verdadeiro andamento da estória, um prenúncio sempre advertindo sobre o que há de vir. Esse sinal sobrévem na Guararavacã, onde também se recebe a notícia da morte de Joca Ramiro.[56]

Riobaldo está deitado numa esteira de taquara, num rancho na borda da mata, quando surge um macuco, ave grande que gosta de passear no chão da floresta. Ele vem solitário, "andando, sarandando, macucando: aquilo ele ciscava no chão, feito galinha de casa".[57] Riobaldo ri e diz a Diadorim, pensando que ele estivesse por perto: "Vigia este, Diadorim!". O pássaro "de cabecinha alta" olha para Riobaldo, que se pergunta o que ele estaria procurando ali: "Vinha me pôr quebrantos?". E diz: "Eu podia dar nele um tiro certeiro. Mas retardei. Não dei".[58]

O encontro com o macuco, aparentemente irrelevante, desencadeia algo cheio de consequências. O pássaro aparece num momento de descontração, em que Riobaldo quer brincar com Diadorim, chamando atenção para a "dança" dele. O jeito do macuco insinua um modo de chamar o amigo, modulação que fica retida na mente de Riobaldo depois que o pássaro se vai:

> O nome de Diadorim, que eu tinha falado, permaneceu em mim. Me abracei com ele. Mel se sente é todo lambente — "Diadorim, meu amor..." Como era que eu podia dizer aquilo?[59]

Todo o romance está, então, pontuado por antecipações, ora mais, ora menos próximas. Riobaldo também começa a se dar conta desse ritmo dos prognósticos, percebendo que não é o verdadeiro agente, o protagonista dos acontecimentos. Com

---

56 Ibid., p. 261.
57 Ibid., p. 259.
58 Ibid.
59 Ibid., pp. 259-60.

seu retraimento de nascença, "deserdado de qualquer lábia ou possança", sente-se "o contrário de um mandador".[60] Nesse instante de autoconsciência, profere a máxima capital para poder entender e subsistir no sertão:

> Rebulir com o sertão, como dono? Mas o sertão era para, aos poucos e poucos, se ir obedecendo a ele; não era para à força se compor. Todos os que malmontam no sertão só alcançam de reger em rédea por uns trechos; que sorrateiro o sertão vai virando tigre debaixo da sela.[61]

Ele está pensando mais uma vez em se retirar da jagunçagem, e sua atitude parece contradizer a postura firme que o herói tomará ao assumir a liderança do bando. Mas não é assim. A máxima de sobrevivência nos Gerais significa obediência estrita ao ritmo sertanejo. O que implica passar por um aprendizado de seus oráculos. É só seguindo esse comando que, apesar da relutância, Riobaldo Tatarana se converte em Urutu Branco, comandante à revelia de si que conduzirá sua tropa ao feito que os outros chefes não foram capazes de realizar, a morte de Ricardão e de Hermógenes. Ou seja, foi por não observar corretamente ou integralmente essa prudência sertaneja que Medeiro Vaz e Zé Bebelo não conseguiram chegar a vingar a morte de Joca Ramiro. Medeiro Vaz, como se viu no caso de Ana Duzuza, ainda procura entender os prognósticos; já Zé Bebelo é inteiramente racional ("ele estava com a razão"), é "projetista". Urutu Branco, ao contrário, vai por seu "constante palpite".[62] O percurso que leva até esse desfecho pode certamente ser contado pelos infindos rodeios, as diferentes batalhas que as milícias, mas também o exército federal, realizam, recortando os Gerais; no entanto, essa história dos fatos é marcada

60 Ibid., p. 333.
61 Ibid.
62 Ibid., p. 451.

por sinais indiciários de que ela é inteiramente premeditada: a vida é "cheia de passagens emendadas".[63] Mas há também que reconhecer as trapaças do demo. Uma série de ditos, tradicionais ou próprios, servem de lembrete a isso, como o admirável: "Picapau vôa é duvidando do ar". O narrador comenta o próprio proceder:

> Usando de toda ajuda que me vinha, mas prevenido sempre contra o Maligno: que o que rança, o que azéda. As traças dele são novas sempre, e povoadas tantas, são que nem os tins de areia grãoindo em areal. Então eu não sabia?![64]

Quer dizer então que é preciso "usar de toda ajuda". Em nítido contraste com os chefes supinos, um comandante mais pé no chão como João Goanhá segue outro sistema, o da "razão de pressentimentos".[65] Como Jõe Bexiguento. Como o próprio Hermógenes:

> Ou se fosse que algum perigo se produzia por ali, e eu colhia o aviso? Não é que, com muitos, dose disso sucedesse? Eu sabia, tinha ouvido falar: jagunços que pegam esse condão, adivinham o invento de qualquer sobrevir, por isso em boa hora escapam. O Hermógenes. João Goanhá, mais do que todos, era atreito a esses palpites de fino ar, coraçãoados. Atual isso comigo?[66]

O livro se escreve pelas linhas tortas dos palpites-premonições. Às vezes é melhor ficar do que partir; ou partir sem saber para onde se está indo. Evitar as "traças" más e encontrar as boas

---

63 Ibid., p. 197.
64 Ibid., p. 451.
65 Ibid., p. 124.
66 Ibid., p. 197.

demandas, faro. Entre outras predisposições, saber se entregar ao que dizem os sonhos.

De fato, há no livro uma coincidência temporal que chama atenção. Enquanto vai tomando tento de que "Zé Bebelo, andante, estava esperdiçando o consistir"[67] por não entender que Hermógenes estava somente fugindo, Riobaldo está se aprofundando na experiência divinatória dos sonhos. O contraponto entre a vontade do chefe e o comando do sonho fica patente na localidade chamada Valado:

> E aquele lugar, o Valado, eu aceitei — o senhor preste atenção! —; para ficar, uns meus tempos, ali, ainda me valia. Senti assim, meu destino. Dormindo com um pano molhado em cima dos olhos e com a nuca repousada numa folha de faca, de noite o destino da gente às vezes conversa, sussurra, explica, até pede para não se atrapalhar o devido, mas ajudar. Crendice? Mas coração não é meio destino? Permanecer, ao menos ali, eu quis. Mas Zé Bebelo duvidou de ficar. Zé Bebelo suscitado determinou, que a gente fosse mais para adiante.[68]

Zé Bebelo quer ir adiante, mas o sonho insinua que é melhor ficar. O mundo onírico está em relação com as forças, com os elementos da Terra, e estes sempre mandam os seus recados, como no conto "O recado do morro", de *Corpo de baile*. Mas também como nesta passagem, em que se explicita ainda a dimensão telúrica e premonitória do sonho:

> E eu nem sabia mais o montante que queria, nem aonde eu extenso ia. O tanto assim, que até um corguinho que defrontei — um riachim à tôa de branquinho — olhou para mim e me disse: — Não... e eu tive que obedecer a ele. Era para eu não ir mais para diante. O riachinho me tomava a benção.

---

67 Ibid., p. 281.
68 Ibid., p. 354.

> Apeei. O bom da vida é para o cavalo, que vê capim e come. Então, deitei, baixei o chapéu de tapa-cara. Eu vinha tão afogado. Dormi, deitado num pelego. Quando a gente dorme, vira de tudo: vira pedras, vira flôr. O que sinto, e esforço em dizer ao senhor, repondo minhas lembranças, não consigo; por tanto é que refiro tudo nestas fantasias. *Mas eu estava dormindo era para reconfirmar minha sorte.* Hoje, sei. E sei que em cada virada de campo, e debaixo de sombra de cada árvore, está dia e noite um diabo, que não dá movimento, tomando conta. Um que é o romãozinho, é um diabo menino, que corre adiante da gente, alumiando com lanterninha, em o meio certo do sono. Dormi, nos ventos. Quando acordei, não cri: tudo o que é bonito é absurdo — Deus estável.[69]

Seria desejável saber em que fontes Guimarães Rosa bebeu para escrever o que aqui se lê. Pois ele está certamente muito próximo do que os estudos etnológicos descrevem não só sobre o caráter premonitório dos sonhos mas também sobre a identificação simpática com os seres não humanos (virar pedra, virar flor). Por toda parte há um demônio à espreita, que toma conta do lugar, e ao que parece ele não é necessariamente ruim, pois opera como uma espécie de divindade local. Um desses demônios é o demonete ou diabrete que aparece no sonho de Riobaldo — o romãozinho, criação da lenda popular brasileira, mas transformado aqui pela fabulação do imaginário rosiano numa espécie de lanterninha de cinema, que conduz o sonhador pelos caminhos escuros da noite.[70] Embora miticamente mais novo que seus irmãos mais arcaicos, ele não é menos encantatório que estes: se a ilação é legítima, o percurso que ele ajuda a descortinar leva a alguma maravilhosa cena "de cinema",

---

69 Ibid., p. 257. Grifos acrescentados.
70 A lenda do "Romãozinho" é relatada por Luiz da Câmara Cascudo em seu *Lendas brasileiras. 21 histórias criadas pela imaginação do nosso povo*. Rio de Janeiro: Ediouro, 1991, pp. 167-71.

pois ao acordar Riobaldo não consegue crer no que viu — toda beleza é absurda, Deus estando como garantia. O quiproquó teológico é parte essencial da confusão do mundo.[71]

Essa passagem sobre os demônios e os sonhos é relevante na economia narrativa por mostrar que o pacto com o Demo (se é que realmente acontece) não é fato isolado no romance, mas vem na sequência de *tratos* com forças demoníacas de toda sorte, boas ou más: "Porque o sertão se sabe só por alto. Mas, ou ele ajuda, com enorme poder, ou é traiçoeiro muito desastroso".[72] No momento daquele sonho (para confirmar sua sorte) Riobaldo se encontra numa espécie de *crescendo* demoníaco, resultado das provações por que antes passou. Mas apesar dessa continuidade com seu envolvimento passado, o pacto se apresenta como algo novo, como uma encruzilhada.[73] A partir dele sua confiança cresce, a ponto de se tornar o chefe Urutu Branco. Como líder do bando, segue crendo nas "melhores profecias",[74] *mas desde o pacto não consegue mais sonhar*. Ele toma consciência disso pouco antes de assumir a chefia:

> Sabendo que, de lá em diante, jamais nunca eu não sonhei mais, nem pudesse; aquele jogo fácil de costume, que de primeiro antecipava meus dias e noites, perdi pago. Isso era um sinal? Porque os prazos principiavam...[75]

---

71 Caberia relembrar aqui a conhecida confissão de sincretismo de Riobaldo: "O que mais penso, testo e explico: todo-o-mundo é louco. O senhor, eu, nós, as pessoas todas. Por isso é que se carece principalmente de religião: para se desendoidecer, desdoidar. Reza é que sara da loucura. No geral. Isso é que é a salvação-da-alma... Muita religião, seu moço! Eu cá, não perco ocasião de religião. Aproveito de todas. Bebo água de todo rio..." J. G. Rosa, *Grande sertão: veredas*, op. cit., p. 20.
72 Ibid., p. 470.
73 "Uma encruzilhada, e pois! — o senhor vá guardando... Aí mire e veja: as *Veredas Mortas*... Ali eu tive limite certo." Ibid., p. 356. Cf. ibid., p. 91.
74 Ibid., p. 470.
75 Ibid., p. 376.

Riobaldo começa a entrar "numa alegria estrita, contente com o viver, mas apressadamente".[76] Já comandante, nem sequer se incomoda em saber para onde está levando o bando, porque tem plena confiança de estar no rumo certo.[77] Entretanto, com as novas demandas, sente que o sono, como os "prazos", está mais curto:

> Mas acontece que o instante entre o sono e o acordado era assaz curto, só perpassava, não dava pé. Eu não podia me firmar em coisa nenhuma, a clareza logo cessava. Daqueles avisos e propósitos, o montante movimento do mundo me delia, igual a um secar. E eu mesmo estava contra mim, o resto do tempo. Não estava? Todo mundo, cada dia, me obedecia mais, e mais me exaltavam. Com o que peguei, aos poucos, o costume de pular, num átimo, da rede, feito fosse para evitar aquela inteligencinha benfazeja, que parecia se me dizer era mesmo do meio do meu coração. Num arranco, desfazia aquilo — faísca de folga, presença de beija-flôr, que vai começa e já se apaga — e daí já estava inteirado no comum, nas meias-alegrias: a meia-bondade misturada com maldade a meio. Agora levantava, puxava e arreava meu Siruiz, cavalo para alvoradas. Saía sozinho.[78]

A vida segue ainda inexoravelmente seu curso, agora mais rápido, com seus prenúncios, mas sem aqueles lampejos de inteligência que os sonhos proporcionam. Os jagunços conseguirão atravessar facilmente o Liso do Sussuarão, como que levados por uma força maior:

---

76 Ibid.
77 De qualquer modo, já como chefe, ele faz juntar significativamente ao seu bando duas figuras que têm ligação com a predição e profecia, o menino Guirigó e o cego Borromeu. Ibid., p. 413. Riobaldo não quer deixar de ter o sortilégio a seu lado.
78 Ibid., p. 434.

A fortes braços de anjos sojigado. O digo? Os outros, a em passo em passo, usufruíam quinhão de minha andraja coragem. Rasgamos sertão. Só o real. Se passou como se passou, nem refiro que fosse difícil-ah; essa vez não podia ser! Sobrelégios? Tudo ajudou a gente, o caminho mesmo se economizava. As estrelas pareciam muito quentes. Nos nove dias, atravessamos.[79]

A encruzilhada marca uma divisão de caminhos, em que Riobaldo segue uma trilha que o afasta de Diadorim, por ser ele quem tem a sina de conduzir o amigo e os ramiros à vingança pela morte do pai e antigo grande chefe. Tudo vai se encaminhando para o destino traçado, sem que haja possibilidade de retorno ou desvio, embora o protagonista estivesse se sentindo fora de si:

> Até sem ter aviso nenhum, eu me havia do Hermógenes. Pressentidos, todos os ventos eu farejava. O Hermógenes, com seu pessoal dele — que nem em curvas colombinhando, rastejassem, comprido grôsso, mas sem bulha, por debaixo das folhas secas... Mas eu estava fora de minha bainha. Às vezes, eu acordava na metade certa da noite, e estava descansado, como se fosse alto dia. [...]
> E chegamos! Aonde? A gente chega, é onde o inimigo também quer. O diabo vige, o diabo quer é ver...[80]

Então Diadorim começa a ir por uma banda, e Riobaldo por outra.[81] A recusa da pedra de safira é sinal muito forte.[82] Mas em diversas outras ocasiões os dois já não assentem em nada,

---

79 Ibid., p. 448.
80 Ibid., pp. 481-82.
81 Ibid., p. 481.
82 Ibid., p. 331.

num desentendimento recíproco,[83] marcado agora não tanto pela obsessão de um, como pelo fatalismo que guia a conduta do outro. Num desses momentos de "divertência" entre os dois, Riobaldo não consegue responder ao amigo, não só porque tinha motivos diversos dos dele mas porque no exato instante em que ia fazê-lo começa um "*desvôo de tanajuras*": por causa do pesado traseiro, aquelas formigas não conseguem suster o "arco de voar", indo semear "palmos de chão, de preto em acobreadas".[84] Cada uma delas sabe muito bem qual é o seu destino:

> Içá, savitú: já ouvi dizer que homem faminto come frita com farinhas essa imundície... E os pássaros, eles sim, gaviãozinho, que no campo esmeirinhavam, havendo com o que encher os papos. Mas bem porém que cada tanajura, mal ia dando com o chão, no desabe, sabia que tinha de furar um buraco ligeirinho e se sumir desaparecida na terra, sem escôlha de sorte, privas de suas asas, que elas mesmas já de si picavam desfolhadas, feito papelzinho. Isso é dos bichos do mundo: uso.[85]

Riobaldo está absorto, em meditação sobre o destino ("sem escolha de sorte") daquelas saúvas. Quando dá por si, Diadorim já não está mais por perto: havia afundado também "no grosso dos outros".[86]

---

83 Ibid., pp. 412, 414 e 450. Cf. ibid., p. 514: "Tudo que Diadorim aconselhasse, eu punha de remissa; a modo de que com pressentimentos".
84 Ibid., pp. 471-72.
85 Ibid., p. 472.
86 Ibid. Talvez não seja ocioso lembrar que a revoada das tanajuras é o momento de acasalamento; no voo, os machos morrem, e ao cair a fêmea tem de procurar imediatamente proteção no solo.

O fim fatal

O romance tem seu desenvolvimento narrativo escandido pelos prenúncios do que virá. O narrador divaga, sem dúvida, sobre outros rumos que sua vida poderia ter tomado, caso abandonasse a jagunçagem, voltasse para Otacília, fosse morar na cidade. Mas todas essas eventualidades não se consumam: seu destino, como seu sentimento, é um destino preso.[87]

Nos dois tiroteios do final do livro, o do fazenda-grande dos Tucanos e o do Paredão, há a repetição de um mesmo signo ominoso, dado pela figura de dois gatos que nelas aparecem.[88] Avançando para o desenlace da trama, o ordenamento fatalista se escancara. Dando o cavalo Siruiz a Riobaldo, seu Habão tinha "vesprado" em lhe reconhecer o poder, em detrimento de Zé Bebelo.[89] Emblemático também é o caso "esquipático" do delegado dr. Hilário, contado pelo seu Ornelas, proprietário da fazenda Barbaranha. O que sucede no episódio: encontrando-se o dr. Hilário numa roda de amigos, "na banda de fora da cidade de Januária", o grupo é abordado por um viajante miserável que vem lhes perguntar quem era o delegado. O homem humilde carrega nas costas apenas um saco amarrado à ponta de um pau. O próprio delegado, para caçoar, lhe responde indicando que o delegado era um daqueles da roda, um certo Aduarte Antoniano, "sujeito mau, agarrado na ganância e falado de ser muito traiçoeiro".[90] A surpresa não se faz esperar:

---

87 Ibid., p. 179.
88 Ibid., pp. 312 e 329. Cf. ibid., p. 515: "o que era, no fofo da terra, debaixo duma roseira, um gatinho preto e branco, dormindo seu completo sossego, fosse surdo, refestelado: ele estava até de mãos postas...".
89 Ibid., p. 390.
90 Ibid., pp. 406-07.

e nisso já o homem, com insensata rapidez, desempecilhou o pau do saco, e desceu o dito na cabeça do Aduarte Antoniano — que nem fizesse questão de aleijar ou matar...[91]

O episódio antecipa dois outros, nos quais Riobaldo está a ponto de matar Nhô Constâncio e outro sujeito, três léguas depois, "aparecido viajor", que vinha numa égua acastanhada e acompanhado de um cachorrinho.[92] Nos três casos, o ato de matar aparece sem motivação alguma, a não ser a suposta incitação do demo. A mesma ausência de motivo está presente na matança dos cavalos pelos jagunços do Hermógenes na Fazenda dos Tucanos,[93] cena de uma atrocidade indizível, que anuncia o inexplicável combate final na rua do Paredão, onde os dois grupos abdicam das armas de fogo e partem para a luta corpo a corpo.[94] Riobaldo assiste, impotente, ao combate, do alto do sobrado no qual fora se instalar. Não consegue sequer rezar, assaltado que é por só agora se dar conta de estar realmente perante o *"diabo na rua, no meio do redemunho"*.[95]

A alta densidade e qualidade literária da cena vem justamente de sua total imprevisibilidade, de que a resolução tomada simultaneamente pelos dois grupos é absurda. Ela aterroriza e imobiliza o chefe, que até então parecia seguro de seu poder de comando. Aqui a comparação com a poética borgiana se impõe:

---

91 Ibid., p. 407.
92 Ibid., pp. 417-18.
93 Ibid., p. 403.
94 De surpreendente afinidade com os desafios de valentes em Borges, ou com o duelo entre Emilio Gauna e o doutor Valerga no *Sonho dos heróis*, de Adolfo Bioy Casares. Sobre esta narrativa extraordinária, Borges, pensando na Argentina de seus dias ("a versão lúcida e amarga que Adolfo Bioy Casares ideou corresponde com trágica plenitude a estes anos que correm"), escreveu que ela "nos oferece uma última versão do mito secular" da valentia em um povo. J. L. Borges, *Borges en Sur (1931-1980)*. Buenos Aires: Emecé, 1999, pp. 285-86.
95 J. G. Rosa, *Grande sertão: veredas*, op. cit., p. 524.

o assombro com a luta entre os dois bandos se dá justamente *porque ela faz parte daquele tipo de ato inexplicável — inexplicável na medida mesma em que necessário, em que não pode ser evitado*. O destino "não é terrível por ser irreal", assinala o escritor argentino, "é terrível porque é irreversível e de ferro", como já se assinalou. É bem verdade que em Guimarães Rosa a necessidade fatídica vem vestida em trajes demoníacos, mas os traços que a caracterizam são parecidos com os encontrados no escritor argentino. É que o demônio aparece no *Grande sertão* como materialização do fatalismo, como verdadeiro operador de ações dos homens que efetuam em detrimento da vontade deles.

O jagunço é, assim, irmão de destino do *gaucho* e do *cumpadrito*. Quando está decidido a tentar atravessar de novo o Liso do Sussuarão, Riobaldo pensa que não está obedecendo à inteligência nem a nada, mas a uma ordem outra, mágica:

> Para que eu carecia de tantos embaraços? Pois os próprios antigos não sabiam que um dia virá, quando a gente pode permanecer deitada em rede ou cama, e as enxadas saindo sozinhas para capinar roça, e as fôices, para colherem por si, e o carro indo por sua lei buscar a colheita, e tudo, o que não é o homem, é sua, dele, obediência? Isso, não pensei — mas meu coração pensava. Eu não era o do certo: eu era era o da sina![96]

E é assim, também, que exorta os seus homens, que a ele dão ouvido e assentimento, pois jagunço "não despreza quem dá ordens *diabradas*".[97] Eles respondem, prontamente, seguindo os cabecilhas com seus ditados:

---

96 Ibid., p. 447.
97 Ibid. Grifo acrescentado. Outros sinais também irão nesta mesma direção. Atravessar o Liso tem algo de destino, mas também de magia demoníaca, como se viu na citação anterior. Eles não precisarão fazer sacrifícios para atravessá-lo. Aqui os demônios favorecerão; serão *eu*demônicos, isto é, propícios.

— "Se amanhã meu dia for, em depois-d'amanhã não me vejo."
— "Antes de menino nascer, hora de sua morte está marcada!"
— "Teu destino dando em data, da meia-noite tu vivente não passa..."[98]

Exatamente como em Borges, o fatalismo rosiano reverbera em sua poética, que aparece sintetizada neste parágrafo fundamental:

> Sempre sei, realmente. Só o que eu quis, todo o tempo, o que eu pelejei para achar, era uma só coisa — a inteira — cujo significado e vislumbrado dela eu vejo que sempre tive. A que era: que existe uma receita, a norma dum caminho certo, estreito, de cada uma pessoa viver — e essa pauta cada um tem — mas a gente mesmo, no comum, não sabe encontrar; como é que, sozinho, por si, alguém ia poder encontrar e saber? Mas, esse norteado, tem. Tem que ter. Se não, a vida de todos ficava sendo sempre o confuso dessa doideira que é. E que: *para cada dia, e cada hora, só uma ação possível da gente é que consegue ser a certa*. Aquilo está no encoberto; mas, fora dessa consequência, tudo o que eu fizer, o que o senhor fizer, o que beltrano fizer, o que todo-o-mundo fizer, ou deixar de fazer, fica sendo falso, e é o errado. Ah, porque aquela outra é a lei, escondida e vivível, mas não achável, do verdadeiro viver: *que para cada pessoa, sua continuação, já foi projetada, como o que se põe, em teatro, para cada representador — sua parte, que antes já foi inventada, num papel...*[99]

Cada dia, cada hora, na vida do indivíduo está já predeterminada como numa peça teatral: se ele não procede segundo o *script*, não está agindo como deveria. À primeira vista, pode parecer que há um "certo" e um "errado", mas não é bem assim.

---

98 Ibid., p. 448. Fórmulas que ecoam à sua maneira nesta outra: "A morte de cada um já está em edital". Ibid., p. 513.
99 Ibid., p. 428. Grifos acrescentados. Essa "sonhação" é aprovada pelo compadre Quelemém. Ibid.

O destino de cada um está é "encoberto", e por isso ninguém é capaz de encontrá-lo sozinho, sem ajuda, sem os encontros e desencontros com os outros, que o colocam naquele caminho que é o seu. O sujeito não é propriamente o agente de suas ações. Mesmo os movimentos, os gestos, não são propriamente aprendidos, calculados, meditados; ao contrário, eles mais parecem ser inatos, instintivos. Os jagunços "já nascem sabendo" como guerrear, o que se vê quando se ajeitam nas trincheiras, do mesmo modo que os tatus sabem entrar e sair dos seus buracos: "Ah esses meus jagunços — apragatados pebas — formavam trincheira em chão e em tudo. Eles sabiam a guerra, por si, feito já tivessem sabido, na mãe e no pai".[100]

De maneira análoga, Riobaldo sabe, como um cão farejador, que vai encontrar o Hermógenes:

> Onde era que estava ele? Sabia não, sem nenhuma razoável notícia; mas, notícia que se vai ter amanhã, hoje mesmo ela já se serve... Sabia; sei. Como cachorro sabe.
> Assim, o que nada não me dizia — isto é, me dizia meu coração: que, o Hermógenes e eu, sem dilato, a gente ia se frentear, em algum trecho, nos Gerais de Minas Gerais.[101]

Ajeitar-se como o tatu, farejar como o cão: a "destreza" animal, espontânea como um ato reflexo, aflora nos instantes críticos. É a volta do homem àquela ordem primeira de que se falou no início. O raciocínio nesses momentos cruciais é de nenhuma valia:

> Só o que restava para mim, para me espiritar — era eu ser tudo o que fosse para eu ser, no tempo daquelas horas. Mi-

---

[100] Ibid., p. 512. A interpretação do trecho se apoia na explicação para a locução "apragatados pebas" do *Léxico de Guimarães Rosa*, de Nilce Sant'Anna Martins (op. cit., p. 37). Ver entrada "apragatado".
[101] J. G. Rosa, *Grande sertão: veredas*, op. cit., p. 477.

nha mão, meu rifle. As coisas que eu tinha de ensinar à minha inteligência.[102]

Outros trechos do romance também clareiam esse ponto. Sentindo o demônio em Treciziano, jagunço ligado a Hermógenes que não aceita sua chefia, Riobaldo tenta, mas não consegue acalmá-lo: "um faz, mas não estipula".[103] É obrigado a matá-lo: "A morte dele deu certo. E era, segundo tinha de ser?".[104] Na verdade, muito semelhante às explicações de Borges-Schopenhauer, foi Treciziano que buscou a morte: "Não turvei. Morte daquele cabra era em ramo de suicídios".[105] Mesmo assim, findo o ato, o suposto autor se assusta: "Um frio profundíssimo me tremeu. Sofri os pavores disso — da mão da gente ser capaz de ato sem o pensamento ter tempo".[106] A ação é *a priori*, mas o reconhecimento, o susto, *a posteriori*. Gesto semelhante é narrado algumas páginas depois, quando Riobaldo mata Ricardão indefeso:

> Só fiz fim: num tirte-guarte: atirei, só um tiro. O Ricardão arriou os braços, deu o meio do corpo, em bala varado. [...]
> Digo que esta minha mão direita, quase por si, era que tinha atirado. Segundo sei, ela devolveu Adão à lama.[107]

A mão direita só cumpre o que está escrito para ser feito. O que acontece nesses dois momentos é bastante diferente do que ocorre em outras situações. Riobaldo teria podido matar Hermógenes, Zé Bebelo, Nhô Constâncio, o viajante montado na égua acastanhada. Mas não o fez. Embora o resultado seja bem diferente,

---

102 Ibid., p. 317.
103 Ibid., p. 452.
104 Ibid., p. 453.
105 Ibid.
106 Ibid.
107 Ibid., p. 492.

agir ou não agir sempre depende de um poder que excede a vontade consciente do próprio indivíduo. Ao longo do romance, Riobaldo se torna cada vez menos hesitante, menos sujeito ao "desastre de instante" e à "sorte momenteira",[108] isto é, ele percebe cada vez mais que — embora também acertando cada vez mais — as coisas nunca estão inteiramente sob o seu governo. Tomar uma decisão, atirar ou não, não é uma questão de arbítrio. Quem executa um ato o faz por delegação:

> Que Deus existe, sim, devagarinho, depressa. Ele existe — mas quase só por intermédio da ação das pessoas: de bons e maus. Coisas imensas no mundo. O grande-sertão é a forte arma. Deus é um gatilho?[109]

Essa indagação confirma uma outra, anterior, feita em um momento em que Riobaldo reflete sobre o pacto:

> É preciso de Deus existir a gente, mais; e do diabo divertir a gente com sua dele nenhuma existência. *O que há é uma certa coisa — uma só, diversa para cada um — que Deus está esperando que esse faça.* Neste mundo tem maus e bons — todo grau de pessoa. Mas, então, todos são maus. Mas, mais então, todos não serão bons?[110]

Obviamente, o que está em questão é a dificuldade de conciliar as ideias de bem e de mal com uma visão fatalista do mundo. Se tudo já está predeterminado, se cada um está apenas cumprindo o papel que lhe foi dado pelo diretor teatral, não existe liberdade, nem responsabilidade individual. Mesmo o pacto com o demônio, ocorrido ou não, não poderia assim acarretar nenhuma punição, culpa ou arrependimento:

---

108 Ibid., pp. 115-16.
109 Ibid., p. 305.
110 Ibid., p. 278. Grifos acrescentados.

E se eu quiser fazer outro pacto, com Deus mesmo — posso? — então não desmanchava na rás tudo o que em antes se passou? Digo ao senhor: remorso? Como no homem que a onça comeu, cuja perna. Que culpa tem a onça, e que culpa tem o homem?[111]

Essas considerações parecem indicar que há no romance uma relação mais ou menos proporcional ou até uma "divisão de trabalho" entre Deus e o diabo no que diz respeito ao destino dos homens. Enciumado com Otacília e raivoso com a possível deserção de Riobaldo, Diadorim, punhal na mão, pergunta e repergunta se o amigo "sabe do seu destino". Riobaldo dá uma resposta que — como nas ações anteriormente mencionadas — mais lhe escapa dos lábios do que é propriamente proferida:

— "Se nanja, sei não. O demônio sabe..." — eu respondi. — "Pergunta..."
  Me diga o senhor: por que, naquela extrema hora, eu não disse o nome de Deus? Ah, não sei. Não me lembrei do poder da cruz, não fiz esconjuro. Cumpri como se deu. Como o diabo obedece — vivo no momento.[112]

Em vez de responder, como seria de esperar, algo como "o destino só Deus sabe", Riobaldo menciona irrefletidamente o demônio. Ele tampouco lembra de se corrigir, fazendo sinal da cruz ou esconjuro. Agiu como devia ter agido, isto é, obedecendo sem pestanejar à lógica do momento. Esse é um aspecto fundamental do livro: toda situação candente, e a obra está repleta delas, supõe uma reação à altura, que depende de saber lidar com aquilo que se poderia chamar "o demônio do instante". Ora, esse demônio é obviamente traiçoeiro, ambivalente; pode ajudar ou atrapalhar. Baseada nos inúmeros sinais que foi aprendendo a reconhecer, a "formação" de Riobaldo o leva a

---

111 Ibid.
112 Ibid., p. 177.

compreender melhor essa dubiedade demoníaca. Como na ocasião em que está para matar nhô Constâncio Alves, que "não sabia que a vida era do tamanhinho só menos de que um minuto":

> Ah, mas, então, do sobredentro de minhas ideias — do que nem certo sei se seja meu uma minha-voz, vozinha forte demais, de tão fraca, suministrou um cochicho. Foi. Em tão curta ocasião que teve, essa vozinha me deu aviso. Ah, um recanto tem, miúdos remansos, aonde o demônio não consegue espaço de entrar, então, em meus grandes palácios. No coração da gente, é o que estou figurando. Meu sertão, meu regozijo! Que isto era o que a vozinha dizia: — "Tento, cautela, toma tento, Riobaldo: que o diabo fincou pé de governar tua decisão!..." A anteguarda que ouvi, e ouvi seteado; e estribei minhas forças energias. Que como? Tem então freio possível? Teve, que teve. Aí resisti o primeiramente. Só orçava. O instante que é, é — o senhor nele se segure. Só eu sei.[113]

Uma voz que vem do "sobredentro" das ideias, mas que não se sabe ao certo se é do próprio sujeito ou de um demônio interno (em "anteguarda" ecoa anjo da guarda), barra a gana de matar, dando aviso — palavra que tem um sentido agoureiro muito marcado na obra.

O fatalismo jagunço anda sempre junto com a percepção dos signos demoníacos, eudemônicos ou o contrário. O pacto de Riobaldo perde assim algo de sua excepcionalidade, já que não só ele e Hermógenes são pactários mas todos os homens, em maior ou menor medida. Isso se percebe atentando para a inflexão que Guimarães Rosa dá a uma palavra: *pauta*. Logo no início do romance, um dos companheiros, João Bugre, "pontual nos instantes de o raso se pisar", afirma: "'O Hermógenes tem pauta... Ele se quis com o Capiroto...'".[114] Riobaldo e o leitor

---

113 Ibid., p. 416.
114 Ibid., p. 48.

logo compreendem que se trata do pacto. Essa alteração fonética pacto-pauta é essencial para o entendimento do par fatalismo-demonismo: cada pessoa tem de cumprir com aquilo que é o seu "certo", a sua sina, ou, como diz o trecho citado acima, "e essa pauta cada um tem — mas a gente mesmo, no comum, não sabe encontrar".[115] Ou seja, a pauta, como pacto, é papel que cada um tem de desempenhar em sua vida, na acepção teatral que lhe é dada pelo autor: cada qual está predestinado a ser esta personagem e não outra, mas não é capaz de ser este protagonista sem um ou mais figurantes que com ele contracenam, que com ele entram em pacto. Compactuando com o próximo, cada um é bom ou mau demônio do outro. Ou até bom *e* mau demônio do outro. Nessa lógica, ou todos são o diabo, ou o diabo não existe: "E o demo existe? Só se existe o estilo dele, solto, sem um ente próprio — feito remanchas n'água".[116] No mesmo sentido se pode ler no final do romance: "O diabo não há! É o que eu digo, se for... Existe é homem humano. Travessia".[117]

Demoníaco, fatídico e humano são os elementos essenciais da composição do romance, que compatibiliza o encanto com o implacável, o mágico, incrível, com o necessário, com aquilo que não pode ser de outra forma. A narrativa mesma não pode fugir dessa marca fatalista. *Ela não poderia ser diferente*:

> O senhor, mire e veja, o senhor: a verdade instantânea dum fato, a gente vai departir, e ninguém crê. Acham que é um falso narrar. Agora, eu, eu sei como tudo é: as coisas que acontecem, é porque já estavam ficadas prontas, noutro ar, no sabugo da unha; e com efeito tudo é grátis quando sucede, no reles do

---

115 Ibid., p. 428. Cf. acima nota 99 deste capítulo, p. 248.
116 Ibid., p. 427.
117 Ibid., p. 536.

momento. Assim. Arte que virei chefe. Assim exato é que foi, juro ao senhor. Outros é que contam de outra maneira.[118]

Há um jeito *exato* de contar, que corresponde à maneira precisamente fixada de como os acontecimentos se produziram ou se produzem. As coisas já estão prontas para ser como são, sem mais nem menos: *no sabugo da unha*.[119] E, ao sucederem, elas se dão gratuitamente ("grátis"), sem mais ("no reles do momento"), sem que se deva nada a ninguém. Mas o diabo não vem cobrar seu preço?[120]

É importante atentar para esse sentido positivo da gratuidade, isto é, da inevitabilidade e inexplicabilidade dos atos, porque ela é parte na trama do romance, em especial na diferenciação entre a perspectiva de Riobaldo e a de Diadorim. Tomado(a) de obsessão pela vingança do pai, Diadorim não é capaz de ver outra coisa. Daí o desarrazoado de seu proceder: "O ódio de Diadorim forjava as formas do falso".[121] Riobaldo percebe que o amigo está preso a uma lógica que não lhe deixa abertura, que o torna cego, e isso abre o contraste, o fosso, entre eles. Reinaldo-Diadorim está duplamente imobilizado: não pode seguir nem as razões secretas do coração, nem o faro indispensável ao proceder jagunço. Ele precisa de Riobaldo, que se torna a bússola do seu percurso. É Riobaldo quem vai desvendar os caminhos que levarão o amigo e os outros ao destino, mas, para tanto, ele precisa se entregar inteiro à lógica demoníaca que lhe permite ter uma clareza da qual os outros não são capazes. Destro no pragmatismo sertanejo, afasta-se

---

118 Ibid., p. 387.
119 A respeito do sentido da expressão, ver a entrada "sabugo" no *Léxico de Guimarães Rosa*, op. cit., p. 438.
120 Cf. J. G. Rosa, *Grande sertão: veredas*, op. cit., pp. 277 e 451.
121 Sobre o tema, ver mais uma vez Walnice Nogueira Galvão, *As formas do falso*, op. cit. Cf. acima nota 30 deste capítulo, p. 229.

do coração, contrariando aparentemente o que é indicado nos versos da canção de Siruiz:

> *Remanso de rio largo,*
> *viola da solidão:*
> *quando vou p'ra dar batalha,*
> *convido meu coração...*[122]

O que Diadorim não percebe, em seu ódio, é que seu destino é conduzido pela figura do odiado. Já o fatalista entende a necessidade do recuo e se põe num ponto de vista outro, de onde é capaz de relativizar as paixões, porque estas não têm realmente causa nem explicação. Uma coisa é o ódio que se sente por alguém; outra, bem diferente, é o ódio que se está predestinado a sentir:

> Aí dele me lembrei, na hora: e esse Hermógenes eu odiasse! Só o denunciar dum rancor — mas como lei minha entranhada, costume quieto definitivo, dos cavos do continuado que tem na gente. Era feito um nôjo, por ser. *Nem, no meu juízo, para essa aversão não carecia de compor explicação e causa, mas era assim, eu era assim. Que ódio é aquele que não carece de nenhuma razão?* Do que acho, para responder ao senhor: a ofensa passada se perdoa; mas, como é que a gente pode remitir inimizade ou agravo que ainda é já por vir e nem se sabe? Isso eu pressentia. Juro de ser. Ah, eu.[123]

O ódio anterior ao agravo não pode ser explicado por nenhuma motivação (a morte, os males causados por Hermógenes), mas

---

122 J. G. Rosa, *Grande sertão: veredas*, op. cit., p. 111. Sobre o sentido fundamental desta balada, ver "O mundo misturado. Romance e experiência em Guimarães Rosa", in *América Latina: palavra, literatura e cultura*, op. cit. Um dos mais importantes prenúncios do livro, segundo o ensaísta, a balada traz cifrado o destino de Diadorim e Riobaldo.
123 Ibid., p. 349. Grifos acrescentados.

é simplesmente assim, sem aversão adquirida a tal ou qual indivíduo. Riobaldo chega mesmo a não conseguir se lembrar das feições do inimigo... De todo modo, pressente que vai encontrá-lo, e aí seu ódio vai se extravasar inteiro. Diferentemente do que acontece o tempo todo com Diadorim.[124] Mas um destino é complemento do outro:

> De em desde, bem que já cumpriam de me recompensar e me favorecer, pela vantagem: porque eu ia livrar o mundo do Hermógenes. O Hermógenes — pelejei para relembrar as feições dele. Achei não. Antes devia de ser como o pior: odiado com mira na gente. — "Diadorim..." — pensei — "...assopra na mão a tua boa vingança..." O Hermógenes: mal sem razão... Para poder matar o Hermógenes era que eu tinha conhecido Diadorim, e gostado dele, e seguido essas malaventuranças, por toda a parte?[125]

Do ponto de vista fatalista riobaldiano, Hermógenes é o "mal sem razão" e, no limite, o inimigo será destruído porque isso está inscrito no próprio destino dele, e não porque haja motivo para odiá-lo. Em suma, não há razão psicológica suficiente para o ódio a ele. É o que diz Riobaldo falando sobre seu asco ao proceder aliciador de Hermógenes: "Sou peixe de grotão. Quando gosto, é sem razão descoberta, quando desgosto, também".[126]

---

124 Riobaldo já havia aprendido com Zé Bebelo a não guardar rancores: "Mas, na ocasião, me lembrei dum conselho que Zé Bebelo, na Nhanva, um dia me tinha dado. Que era: que a gente carece de fingir às vezes que raiva tem, mas raiva mesma nunca se deve de tolerar de ter. Porque, quando se curte raiva de alguém, é a mesma coisa que se autorizar que essa própria pessoa passe durante o tempo governando a ideia e o sentir da gente; o que isso era falta de soberania, e farta bobice, e fato é. Zé Bebelo falava sempre com a máquina de acerto — inteligência só. Entendi. Cumpri. Digo: reniti, fazendo finca-pé, em força para não esparramar raivas". Ibid., p. 213.
125 Ibid., pp. 477-78.
126 Ibid., p. 170.

É certo que Diadorim é quem dará cabo do inimigo; mas é certo também que é pelas mãos de Riobaldo que Diadorim cumpre aquilo a que estava destinado(a). Tomado por essa tarefa, empenhado em desvendar o que se esconde sob as formas do falso, Riobaldo não chega, contudo, àquilo que no fundo mais deseja quando acabarem as desventuras dos dois, isto é, estar junto a Diadorim. Seu destino, presente no seu nome, só é cumprido pela metade: ele é um rio baldo, baldado.[127] O que também está dentro da ordem das coisas.

Logo no início da narrativa, depois de lamentar não ter inquirido Ana Duzuza sobre seu destino, Riobaldo tece um comentário a seu próprio respeito:

> Assaz o senhor sabe: a gente quer passar um rio a nado, e passa; mas vai dar na outra banda é num ponto muito mais em baixo, bem diverso do em que primeiro se pensou. Viver nem não é muito perigoso?[128]

Apesar de toda a lucidez adquirida, o curso de vida de Riobaldo não foi dar onde ele queria. De qualquer modo, como também já sabia Borges, o fatalismo é a melhor forma de consolo. Como no remorso antecipado pelo canto do bem-te-vi, também a resignação já vem de véspera, com o *aviso*:

> E grande aviso, naquele dia, eu tinha recebido; mas menos do que ouvi, real, do que do que eu tinha de certo modo adivinhado. De que valeu? Aviso. Eu acho que, quase toda a vez que ele vem, não é para se evitar o castigo, mas só para se

---

127 Riobaldo cumpre, se é possível dizer assim, metade do seu destino. Ficou faltando a outra metade, já que como ele mesmo diz: "Mas coração não é meio destino?". Cf. acima nota 68 deste capítulo, p. 239.
128 Ibid., p. 37.

ter consolo legal, depois que o castigo passou e veio. Aviso?
Rompe, ferro![129]

A pura beleza e a pura maldade

Por certo que eu já estava crespo da confusão de todos.

J. G. ROSA[130]

Na coleção de livros que pertenceram a João Guimarães Rosa, da Biblioteca do Instituto de Estudos Brasileiros, na Universidade de São Paulo, encontram-se dois títulos que mostram que o escritor brasileiro leu e assinalou passagens que lhe pareciam importantes na obra de Arthur Schopenhauer. São eles: uma edição em alemão dos *Aforismos para a sabedoria de vida* (Stuttgart: Kröner, 1938) e o livro de André Cresson, intitulado *Schopenhauer. Sa vie, son oeuvre. Avec un exposé de sa philosophie* (Paris: Puf, 1948). Não é de descartar que o escritor também tenha lido outros livros do filósofo alemão, visto que, além do fatalismo que marca o destino dos homens, como se tentou mostrar nas páginas anteriores, há outras ideias de Schopenhauer que podem ajudar a iluminar algumas facetas da obra rosiana. A exposição que se fará a seguir das afinidades entre os dois autores se valerá em grande parte de algumas das anotações marginais e grifos de Guimarães Rosa feitos no livro de Cresson, pois, ainda que a exposição deste não seja totalmente fiel ao pensamento de Schopenhauer, por eles se tem certeza do que chamou a atenção do escritor brasileiro. Além disso, parte da obra de Cresson consiste em uma seleção de excertos traduzidos da obra de Schopenhauer.

À página 108 do livro se encontra o seguinte trecho, que Cresson retira do primeiro tomo dos *Parerga e paralipomena*:

---

129 Ibid., p. 162.
130 *Grande sertão: veredas*, op. cit., p. 219.

Há ainda, de resto, no curso de nossa vida algo que está acima de tudo. Pois é uma verdade trivial e mais que reiteradamente confirmada, a de que somos com frequência mais tolos do que acreditamos; mas, por outro lado, com frequência mais sábios do que nós mesmos supomos, uma descoberta que só fizeram aqueles que estiveram nesse caso, e apenas muito depois. Há em nós algo de mais sábio que a inteligência. Com efeito, nos grandes momentos, nos passos importantes da vida, nós agimos menos por um conhecimento claro do que convém fazer do que por um impulso interior; dir-se-ia um instinto vindo do mais profundo de nosso ser [...].

Esse impulso interior está talvez sob a guia, para nós inconsciente, de sonhos proféticos, esquecidos ao acordar, que, precisamente por isso, conferem a nossa vida aquela mesma conformidade de tom e aquela unidade dramática que a consciência cerebral tão frequentemente indecisa, enganada, e tão facilmente variável não lhe pode conceder [...].[131]

O ser humano é muito mais eficazmente conduzido, como nos sonhos proféticos, por seu impulso interno, pela Vontade, do que pela inteligência, que não sabe como agir nos momentos cruciais. Esse guia interior dá tom e unidade dramática à conduta de cada um, que o torna diferente dos outros. Mas tudo isso é feito de maneira mais ou menos inconsciente, ou seja, nada é propriamente decidido pela inteligência do indivíduo: "A gente só sabe bem aquilo que não entende".[132] Não se deve, portanto, crer que a vida seja inteiramente programada pela razão ou pelo intelecto.

---

[131] André Cresson, *Schopenhauer. Sa vie, son oeuvre...*, op. cit., p. 108. O trecho se encontra em A. Schopenhauer, sw, vol. v, pp. 559-60. Além dos sonhos, a relação dos presságios com o fatalismo é tema central discutido por Schopenhauer no seu ensaio sobre o fatalismo transcendente, em sw, vol. IV, pp. 253-64.

[132] J. G. Rosa, *Grande sertão: veredas*, op. cit., p. 335.

Sem naturalmente esgotar a riqueza dos textos rosianos, a metafísica schopenhaueriana da Vontade fornece algumas pistas para chegar perto daquilo que é um dos seus núcleos, aquilo que Riobaldo denomina "a matéria vertente" — algo que, segundo ele, não se esgota na "vida de sertanejo, seja se for jagunço", mas até a extrapola. Jagunço por força do destino, Riobaldo quer entender

> do medo e da coragem, e da gã que empurra a gente para fazer tantos atos, dar corpo ao suceder. O que induz a gente para más ações estranhas, é que a gente está pertinho do que é nosso, por direito, e não sabe, não sabe, não sabe![133]

Os homens não são capazes de entender o que têm de mais íntimo e próprio, agindo contra si mesmos. De onde vem esse impulso que é mais forte do que eles e que os impele a ações esquisitas, impensadas, eis a grande questão. O romance não elimina por completo as explicações psicológicas (o ódio, por exemplo, de Diadorim aos assassinos de seu pai), mas estas não são suficientes para explicar a *gã* que leva aos atos mais assombrosos, como o grande combate final em que os dois bandos de jagunço abdicam do tiroteio e se lançam à luta corpo a corpo.

Em Schopenhauer, como já se sabe, a Vontade constitui a "essência mais íntima" não só dos homens mas dos animais, dos vegetais e mesmo do mundo inanimado; ela não está submetida ao tempo nem ao espaço, não tem causa, nem finalidade.[134] Numa passagem em que procura sintetizar o conceito schopenhaueriano de Vontade, André Cresson diz o seguinte:

> Potência espiritual sempre propensa à conservação e expansão da vida, [a Vontade] não tem começo: ela arrisca não acabar.

---

133 Ibid., p. 94.
134 André Cresson, *Schopenhauer. Sa vie, son oeuvre...*, op. cit., p. 29.

Ela é porque é; quer porque quer; ela o faz por natureza, por essência, infatigavelmente, com uma avidez diabólica.[135]

Além de sublinhar o trecho, Guimarães Rosa acrescenta um sinal de exclamação à margem. O escritor parece ter se identificado com essa descrição. Não é para menos: essa "avidez diabólica" tem muito que ver com a sua "gã".

Na sequência, o comentador francês procura mostrar a dificuldade que há em explicar como essa Vontade única se transforma na miríade de fenômenos que são a sua representação, isto é, como desse núcleo inexplicável se geram todas as coisas conhecidas. Estas, na verdade, são imagens desfiguradas, verdadeiros fantasmas fugazes, sem formas definidas ou definitivas. A sabedoria oriental está bem mais próxima de compreender esse mundo ilusório:

> Ali onde existe uma realidade única, [espaço e tempo] nos fazem perceber uma multidão de individualidades distintas e moventes. As individualidades não são, pois, senão aparências fugazes, como pensavam os hindus. Elas só nos parecem reais porque nós percebemos tudo através desse véu de ilusão e mentira que tempo e espaço estendem diante de nossos olhos.[136]

Os hindus foram os primeiros a saber, antes de Platão, que o mundo real está coberto pelo véu de Maia, e que, portanto, o mundo que vemos não passa de uma fantasmagoria.[137] Comandada pela Vontade, a natureza inventa todo esse "maravilhoso sistema de ilusões e engodos" a fim de que a inteligência humana — que é sempre um tanto tola — seja tapeada e se

---

135 Ibid., pp. 29-30.
136 Ibid., p. 31. Texto grifado por Guimarães Rosa. No fim da página, ele anota: "como ondas no mar". E: "(poema) Para quem trabalham o Tempo e o Espaço?".
137 Ibid., p. 22. Passagem sublinhada por Guimarães Rosa.

decida a realizar aquilo que pode satisfazer as necessidades do organismo. A inteligência está, assim, submetida à Vontade.[138]

O problema é que a Vontade é insaciável,[139] e tal insaciedade faz que a vida seja, no fundo, um suplício, uma vez que ela tem de satisfazer indefinidamente sempre os mesmos desejos. Cada ser humano é um Íxion ou um Sísifo. Por isso também, a vida se confunde com a dor.[140] Para poder satisfazer minimamente seus desejos, é preciso que os homens entrem em conflito uns com os outros, se "entredevorem" (*s'entredévorent*): "Espetáculo hediondo! Não é em outra vida que o Inferno reside. Nós estamos inteira e perpetuamente mergulhados nele".[141] Na margem, Guimarães Rosa anota: "O inferno é aqui!". E no final da página: "como Schopenhauer, ele proferiu: o Inferno é aqui mesmo!...".[142]

A afinidade dos dois autores ficará ainda mais patente, caso o leitor tenha em vista a passagem das obras de Schopenhauer a que Cresson parece se referir. Nela, com efeito, o filósofo comenta a expressão de Plauto "o homem é lobo do homem" (*Asinaria* II, 4, v. 495). Mas talvez seja bem pior do que quer fazer crer o comediógrafo latino:

> Quem tem isso [a miséria dos homens] diante dos olhos, vê o mundo como um Inferno que supera o de Dante, *pois que um tem de ser o diabo do outro*; para tanto, certamente, um é mais talhado que outro, mas um é, mais que todos, o arquidiabo, surgindo na figura de um conquistador que coloca milhares de homens uns diante dos outros e lhes grita: "Sofrer e morrer é

---

138 Ibid., p. 35. Passagem sublinhada por Guimarães Rosa.
139 Ibid., pp. 37-38. Passagem sublinhada por Guimarães Rosa.
140 Ibid., p. 38. Trechos assinalados por Guimarães Rosa.
141 Ibid., p. 39.
142 Ibid.

vosso destino: comecem a atirar uns nos outros com mosquetes e canhões!", e eles obedecem.[143]

"Ao dôido, doideiras digo":[144] cada um tem sua pauta, mas um consegue impor mais violentamente sua pauta aos outros. O problema, claro, é que no mais das vezes uma pauta não harmoniza bem com outra. O mundo está completamente endoidado, endiabrado,[145] e não há como domá-lo ou fugir dele. Ou há?

Percorrendo as anotações de Guimarães Rosa no livro de Cresson, se observa o interesse dele pelo *platonismo* schopenhaueriano (mais ou menos da mesma forma que ocorreu em Borges). De fato, um platonismo semelhante pode ser reconhecido no *Grande sertão*.

O sertão é um mundo onde as coisas são todas misturadas, ensina o crítico Davi Arrigucci Jr. Esse baralhamento é sua riqueza, mas também fonte de toda a confusão. Diante de tanta doideira, não é natural que se queira vislumbrar uma ordem, um cosmos sob a aparente "acosmia"? Como aprendeu Riobaldo, o jagunço tem de ir se acomodando ao sertão, não querer regê-lo de cima da sela do seu cavalo. Mas parece que se pode deslindar na sua travessia uma tentativa de enxergar — um pouco como Miguilim — as coisas com mais nitidez, para além do véu de Maia, para além das "formas do falso" que as paixões humanas criam. Esse movimento para ganhar lucidez (que tem a ver com sua tentação luciferina) é parte constitutiva de sua personagem.

A figura mais significativa, mais emblematicamente confusa do romance é, sem dúvida, Hermógenes. Este, como já foi lembrado acima, é uma figura híbrida, lobisomem, "grosso mis-

---

143 A. Schopenhauer, "Von der Nichtigkeit und dem Leiden", in *O mundo como vontade e representação*, SW, vol. II, Suplementos, p. 740. Grifos acrescentados.

144 J. G. Rosa, *Grande sertão: veredas*, op. cit., p. 94.

145 O "mundo à revelia", como diz Zé Bebelo. Ibid., p. 229.

turado — dum cavalo e duma jiboia" ou "cachorro grande".[146] Filho do Demo, ele tem características semelhantes ao genitor. Pois quando se está numa encruzilhada e se chama o Cujo,

> Vem um pé de vento, sem razão, e arre se comparece uma porca com ninhada de pintos, se não for uma galinha puxando barrigada de leitões. Tudo errado, remedante, sem completação... O senhor imaginalmente percebe? O crespo — a gente se retém — então dá um cheiro de breu queimado. E o dito — o Côxo — toma espécie, se forma![147]

A composição de Hermógenes, como a do Cujo, é disforme, remendada, sem acabamento. Hermógenes é o próprio demônio ("Sim só isto. Era ele mesmo"),[148] e o compadre Quelemém explica a origem de gente como ele no parágrafo seguinte:

> A gente viemos do inferno — nós todos — compadre meu Quelemém instrui. Duns lugares inferiores, tão monstro-medonhos, que Cristo mesmo lá só conseguiu aprofundar por um relance a graça de sua substância alumiável, em as trevas de véspera para o Terceiro Dia. Senhor quer crer? Que lá o prazer trivial de cada um é judiar dos outros, bom atormentar; e o calor e o frio mais perseguem; e, para digerir o que se come, é preciso de esforçar no meio, com fortes dôres; e até respirar custa dôr; e nenhum sossego não se tem. Se creio? Acho proseável. Repenso no acampo da Macaúba da Jaíba, soante que mesmo vi e assaz me contaram; e outros — as ruindades de regra que executavam em tantos pobrezinhos arraiais: baleando, esfaqueando, estripando, furando os olhos, cortando línguas e orelhas, não economizando as crianças pequenas,

---

146 Ibid., p. 187.
147 Ibid., p. 49. Notável aqui o uso de "espécie" com o sentido erudito de "aspecto", "aparência", "figura" ou "forma".
148 Ibid.

atirando na inocência do gado, queimando pessoas ainda meio vivas, na beira de estrago de sangues... Esses vieram do inferno? Saudações. Se vê que subiram de lá antes dos prazos, figuro que por empreitada de punir os outros, exemplação de nunca se esquecer do que está reinando por debaixo. Em tanto, que muitos retombam para lá, constante que morrem... Viver é muito perigoso.[149]

O Hermógenes é alguém que surgiu desses ínferos ("vindo saindo de brejos, pedras e cachoeiras"),[150] como muitos que de lá vem para infernizar a vida na terra. Gente como esta não tem como se disfarçar. Mas, paradoxalmente, embora "homem todo cruzado" — ou talvez até exatamente por ser assim —, os traços de Hermógenes são inconfundíveis: "De uns assim, tudo o que escapa vai em retinge de medo ou de ódio".[151] É verdade que a natureza de Hermógenes "demudava" conforme a pessoa que topasse: mas, no fundo, isso quer dizer que ela permanecia fundamentalmente uma só, não tendo pena de ninguém.[152] O caráter de Hermógenes permanece imutável na sua mutabilidade. Ele se adequa, se insinua, a cada um que encontra, agindo "conforme o freguês".[153] Hermógenes é o verdadeiro arquidiabo, porque seu pacto não é singular, mas plural: "*O Hermógenes tem*

---

149 Ibid.
150 Ibid., p. 235. Cf. "Aí eu acreditei que tivesse de haver mesmo o inferno, um inferno; precisava. E o demônio seria: o inteiro, louco, o dôido completo — assim irremediável". Ibid., p. 211.
151 Ibid., p. 235.
152 Ibid., p. 362.
153 "Aí, o Hermógenes me presenteou com um nagã, e caixas de balas." Ibid., p. 170. "[Ele] me fazia agrados, demo que ele gostava de mim." Ibid. Para não se misturar com ele, Riobaldo pensa até em apelar para o diabo: "Quando ele vinha conversar comigo, no silêncio da minha raiva eu pedia até ao demônio para vir ficar de permeio entre nós dois, para dele me apartar." Ibid.

pautas".¹⁵⁴ Com tudo isso, Riobaldo não pode senão reconhecer a grandeza do inimigo:

> O medo, que todos acabavam tendo do Hermógenes, era que gerava essas estórias, o quanto famava. O fato fazia fato. Mas, no existir dessa gente do sertão então não houvesse, por bem dizer, um homem mais homem? Os outros, o resto, essas criaturas. Só o Hermógenes, arrenegado, senhoraço, destemido. Rúim, mas inteirado, legítimo, para toda certeza, *a maldade pura*. Ele, de tudo tinha sido capaz, até de acabar com Joca Ramiro, em tantas alturas. Assim eu discerni, sorrateiro, muito estudantemente. Nem birra nem agarre eu não estava acautelando. Em tudo reconhecí: que o Hermógenes era grande destacado daquele porte, igual ao pico do serro do Itambé, quando se vê quando se vem da banda da Mãe-dos-Homens — surgido alto nas nuvens nos horizontes. Até amigo meu pudesse mesmo ser; um homem, que havia.¹⁵⁵

De tanto matutar sobre a figura, Riobaldo reconhece finalmente seus traços: Hermógenes tem uma estatura muito superior que o iguala à de seus antigos chefes; é um homem mais homem do que a maioria dos homens. Ao contrário do que mostrava seu exterior, ele paradoxalmente não tem mistura, é *maldade pura*. E nisso está a sua grandeza, que só se pode reconhecer quando se consegue afastar do medo do demo, não se acautelando dele em birra ou obstinação. A sua coragem tem de ser combatida com coragem. Ao refletir sobre isso ("sorrateiro, muito estudantemente"), Riobaldo se lembra da coragem de Menino na travessia do Rio. A previsão se ilumina: Diadorim e ele é que estavam "destinados a dar cabo do Filho do Demo, do Pactário".¹⁵⁶

---

154 Ibid., p. 49.
155 Ibid., pp. 362-63. Grifos acrescentados.
156 Ibid., p. 363.

O que Riobaldo valoriza em Hermógenes é semelhante ao que havia admirado em Zé Bebelo: um tipo de agir nítido, determinado, como o do ator em cena. Zé Bebelo tem plena clareza de seu projeto de comando, de fazer "o sertão retroceder",[157] modernizá-lo e virar deputado. Mas essa limpidez de propósito é manchada quando começa a temer ser contagiado pela varíola:

> Zé Bebelo pegou a principiar medo! Por que? Chega um dia, se tem. Medo dele era da bexiga, do risco de doença e morte: achando que o povo do Sucruiú podiam ter trazido o mau-ar, e que mesmo o Sucruiú ainda demeava vizinho justo demais. Tanto ri. Mas ri por de dentro, e procedi sério feito um pau do campo. Assim mesmo, em errei; disso não sabia. Mas o cabedal é um só, do misturado viver de todos, que mal varêia, e as coisas cumprem norma. Alguém estiver com medo, por exemplo, próximo, o medo dele quer logo passar para o senhor; mas, se o senhor firme aguentar de não temer, de jeito nenhum, a coragem sua redobra e tresdobra, que até espanta. Pois Zé Bebelo, que sempre se suprira certo de si, tendo tudo por seguro, agora bambeava. Eu comecei a tremeluzir em mim.[158]

O medo contagia, como a varíola. Sendo assim, o "misturado viver de todos" é um problema, já que é nele que o medo se alastra, como as doenças. Riobaldo mesmo, quando vira chefe, tem de lidar com um tipo semelhante de contágio, porque os "negócios do sentimento da gente" são muito suscetíveis, mudam muito depressa, como "lufo de noruega" e "caminhos de anta em setembro":

> A opinião das outras pessoas vai se escorrendo delas, sorrateira, e se mescla aos tantos, mesmo sem a gente saber, com a maneira da ideia da gente! Se sério, então, um tinha de apertar os dentes, drede em amouco, opor seus olhos. A cuspir para

---

157 Ibid., p. 346.
158 Ibid., p. 354.

diante. Alguma instância, das outras pessoas, pegava na gente, assim feito doença, com retardo. Apartado de todos — era a norma que me servia — no sutil e no trivial. A culpa minha, maior, era meu costume de curiosidades do coração.[159]

Dois exemplos contrastam claramente com a atitude medrosa, anticontagiosa, de Zé Bebelo. O primeiro é de Sô Candelário, que tinha medo de estar com lepra. Nisso ele se assemelha a Zé Bebelo, mas sua reação é muito diferente:

> Hoje, que penso, de todas as pessoas Sô Candelário é o que mais entendo. As favas fora, ele perseguia o morrer, por conta futura da lepra; e, no mesmo do tempo, do mesmo jeito, forcejava por se sarar. Sendo que queria morrer, só dava resultado que mandava mortes, e matava. Dôido, era? Quem não é, mesmo eu ou o senhor? Mas, aquele homem, eu estimava. Porque, ao menos, ele, possuía o sabido motivo.[160]

Sô Candelário tem total coerência de ação em sua loucura, diversamente do que acaba acontecendo com Zé Bebelo, que se tornou medroso. Outra figura contrastante é a de Jõe Bexiguento. Esse jagunço muito simples aparece em momentos importantes da narrativa (é ele quem conta a história de Maria Mutema). O interessante aqui é que, marcado exteriormente pela bexiga, para ele, entretanto, "no sentir da natureza dele, *não reinava mistura nenhuma neste mundo — as coisas eram bem divididas, separadas —*".[161]

Pode-se dizer que a busca de Riobaldo se caracteriza pelo constante empenho de definição, clareza, já que o "sertão não chama

---

159 Ibid., pp. 408-09.
160 Ibid., p. 219.
161 Ibid., p. 200. Grifos acrescentados.

ninguém às claras; mais, porém, se esconde e acena".[162] Mas essa busca implica coragem, superação da confusão, isto é, do medo:

> Tivesse medo? O medo da confusão das coisas, no mover desses futuros, que tudo é desordem. E, enquanto houver no mundo um vivente medroso, um menino tremor, todos perigam — o contagioso. Mas ninguém tem licença de fazer medo nos outros, ninguém tenha. O maior direito que é meu — o que quero e sobrequero —: é que ninguém tem o direito de fazer medo em mim![163]

É certo que no sertão é quase impossível colocar o "bom longe do ruim, o são longe do doente, o vivo longe do morto, o frio longe do quente, o rico longe do pobre".[164] Riobaldo faz essa reflexão quando encontram, ainda sob a chefia de Zé Bebelo, os catrumanos do povoado do Pubo, que ficava perto do Sucruiú. Mais uma vez retorna a imagem dos ínferos: "Draste eu duvidava deles. Duvidava dos fojos do mundo".[165] Então é preciso que convivam no mundo muitas

> qualidades de pessoas — uns já finos de sentir e proceder, acomodados na vida, tão perto de outros, que nem sabem de seu querer, nem da razão bruta do que por necessidades fazem e desfazem.[166]

E, no entanto, há uma ordem outra, para além da inevitável desordem. Como está acenado em Zé Bebelo, em Jõe Bexiguento e em Hermógenes. A dada altura de seu relato, quando relembra ter contado a história do pacto entre Davidão e Faustino a um

---

162 Ibid., p. 461.
163 Ibid., pp. 349-50.
164 Ibid., p. 345.
165 Ibid.
166 Ibid.

rapaz da cidade, Riobaldo diz que este moço, muito inteligente, deu uma continuação que é muito mais interessante que aquela que realmente sucedeu aos dois ao deixarem a jagunçagem — uma "continuação inventada". A conclusão a tirar é esteticamente significativa: "Na vida real, as coisas acabam com menos formato, nem acabam. Melhor assim. Pelejar por exato, dá erro contra a gente. Não se queira. Viver é muito perigoso...".[167]

Na vida mesma, não há acabamento, arremate tão bem-feito como o da arte e da literatura. Na vida, buscar a precisão é impossível, é erro. O mundo em que se vive não é para gente como Diadorim e Riobaldo; é "espaço para os de *meia*-razão".[168] Isso quer dizer que, no romance, é preciso também ter em conta que o registro mais realista da vida é o da confusão e imperfeição, registro que não exclui, entretanto, um outro em que as coisas têm forma e acabamento. Essa ordem é aquela que o Cumpadre Quelemém chama "a sobre-coisa", "a outra coisa".[169] É nessa outra ordem que se alinham os grandes chefes, como tipos muito bem definidos, como figuras modelares, ligadas à coragem:

> Comandante é preciso, para aliviar os aflitos, para salvar a ideia da gente de perturbações desconformes. Não sabia, hoje será que sei, a regra de nenhum *meio-termo*.[170]

Na Guararavacã do Guaicuí, na cena do macuco em que se revela o amor por Diadorim, Riobaldo se pergunta como é que pôde dizer "Diadorim, meu amor...". Ele tenta se explicar:

> Explico ao senhor: como se drede fosse para eu não ter vergonha maior, o pensamento dele que em mim escorreu figurava

---

167 Ibid., p. 81.
168 Ibid., p. 280. Grifo adicionado.
169 Ibid., p. 179.
170 Ibid., pp. 81-82. Grifo adicionado.

diferente, um Diadorim assim meio singular, por fantasma, *apartado completo do viver comum, desmisturado de todos*, de todas as outras pessoas — como quando a chuva entre-onde-os-campos. Um Diadorim só para mim. Tudo tem seus mistérios. Eu não sabia. Mas, com minha mente, eu abraçava com meu corpo aquele Diadorim — que não era de verdade.[171]

Esse momento de uma visão apartada de todas as coisas é ainda mais claro na passagem em que se descreve a beleza de Diadorim:

> Mas Diadorim, conforme diante de mim estava parado, reluzia no rosto, com uma beleza ainda maior, fora de todo comum. Os olhos — vislumbre meu — que cresciam sem beira, dum verde dos outros verdes, como o de nenhum pasto. E tudo meio se sombreava, mas só de boa doçura. Sobre o que juro ao senhor: Diadorim, nas asas do instante, na pessoa dele vi foi a imagem tão formosa da minha Nossa Senhora da Abadia! A santa... Reforço o dizer: que era belezas e amor, com inteiro respeito, e mais o realce de alguma coisa que o entender da gente por si não alcança.[172]

A beleza de Diadorim se destaca de todo o resto, mesmo do verde de todos os campos; assim como a maldade pura e plena de Hermógenes. Procurar compreender o destino significa para Riobaldo também a busca de determinação mais clara das formas. É bem possível que a grandeza do sertão rosiano esteja em conseguir trazer uma imagem da complexidade do mundo, uma imagem de algum modo organizada de sua completa desordem. Ali os catrumanos convivem com os grandes chefes, extratos mais arcaicos se relacionam com mais modernos, ali o contágio e mesmo a osmose imperam, mas sem excluir a beleza da forma. Foi isso que se tentou delimitar comparando-o

---

171 Ibid., p. 260. Grifos adicionados.
172 Ibid., p. 437.

ao platonismo schopenhaueriano. É claro que muitas outras fontes filosóficas, teológicas e literárias terão ajudado a dar consistência à configuração desse cosmo sertanejo. Mas a comparação com o pensamento estético schopenhaueriano há de servir também para a sua compreensão.

Na sua apresentação um tanto simplificada da filosofia de Schopenhauer, André Cresson lembra que a arte é uma forma de êxtase, ou seja, de saída para o sofrimento causado pela atividade insaciável da Vontade:[173] "Absorvidos na contemplação pura, nós nos esquecemos de nós mesmos. Nossa inteligência cessa por um instante de se colocar a serviço dos instintos brutais da vida".[174] Na contemplação artística, o olhar não mais se perde em manifestações fugazes, ilusórias, mas intui o *tipo* mesmo, a própria ideia platônica, da qual o objeto artístico deve ser um exemplar notavelmente bem-sucedido:[175]

> Um belo cavalo é aquele nas formas do qual lemos, mais claramente do que nas dos outros, os traços característicos do cavalo eterno. É a mesma razão que faz aparecer belo aquilo que denominamos um belo carvalho, uma bela mulher e até mesmo um belo sapo. Como há em todo indivíduo elementos típicos ao mesmo tempo que elementos individuais, nele sempre há beleza. Toda coisa, portanto, é bela até certo ponto. Mas que diferença entre a beleza falha do que é ordinário, obscuro e confuso, e a beleza bem-sucedida daquilo que é claro e luminosamente típico.[176]

---

173 André Cresson, *Schopenhauer. Sa vie, son oeuvre...*, op. cit., p. 40. Trecho sublinhado por Guimarães Rosa.
174 Ibid. Trecho sublinhado por Guimarães Rosa.
175 Ibid., p. 41. Guimarães Rosa sublinha "ideia platônica", com ponto de exclamação na margem; na margem superior, anota "Platão".
176 Ibid. As duas primeiras frases foram sublinhadas por Guimarães Rosa.

Na página seguinte se encontra um parágrafo que também está sublinhado por Rosa, no qual se explica a diferença entre a produção dos seres naturais e a produção deles pela arte:

> A natureza só excepcionalmente nos apresenta indivíduos cujo aspecto típico nos provoca uma admiração deslumbrada. O objeto próprio da Arte é substituir, nesse ponto, as suas insuficiências. Ela [a Arte] tem por intuito facilitar ao comum dos mortais esses discernimentos intuitivos que muito frequentemente nos faltariam sem ela. O artista é um intermediário entre a natureza, a quem ele diz: "Eis o que quiseste fazer e em que fracassaste", e o espectador, a quem diz: "Teus olhos são muito fracos para discernir o que há de verdadeiramente interessante no mundo. Eu te empresto os meus. Olha".[177]

No fim da página, Guimarães Rosa comenta: "a Arte é uma tentativa de construção do *Céu*". O sertão é isso: ele tem seu inferno, mas também tem seu céu. O sertão, diz com pleno acerto Davi Arrigucci Jr., é um mundo todo misturado. Mas o seu tempero é realçado por umas boas pitadas de pureza.

---

177 Ibid., p. 42.

Agradecimentos

O título vem de uma passagem dos manuscritos póstumos de Arthur Schopenhauer, *Der handschriftliche Nachlaß* (Org. de Arthur Hübscher. Munique: Deutscher Taschenbuch Verlag, 1985, vol. III, p. 516). A primeira epígrafe é tirada de J. L. Borges, *Esse ofício do verso* (Org. de Calin-Andrei Mihailescu. Trad. de José Marcos Macedo. São Paulo: Companhia das Letras, 2019, 2ª ed., p. 11); a segunda, do "Prólogo" de *O informe de Brodie* (Trad. de Davi Arrigucci Jr. São Paulo: Companhia das Letras, 2017, p. 9; OC II, p. 400; EC II, p. 702).

O autor agradece à Biblioteca do Instituto de Estudos Brasileiros da Universidade de São Paulo, especialmente a Silvana Bonifácio, pelo auxílio precioso na pesquisa dos livros do espólio de João Guimarães Rosa. Agradecimentos especiais também a Laura Rosato, diretora do Centro de Estudos e Documentação Jorge Luis Borges da Biblioteca Nacional da Argentina, pela ajuda inestimável na pesquisa e disponibilização do material iconográfico utilizado nas páginas iniciais deste volume. O Prólogo também se vale de informações do seu livro *Borges, libros y lecturas*, escrito em colaboração com Germán Álvarez.

Este livro deve muito a Celia Regina Cavalheiro, Hugo Sérgio Franco Mader (*in memoriam*) e à leitura atenta de João Cândido Cartocci Maia. Recebeu encorajamento, sugestões e críticas em longas conversas com Samuel Titan Jr., generosíssimo parceiro. A vitalidade da filosofia schopenhaueriana foi aprendida em anos de convivência com Maria Lúcia Mello e Oliveira Cacciola. O destemor idealista provém de Rubens Rodrigues Torres Filho. Não só muitos dos temas, também o "método" se inspira em Davi Arrigucci Jr., a quem vai dedicado.

O sonho é o monograma da vida © Márcio Suzuki, 2024

Edição João Cândido Cartocci Maia, Samuel Titan Jr.
Preparação João Cândido Cartocci Maia
Revisão Rafaela Biff Cera, Lia Fugita
Projeto gráfico Bloco Gráfico
Assistência de design Lívia Takemura

Esta edição © Editora 34 Ltda., São Paulo, 1ª edição, 2024.

A reprodução de qualquer folha deste livro é ilegal e configura apropriação indevida dos direitos intelectuais e patrimoniais do autor. A grafia foi atualizada segundo o Acordo Ortográfico da Língua Portuguesa de 1990, que entrou em vigor no Brasil em 2009.

Os editores agradecem a gentil colaboração de Laura Rosato (Buenos Aires).

CIP – Brasil. Catalogação na Fonte
(Sindicato Nacional dos Editores de Livros, RJ, Brasil)

Suzuki, Márcio, 1961
   O sonho é o monograma da vida:
Schopenhauer – Borges – Guimarães Rosa /
Márcio Suzuki. São Paulo: Editora 34, 2024
(1ª Edição).
280 pp.

ISBN 978-65-5525-181-4

1. Teoria literária. 2. Filosofia. I. Schopenhauer, Arthur (1788-1860). II. Borges, Jorge Luis (1899-1986). III. Rosa, Guimarães (1908-1967). IV. Título.

CDD 801

Editora 34 Ltda.
Rua Hungria, 592 – Jardim Europa
São Paulo – SP – Brasil
CEP 01455-000
Tel (11) 3811-6777
www.editora34.com.br

Este livro foi composto em Chassi
e impresso em papel Pólen Bold 70 g/m²
na gráfica Loyola para a
Editora 34 em março de 2024.